佐高信評伝選1

鮮やかな人生

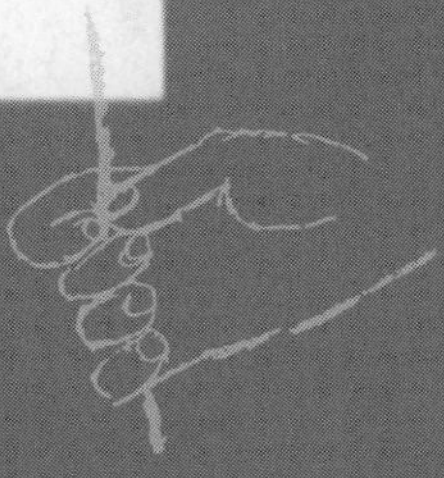

❶城山三郎という生き方
❷逆命利君を実践した男 鈴木朗夫

旬報社

佐高信評伝選1　鮮やかな人生

目次

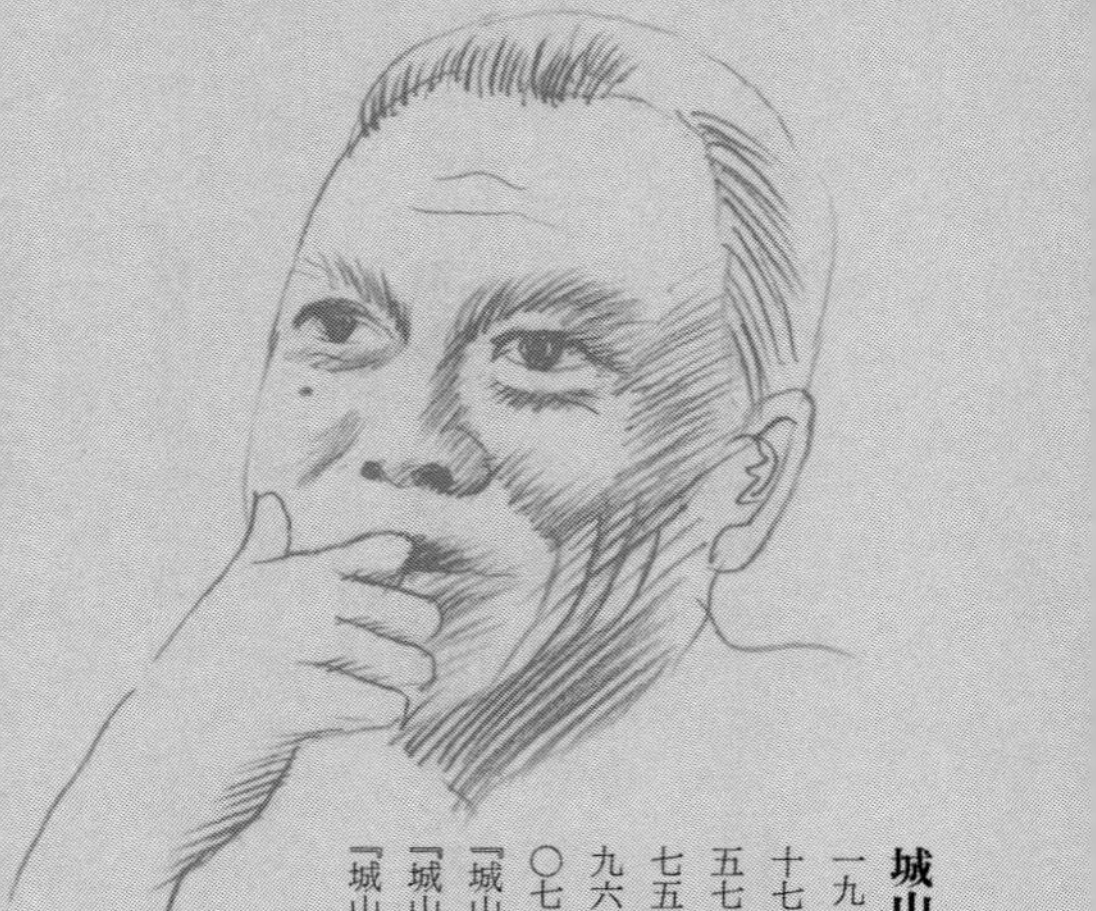

城山三郎（しろやま・さぶろう）

一九二七年（昭和二）愛知県名古屋市生まれ。本名は、杉浦英一（すぎうら えいいち）。

十七歳で海軍特別幹部練習生に志願入隊。一九五二年、一橋大学卒業。

五七年、「輸出」で文學界新人賞受賞。五九年、「総会屋錦城」で直木賞受賞。

七五年、『落日燃ゆ』で毎日出版文化賞・吉川英治文学賞受賞。

九六年、『もう、きみには頼まない　石坂泰三の世界』で菊池寛賞、二〇〇三年朝日賞受賞。

〇七年三月二十二日、間質性肺炎のため逝去。

『城山三郎全集』（全十四巻、新潮社、一九八〇年一月―八一年三月）、

『城山三郎 伝記文学選』（全六巻、岩波書店、一九九八年十月―九九年三月）、

『城山三郎 昭和の戦争文学』（全六巻、角川書店、二〇〇五年七月―〇六年一月）。

城山三郎という生き方

はじめに――「絶対に形の崩れない男」が逝った日

二〇〇七年三月二十二日、城山三郎が七十九歳で亡くなった。その日の日記に私はこう書いている。

「最初のコメント依頼は時事通信だったか。予定をキャンセルして仕事場にこもり、『読売新聞』と共同通信に三枚ずつの追悼文を書く。その間、ひっきりなしに電話が鳴る。城山さんの娘さんの井上紀子さんからも、家族と身内だけの密葬をしますので、と弔問辞退の電話が入る」

それではまず、三月二十三日付の『読売』の朝刊に載った追悼文を引こう。

〈やはり、吉村昭さんの死がこたえたのだろうか。あまり文壇づきあいをしない城山さんも、同じ昭和二年生まれの藤沢周平さんや吉村さんには親しい感じを抱いていた。奥さんの死に続く吉村さんの死は、城山さんを「そして誰もいなくなった」という沈んだ気持ちにさせたのかもしれない。

戦争中に鼓吹された「大義」を信じ、城山少年は十七歳で海軍に志願する。しかし、そこで見たものは、信じられないような上官たちの腐敗だった。自分たちには粗衣粗食の上に厳しい訓練を課し、彼らはのうのうと暖衣飽食の生活を続けている。

その現実にしたたかに打ちのめされて、城山さんは「組織と人間」をテーマに『大義の末』を書く。皇国日本という大義は、自分の中で、どう崩れていったか。なぜ、自分はその大義を信じてしまったのか。一途な城山さんはその問いを終生手放さなかった。

そして、自分は「志願」したと思ったが、あれは志願ではなかった。言論の自由のない当時の社会や国が

「強制」したのだという結論に至る。

権力者疑惑隠し法である個人情報保護法に突如反対し始めたように見えるかもしれない城山さんの思いはそこに発していた。つまり言論の自由こそが何よりも失ってはならないものであり、個人情報保護法はそれに反するとして憑かれたように行動したのである。

城山さんは音に敏感だった。それも、ラウドスピーカーで「志願」させられ、少年兵として癒えることのない傷を負ったからだろう。騒音をまきちらす店では買うなと、いつも奥さんに言っていたという。

「輸出」で文學界新人賞を受賞し、「総会屋錦城」で直木賞を受けた城山さんは、経済小説のパイオニアといわれる。およそ、小説の題名らしくない「輸出」等を書き続けた城山さんは、いわゆる文壇で正当な評価を受けてきたとは言い難い。日本の作家で、おカネとまともに向き合った人は、それまでほとんどいなかった。しかし、それを無視して現実の生活は送れない。『小説日本銀行』から『官僚たちの夏』まで、城山さんは経済に関わる個人がどんな志を抱き、何に悩みつつ、それを貫き通そうとしているかを描いた。そして、ありうべきリーダー像を具体的に示したのである。

『落日燃ゆ』の広田弘毅、『粗にして野だが卑ではない』の石田禮助、『男子の本懐』の井上準之助等、城山さんが彫刻した人間たちは、あるいは少数派かもしれないが、誇るべき日本の財産である。

城山作品を愛読書に挙げる政財界人は多い。しかし、それらの人が城山さんの意図を真に理解しているのかと私は首をかしげることも少なくなかった。たとえば城山さんは勲章を固辞している。城山さんの推賞する石田禮助や中山素平も勲章辞退者だった。その意味するものをくみとってほしいと願うばかりである。〉

そして、『サンデー毎日』の連載コラム「佐高信の政経外科」では次のように追悼した。

〈城山三郎の亡くなった日の翌々日の各紙コラムは軒並み、城山追悼で筆をそろえた。『朝日』の「天声人語」、『毎日』の「余録」、『産経』の「産経抄」、そして『東京』の「筆洗」である。他に私が見逃したのもあったかもしれない。『読売』はその前日に私が追悼文を書いたので、見送ったのか。

城山は知っている作家などが亡くなると、冥福を祈るつもりでその作品を読むのが常だった。

私もそれに倣って、城山と私の対談『人間を読む旅』（岩波書店）を読み返すことにした。『城山三郎の昭和』（角川書店）の著者としては、この拙著が角川文庫に入る直前だったことが悔やまれる。「私のことを書くなんて」と照れつつも、城山が若き日の同人誌などを貸してくれたのが忘れられない。

城山は松下幸之助や田中角栄が嫌いだった。前記の対談で私が、

「太閤秀吉も好きじゃない？」

と問いかけると、

「太閤以前はいいけど、太閤になってからダメだもの」

と明快な答え。

そして、「太閤にならない人」として本田宗一郎を挙げ、その意味をこう語った。

「要するに、自分の中に自分はタダの人だというのがあるんじゃないかな、どんどん自分が肥大していく人と、全然昔と変わらない人とがいる。夜食を食べるときに社員がみんな列をつくっていると、いちばん後ろにつく。俺は社長だとか、いちばん前にいくとか、全然そういうことを考えない人だから。いつもタダの人間というのが、ぼくはそれはすごく大事なことだと思う」

葬儀なんか絶対やるな、と本田は口やかましく言っていた。それでもやはり葬式をしたいと会社側が言ったら、夫人はそれをやわらかく、

「あの人は家に帰ってきても心はいつも会社にいっていた。死んでやっと家に帰ってきたのに、また会社にもっていかれては耐えられません。お断りします」

と拒否した。

それで会社は、「本田宗一郎が感謝する会」を三日間開く。東京は青山の本社ビルに初期のころからのバイクや車を並べ、誰でも立ち寄れるようにしたのである。他には、本田の写真と「おかげで私は幸せな人生をおくりました」という感謝の言葉しかない。何も知らずに入って来た若者たちも大喜びだったから、さぞや本田も本望だったろう。

私は、城山作品を二つに分けたことがある。『真昼のワンマン・オフィス』や『望郷のとき』のような、いわば「無名の人間」を描いたものと、『落日燃ゆ』や『男子の本懐』のような「有名の人間」を描いたものとにである。

城山は「誤解された人間」に興味があると言ったが、同じように「誤解された人間」であっても、「無名の人間」と「有名の人間」とでは、その受ける衝撃に違いがある。

国の政策が変わって「鎖国」となり、そのまま異国メキシコに朽ち果てた百余名のサムライたちを描いた『望郷のとき』と、「戦争犯罪人」とされた広田弘毅を描いた『落日燃ゆ』の間には、大きな落差がある。

「棄てられる者」から「棄てる者」への、描く人物の変化は、著しい重心移動ではないかと尋ねると、

「ウーン」

と城山は唸って考え込んだ。十八歳も年下の私の青っぽい問いかけにも、そうした反応を示す人だった。

そして、勲章拒否の護憲派の旗を一生降ろさなかった。〉

城山の「お別れの会」が開かれたのは同年の五月二十一日である。元首相の中曽根康弘や小泉純一郎も参列した。


弔辞は詩人で作家の辻井喬、作家の渡辺淳一、そして私の三人だった。順番は辻井、私、渡辺である。

私は、護憲と勲章拒否の二点は城山を語る時にははずせないという部分を、中曽根や小泉、それに列席していた少なくない財界人にぶつけるように声を高くして読んだ。

その弔辞を次に掲げるが、硬派の城山が軟派の渡辺と交友があったというのはちょっと意外だった。
渡辺は、七年前に夫人を亡くした城山に再婚をすすめ、ある女性の写真を見せたら
「君のお古じゃないんだろうね」
と城山に断られた話を披露して満場の笑いを誘っていた。

〈城山さんにお会いする度に、十八歳も年上ながら、この初々しさは何故だろうといつも考えていました。

国家の大義を信じて十七歳で海軍に志願し、すぐにそれに裏切られて、以来、自分の時計は止まっているんだと城山さんは言っていましたが、それだけではなかったのではないかと私には思えてなりません。

奥さんに亡くなられて七年、「父はよくがんばったと思います」と娘さんは言われました。最期まで独り暮らしを貫き通した城山さんの初々しさは、ある種の厳しさと烈しさに裏打ちされていたのです。

その穏和な風貌から、あくまでも優しい人のように見られているかもしれませんが、内部に熱いマグマを抱えている人でした。

「昨日、丸の内で大学時代の同級生に会ったんだが、『おーい、城山』と声をかけるんだよね」

本名の杉浦で呼ぶべきなのに、俺は城山三郎を知っているぞと誇示するように声をかけた、と城山さんは憤慨していました。親しかった友人をして「絶対に形の崩れない男」と言わしめた城山さんは、勲章を拒否するなど、自らのスタイルにはこだわったのです。しかし、決してそれを他人に押しつけることはしませんでした。だから、城山さんを悼む政財界人に勲章をもらった人が並ぶという喜劇が演じられることにもなりました。

自ら人見知りと称する城山さんはパーティ等が苦手で、自分が審査員のそれにも出ないほどでしたが、杉浦日向子さんが文春漫画賞を受けた時のパーティには出ると言いました。杉浦さんの絵のファンということで、城山さんと私と三人で鼎談をしたこともあります。

そのパーティには、城山さんと同じ昭和二年生まれの杉浦さんの父親も来ていました。このお父さんは吉原等で遊んで家業を傾けさせてしまった人で、だから日向子さんは吉原に興味を持ったのだということですが、その話を聞くと城山さんは目を丸くして驚き、あの時代に遊ぶということを考えられたんですか、と本気で感心したのです。何度もそう言う城山さんに、お父さんが身体を小さくして恐縮していたのが忘れられません。

城山さんのことは私が一番よく知っているなどと独占するつもりはもちろんありませんが、城山さんを語る時、勲章拒否と現憲法擁護の二点だけははずしてほしくないと思います。城山さんは「戦争で得たものは憲法だけだ」と口癖のように言っていました。まさに城山さんの遺言というべきでしょう。城山さんは「旗は振るな」と言いましたが、城山さんの遺志として、私は護憲の旗だけは掲げ続けていきたいと思っています。

少年のような心を持ったまま亡くなられた城山さん、さようなら。

御厚情ありがとうございました。〉

城山が亡くなって「緊急文庫化」された。『城山三郎の昭和』（角川文庫）のオビには「昭和の良心は、何をみてきたのか？」とある。

評伝選の刊行に当たって、それを『城山三郎という生き方』に改題した。原本は城山の存命中に書かれたので、ここに「はじめに」を付け加える。

城山三郎という生き方

目次

特攻は志願にあらず

昭和は二年から始まる。もちろん元年はあるが、それは一週間しかない。その昭和二年の八月十八日に城山三郎こと杉浦英一は名古屋に生まれた。そして、昭和という時代の歪みを一身に背負ってこれまでを生きてきたのである。政治家や軍人によってつくられた〝希望〟めいたものもあった。しかし、それがどんな道筋をたどって消えていくか、城山はイヤというほど知らされた。稚《おさな》いころに負った火傷《やけど》のように、それは消えない傷として城山の心に残った。

社民党前党首の土井たか子は昭和三年の十一月三十日に神戸に生まれている。ともに皇国少年であり、皇国少女だった二人の初対面の対談が、先ごろ実現し、私は司会者として同席した。

『週刊現代』二〇〇二年六月二十二日号掲載のその対談から、「いま」を憂う二人の発言を紹介しよう。

城山　僕は終戦の直前、17歳の時に海軍に志願しました。「男子なら志願して当然」という雰囲気でしたから。ところが、軍隊は、世間でいわれていたような忠君愛国に燃えている世界ではなかった。国民は配給に頼るしかないのに、貴重な食糧を独り占めする上官たち。上官が新兵を朝から晩まで殴るといったイジメ……。軍隊生活は〝地獄のどん底〟というべきで、食事もできない、眠れもしないといった意味では、牛馬にも劣るひどいものだった。「こんな目に遭うくらいなら、早く前線に行きたい、早く死にたい」とばかり思っていました。

土井　私は、いま思えば痛ましいくらいの純真な皇国少女で、大本営の発表を信じて疑いませんでした。

学徒動員で工場に行き、砲弾を包む麻袋の麻布を織ったり、兵器に使われる部品の傷の点検作業をしたりしていました。「いまは苦しいけど、戦争に負けるはずはない」と信じて頑張っていたんです。

でも、やがて戦況が怪しくなり、毎日、空襲に怯《おび》えるようになりました。B29が投下した焼夷弾《しょういだん》の嵐のなかを逃げ回りましてね。自分が逃げるだけで精一杯でした。赤ちゃんをおぶった若いお母さんが、あっという間に赤ちゃんもろとも焼夷弾の直撃を受けて亡くなられた瞬間も目撃しました。今でも、その光景を夢に見てうなされます。

城山と土井の「いま思えば痛ましいくらいの純真」さは、言論の自由がないところから生まれた。大本営は情報をコントロールして、お上に都合のいい情報しか国民に伝えなかったからである。

城山がいま、個人情報保護という名の権力者疑惑隠し法案に、まさに鬼気迫る感じで反対しているのは、同じ過ちを、とくに若い人たちに繰り返させたくないと思うからである。

自らの体験を振り返れば、特攻は決して志願ではない。時代や社会や国が強制したのであり、志願というなら、志願させられたのである。

「私は戦後になって初めて、大本営の情報がいかにまやかしであったかを知りました。こんなことを二度とくり返してはならないと、心底思いましたよ」

と言う土井に、城山は、

「僕たちの世代は、自由にまともなことが言えない恐ろしさを身にしみて知っています。言論の自由を奪うことは、まさに諸悪の根源。そう思えてなりません」

と応じ、さらに、いわゆるメディア規制三法や有事法制について、

「ほかの事案なら、後でなんとか取り返しがつくでしょう。しかし、これらの法案だけは例外です。万一、法制化されてしまったら、民主主義は崩壊し、もはや修正は利かない。絶対に成立を許してはなりません」

と断言している。

「戦争を体験していないのは仕方ないにせよ、今の若い政治家は、戦争体験を知ろうとしないし、わかろうともしません。戦時中、国民がどれだけ痛い思いをして、なぜそうなったのか、まったく知ろうともしないで政治に携わろうとする。これは非常に危険だといわざるをえません」

七十代も半ばを過ぎ、静かな人生を送りたいと思っている城山が、やむにやまれず、東奔西走するのは、自分の〝遺書〟が踏みにじられていると感ずるからかもしれない。

その遺書とは『大義の末』（角川文庫）である。それについて触れる前に、私が愛読してやまない城山の『わたしの情報日記』（集英社文庫）から、強くサイドラインを引いた箇所をいくつか紹介しよう。すでにいまから三十年近く前、城山はこう指摘している。五十歳になったばかりのころだった。

「夜、小沢郁郎《いくろう》『特攻隊論――つらい真実』（たいまつ社、現在は同成社）を読む。

特攻作戦を指揮した旧軍人たちが、自己正当化をはかるためもあって、特攻隊を感傷的に美化する風潮があるのに対し、それが、いかに効果なき無謀な戦術であったかを、丹念に実証して見せる。小さな本だが、特攻隊と同年代だった著者の静かな憤怒《ふんぬ》が貫いている。『強制』なのに『志願』とすりかえたのをはじめとする戦中のおそるべき欺瞞《ぎまん》の数々。そうした高級軍人たちが、戦後は戦史家となって、相変わらずの『虚像固守』で、せっせと一方的な資料を書き残す。『美化』という形での情報汚染が続いているのでは、死者た

ちも浮かばれまい。もっともっと、この種の糾弾の書があっていいと思う」

これが書かれたのは一九七八（昭和五十三）年だが、日本の歴史は進歩するどころか、退歩しているようである。

「言論統制をふくんだ有事立法の提案ほど、近ごろ、腹立たしく、こわいことはない。

言論統制が一度はじまれば、とめどなく拡大する。軍刀をにぎって『黙れ！』とどなる横暴な軍人の姿が、目に見えるようである。

元号の法制化・教育勅語の再評価など、このところ、政府の露骨な右傾化が目立つ。一般消費税の導入などというのも、国民に背を向けるという点では、同根である。

増税する前に、まず公務員の一割削減なり、公務員給与のカットを実行してみることである」

この中で城山は戦後、一橋大の予科へ入った時の、上級生たちの罵詈讒謗《ばりざんぼう》について書いている。

「戦争の正体も知らず、志願して軍隊へ入ったとは、子供《ダスキン》のように幼稚で低能だ」

寮生活で、さんざん、こう言われて、城山はカッとなり、退学しようと退学届を書いたが、出す直前に同郷の上級生に諭され、何とか思いとどまった。

「とにかく古典を読め。読めるだけ、読め。喧嘩《けんか》するのは、それからだ」

その上級生は懇々と説いてくれた。

そして城山は哲学研究会に入り、カントやマックス・ウェーバーをじっくり読むようになる。

しかし、「子供」扱いされた屈辱は消えなかった。自分はなぜ、軍隊に「志願」したのか？

その問いを自ら解こうとして書いた、というより吐き出したのが『大義の末』だった。

城山ファンと称して、愛読書に『落日燃ゆ』や『男子の本懐』を挙げる政財界人が多いが、彼らはこの城山文学の原点を読んでいるのだろうか。個人情報保護法反対にしても有事法制への批判にしても、城山の位置はまったく変わっていない。変わったと思う人間は『大義の末』をはずして、城山を理解したと錯覚しているのである。

キリストを仰ぎ、釈迦《しゃか》を尊ぶのをやめよ、万古、天皇を仰げ。

天皇に身を奉ずるの喜び、なべての者に許さることなし。その栄を喜び、捨身殉忠、悠久の大義に生くべし。

皇国に生れし幸い、皇道に殉ずるもなお及び難し。子々孫々に至るまで、身命を重ねて天皇に帰一し奉れ……。

こうした「きびきびした命令形」の『大義』は杉本五郎という中佐によって書かれ、城山たちを軍隊に駆り立てた。

『大義の末』は、城山の分身ともいえる柿見がそれを信じて軍隊に入り、前歯を折る場面から始まる。銃を持って転びそうになった柿見はとっさに銃をかばい、顔を岩にぶつけた。

「陛下の銃」だから疵《きず》をつけてはいけないのである。しかし、そりゃ、陸さん（陸軍）のことだ、と上官に軽くいなされる。

そんな理不尽ばかりで埋めつくされた軍隊から帰って、柿見はうまく戦後に適応できなかった。

「子供」扱いした城山の上級生のように、「いため抜かれた心」をさらに逆撫《さかな》でする風潮があったからである。

柿見たちにとって一番驚かされたのは、あの戦争に反対した人たちがいるということだった。戦後すぐ共産党幹部が釈放されたというニュースに接して彼らは感動した。城山は『大義の末』で、柿見たちの口を借りて、こう書いている。

「一つの思想を信じているという理由だけで、十数年という永い獄中生活を送らされていたという事実が柿見たちを感動させたのだ。娑婆《しゃば》とある程度遮断された生活をわずか数か月続けただけで、柿見たちは獄中者の苦しみがわかるように思われた。殺人・強盗などの犯罪者なら罰だから仕方がない。だが何も悪いことをしていないのに——。その気持は、やはり悪いことなどしていないのに不当なほど苛酷《かこく》な扱いを受けてきた柿見たちの体験に裏打ちされていた。たとえ、どんな考えにせよ、一つのことを考えているというだけで、十何年も牢獄《ろうごく》に閉じこめるという無慈悲さが行われていたことに、柿見たちは一様に少年らしい正義感で反《はん》撥《ぱつ》した。その反撥を誰にふり向ければよいのか、わからなかった。ただそれが柿見たちに牢獄と変らぬ軍隊生活を強いたものと同一のものであることを、漠然と感じただけであった。

それにしても十何年間、戦争が終らなければ恐らく死ぬまで、そうした獄中生活を甘受させる考え方とは何であろうか。一つの思想、たとえば彼等のように『大義』のために、死ぬことはやさしい。だが、その思想のために十何年もの獄中生活を忍ぶということは信じられぬほど困難なことに思えた」

同郷の戦友、種村は死んだ。還《かえ》って来ない息子の年の数だけ、寺の住職夫人の母親は鐘を撞《つ》く。毎日五時と十時に十九撞くのである。そして、還って来たのに首をつった小島という同級生も出た。

次の柿見の述懐は、そのまま、十七歳で敗戦を迎えた城山の述懐に違いない。

「生きていていいのか。後めたくないのか。終戦前は生きているということが負債であった。だが、いま、種村が死に、小島が死んだ後で生きているということには、まあたらしい罪のにおいがした。生きて行こうとすることが、あばずれのわざに見えた。これから先の一生、いかに善く生きようとも、種村や小島、死んでしまった奴にはかなわない気がした。そして、実際に生きるめやすもなかった。無限の休暇の中で身も心も惚《ほう》けて、やがて、はるかな空にうすれて行くのだ」

前記の土井たか子との対談で城山は、

「僕は終戦直後、空を見上げながら、言葉に尽くせないほどの解放感を覚えました。本当に〝天は人の上に人を作らず〟、軍隊であんなに押さえつけられていたが、もう上には何もないんだと。ところが、約50年も経ってから、今度は官僚たちが上から網をかぶせようとしてきました」

と語っている。

解放感と同時にやってきた虚無感ということだろう。脱力感は、押さえつけていたものがどんなに巨大だったかを語っている。それは城山たちの内面に食い込み、〝自縄自縛《じじょうじばく》〟の感じさえ与えた。

戦後の天皇制反対論に対し、そのある種の軽さに、城山は『大義の末』でこう書く。

「かつて柿見たちをとらえた『大義』の圧倒的な感動、その重量感の記憶と戦っている論者はなかった。あの重量感、衝迫感をまともに意識すれば、当分は口もきけないというのが、柿見の気持であった」

克服するのではなく、ただ、置き去りにしただけではないかということだろう。対決して葬り去るのでなければ、それは幾度でもよみがえってくるに違いない。

『大義の末』の学生討論会では「天皇制是非論」が次のように闘わされる。

柿見　（念を押すように）じゃ、大久保さんは、あくまで天皇に戦争責任があると思うのですか。

大久保　もちろん、そうだ。彼は開戦の詔勅にも御名御璽《ぎょめいぎょじ》とりっぱにサインしている。借用証書や手形に印を捺《お》せば、必ず金を払わなくてはならない。いざというときになって、おれの印だが、おれの意志で捺したのではない。他人に腕をつかまえられて捺させられたんだ。かんべんしてくれと言ったって、通るものではない。身代たたき売ったって、印を捺した債務は支払わなくてはならぬ。金のやりとりについても、責任は絶対なのだ。ましてや、その印のために、何十万、何百万という人間がひきずり出されて殺されている。その責任を許される筈《はず》がない。

森　（性急に）あなたたちは、いつもそうなんだ。悪しざまにしか過去をひき合いに出さない。戦争責任、しかも少数者の戦争責任だけできめつければ事足れりとしている。あなたたちのそうした考え方が、ぼくには腹が立って仕方がない。

〈中略〉

大久保　きみは、あの（天皇制）賛成論が本気なのか。

森　まさか……。しかし、本気であゝ考えたしこりのようなものが、いまだに体の芯に残っているのは事実だ。大久保さん、あなたがどれだけ、いろんな思想を注ぎこんでくれようと、あれに代る芯は一生ぼくの体に生まれないだろうよ。なあ、柿見。

柿見　（大きくうなずき）……それに、ぼくは戦争中のぼくたちが空白であったなどと考えたくない。あれほど、すさまじいエネルギイを出し切った時期、良いにせよ悪いにせよ、自分たちの人間性のすべてを賭《か》け切った時期が空白であり、現在の自分と全然無縁なものとは考えられない。評価はどうでもいい。確実に燃焼し切っていた自分の存在を確認したい。たしかめたいのだ。

「あらっ、また、柿見さんとつきあってる」

城山は新婚時代に容子夫人にこう言われながら、『大義の末』を書いた。

この後半の論戦で柿見は天皇制を次のように断じている。

「天皇というものは、支配権力にとって実に便利な存在だからな。国民の総意を代表し、それを越えた存在ということにしておけば、たとえ自分たちが不都合なことをしても、天皇の意志だと責任を逃れられる。国民の批判を無視することができる。世論にすり代り、世論をおさえつける権威——天皇元首説がまた出てくる筈だ。しかも、憲法改正ということで再軍備と結びついて。……国防などと言ったって、結局、そのときの政治権力を守るだけ。国民は狩り出され殺される。そんなとき、一番適当な冠が天皇制だ。天皇という一語ですべてが正当化される」

種村の母の住職夫人は、昔は境内で子供たちが遊んでいるのを喜んでいた。しかし、息子の死の後、どんなに子供会や婦人会から頼まれても、子供の姿を見ると追い出してしまうようになった。そんな母親を見ながら、種村の妹のひろみが語気を強めて語る。

柿見がこう言ったのに応《こた》えたのだった。

「考えてみれば、ぼくたちはみじめな時代に生きてきたものです。人間は幸福を求めて生きるんだというそんな単純なことを、教師だって親だって誰一人教えてくれはしなかった。ただ大義とか忠君愛国とかで……。ぼくたちはそれだけをまともに思いつめていた」

「わたしも二人の兄のことについて、いつもそれを思うのです。思いつめて死んだのだから、それでいいなんて、とんでもないことですわ。幸福に生きる道をはじめから奪っておいて、思いつめるも、つめないも、ただそれしかなかったんじゃありませんか。……愛国心などと言い出す人を見ると、そんな人は戦争でただ得だけしてきた人じゃないかと、にくくてなりません。どれだけ兄のような犠牲を見れば気が済む人なのかと……。みんなが幸福にくらせる国をつくれば、黙っていたって愛国心は湧いてくるじゃありませんか」

その通りだろう。愛を押しつけるとは不粋の極みであり、押しつけられた愛国心がどんなに歪《ゆが》んだものになるかはあの戦争で十分に学んだはずではなかったか。

『大義の末』の初版が出たのは一九五九（昭和三十四）年。それから、四十年余り経って城山は二〇〇一（平成十三）年に『指揮官たちの特攻』（新潮社）を出した。

「これが私の最後の作品となっても悔いはない」と宣言しているこの作品は『大義の末』の続篇と見ることもできる。

これを城山はうなされながら書いたという。

神風特別攻撃隊の第一号に選ばれ、レイテ沖に散った海軍大尉、関行男は、それを命じられて、

「ぜひ、私にやらせてください」

と言ったように伝えられているが、実は、

「一晩考えさせてください」

と応えたのだった。

そして、自分よりさらに若い搭乗員を気遣いながら、こう呟《つぶや》いたという。

「どうして自分が選ばれたのか、よくわからない」

また関と同期の中津留達雄《なかつるたつお》は、終戦後に中将の宇垣纏《うがきまとめ》とともに特攻せざるをえなくなった。

中津留の父親の明は、息子が二十三歳で戦死してから五十一年間、百歳まで生きたが、最期まで、

「宇垣さんが一人で責任をとってくれていたらなぁ」

と言っていたとか。

悲惨なのは「軍神の母」と称《たた》えられた関の母親の戦後である。敗戦によって、特攻隊員やその遺族を見る目が一変し、住んでいる家に石を投げ込まれ、大家から「即刻立ち退き」を迫られることになった。

このドキュメンタリー・ノベルを城山はどんな思いで書いたのか。作中に、父親と二人で自転車のペダルを踏む城山自身の姿がある。いや、城山家の姿である。

「せっかく理科系への進学が決まり、徴兵猶予ということで、これでもう安心と思っていたのに、息子が自分からそれを取り消して、七つボタンの海軍へ志願入隊するとは。

父は足もとが二つに裂け、声も出ない思いでいたのかも知れない。

一方、後になって妹から聞いたのだが、私を送り出した母は母で、その夜は一晩中泣き続け、一睡もしなかった、という。

こらえていた悲しみが噴き上げたのだが、それだけでなく、『なぜ息子の言い分に負けて志願を許したのか』と、父にきびしく叱責《しっせき》されたせいもあったのであろう。

あのクリスマスの夜から半年後、私のせいで、一転して家には暗い夜が続いて行くことに」

敗戦の前の年のその夜、父親を軍隊にとられた城山家では、母親に誘われて、十七歳の城山以下、弟妹た

ちが「聖《きよ》し此夜《このよる》」などの讃美歌《さんびか》を歌っていたのである。

音にこだわる

ベストセラーとなった城山のエッセイ集、『打たれ強く生きる』（日本経済新聞社）に「音を出す店」という一篇がある。

城山が容子夫人とともに散歩をしていて、ある店のショー・ウィンドウにおいしそうなケーキが飾られているのを見つけた。

「買ってきましょう」

と言って夫人がその店へ入りかけ、苦笑いして、軒を見上げる。そのときには城山も気づいていたが、軒下のスピーカーから音楽を流しているのだった。

「買うな」

城山はかぶりを振って、そう告げる。

〈もう二度とその店に近寄ることもないであろう。

「音を出す店で買うな。音を出す街で買うな」

と、わたしは家人にいっている〉

エッセイはこう続く。

なぜ、ここまで城山が音にこだわるのか。

私は、城山は三つの「お」にこだわる作家である、と書いたことがある。『プレジデント』の一九九四年十一月号でだが、その三つは「音、男、己」であり、それは「静かさ、たくましさ、ひたむきさ」へのこだわりと形容することもできる。

ここに一九八一年十一月三十日の消印で城山からもらった葉書がある。私が当時勤めていた小さな経済誌に城山の本の紹介を書いたことへの礼状で、城山は「興味深く、また有難く拝読」したと記した後、近況をこう述懐している。

『東京ぎらい』などといってないで、もっと皆さんとおつき合いして啓蒙してもらわなくてはという思いが強まる一方、野鳥の訪れる家に未練も増す、というこのごろです」

茅ヶ崎《ちがさき》市東海岸に「野鳥の訪れる家」はある。新潮社の『城山三郎全集』第一巻所収の「目には緑、耳には静けさ」と題したエッセイで、城山はＮＨＫの朝の連続ドラマ「北の家族」が永々とミュージック・サイレンを流すのを不愉快がりながら、「静けさは、基本的人権のひとつといっていい」と書く。

〈そこから、文化も生まれる。住みよく美しい環境づくりに、静けさは不可欠のものである。それを勝手に犯すことは、だれにも許されないはずである。問題は、放送だけではない。ホテルなどでは、終日ムード音楽のたれ流し。客へのサービスどころか、音楽ぎらいの客には迷惑そのものであり、音楽好きなら好きな曲をききたいというわけで、一方的な騒音の押しつけでしかない。

さらに電車やバスなどで、広告放送を行なう例に至っては、反社会性むき出しのエコノミック・アニマルを見る思いである〉

城山にとって静けさは酸素のように欠かせないものであり、「極端に都会ぎらい」で、東京駅に降りた瞬間から、帰る時間を考えたりするというのも、都会には音、それも騒がしい音が充満しているからだろう。

前記のエッセイは『諸君！』の一九七四年六月号に載ったものだが、城山は九二年十一月二十三日付の『読売新聞』でも、「未来へのキイワードは静けさである」と強調している。そこで城山は、城山が翻訳して話題を呼んだ『ビジネスマンの父より息子への30通の手紙』（新潮社）の著者、キングスレイ・ウォードが雪原の奥で狼撃ちをしたことに触れ、カナダの実業家の彼が、

「雑念で一杯になった頭を整理するのに、これ（大自然）ほどありがたいものはない」

と語った、と書く。

「静けさは心にとっての緑」であり、「肉体の生存のため緑が必要なのと同程度に、心の生存のためには静けさが必要」だというのである。

それを日本では、選挙のときのスピーカーなどが破る。候補者だけでなく、「自治省からの指導による」選挙管理委員会の「投票場へ」というアナウンスが無神経に破る。

〈わたしは、これでも自由主義の国かと思った。票を投ずるに値する政党や人がなければ、いいかげんに投票などせず、棄権するのもまた、ひとつの選択であり意思表示である。それをスピーカーで暴力的に狩り集めるというのでは、まるで専制国家の手口である〉

あまり怒りを露《あら》わにする人ではない城山が、ここまで音にこだわるのは、まさにその「専制国家」のラウドスピーカーによって、二十歳にもならない少年の城山が「狩り集め」られた体験があるからである。表面上は「暴力的に」ではなく、「志願」という形をそれはとった。

あるとき城山は私に、日本のオーディオ・マニアが欲しがる真空管をアメリカに集めに行って、日本へ

持ってきて売っている人の話をした。

どうしてマニアが真空管を欲しがるか？

それは真空管だと音色が軟らかく、そして、情報量が多いからだという。

「いったい音楽の情報量というのはどういうことかと聞いたら、情報量はS／Nと表すそうですね。Nはノイズで、Sはシグナル、つまり、音楽の発するシグナルを大きく聴き取るためには、シグナルが大きく聞こえることも大事だけれども、ノイズが少ないことが大事だというわけです。それで、真空管というのは、音を取るレンジが狭く、現在の新しいヤツは、それが広い。そうすると、いろんなノイズが入ってくると言っていた。

だから、情報量をたくさん取るということは、Sを大きくすることも大事だけれども、Nを小さくすることも大事なんですよ。よけいな情報がどんどん入ってくると、肝心な情報のウェートが小さくなってしまう。情報についても〝省く〟ということを考えなければならないということだと思います。何でも知っていたり、何でも早く読む必要はないんです。そうするとNがいたずらに大きくなることになるでしょう」

これは城山の情報哲学について尋ねていた時の話なのだが、私は音、とりわけノイズについての話として忘れがたい。

城山がその自我を形成する昭和初期、日本には「大義」を煽《あお》る声高な騒音が氾濫《はんらん》していた。そして、少年の城山に与えたその傷は、あくまでも「己れ」にこだわる城山の原型をつくる。

ある意味で、「己れ」を失わせようとして振られるのが旗だろう。戦後に城山はその文学活動を詩人として出発させたが、次の「旗」という詩は、それによって振りまわされたかつての自分に対する悔いと、それを振りまわす者への怒りがこもっている。

旗振るな
旗振らすな
旗伏せよ
旗たため

社旗も　校旗も
国々の旗も
国策なる旗も
運動という名の旗も

ひとみなひとり
ひとりには
ひとつの命

走る雲
冴《さ》える月

こぼれる星
奏でる虫
みなひとり
ひとつの輝き

花の白さ
杉の青さ
肚《はら》の黒さ
愛の軽さ
みなひとり
ひとつの光

狂い
狂え
狂わん
狂わず
みなひとり
ひとつの世界

さまざまに
果てなき世界

山ねぼけ
湖《うみ》しらけ
森かげり
人は老ゆ

生きるには
旗要らず
旗振るな
旗振らすな
旗伏せよ
旗たため

限りある命のために

この詩は『城山三郎全集』の第一巻に入っており、「未発表／昭和五十四年」と末尾に記されている。

戦争は、十代でそれに参加し、そして敗戦を迎えた城山三郎こと杉浦英一少年を大きく変えた。

前章の「特攻は志願にあらず」でも触れたように、城山の前歯二本はそのときから義歯である。

中学の軍事教練で教官に、

「小銃はもともとは天皇の賜った武器であるから、どんなことがあっても、傷をつけたり、錆させたりしてはならない。お前たちが脚を折ろうと、命を落とそうと、とにかく銃をまずかばえ」

と繰り返し教えられた城山は、少年兵になってから、夜間の突撃訓練でつまずき、小銃を傷つけまいとして、顔から岩に突っ込んだ。そして前歯二本を吹っ飛ばしてしまったのである。

血まみれの顔で集合地点に着いた時、指揮者の下士官は城山の報告に、

「ふん」

と言っただけだった。

『大義の末』では、城山の分身のような柿見が、上官に軽くいなされた、と書いてある。

城山文学の核には、軍隊を「組織悪の標本」とする強烈な戦争体験がある。それは戦闘体験ではないが、〝大人たち〟の欺瞞《ぎまん》を徹底して知らされた軍隊体験である。

「戦後余生の連続として」というエッセイに「わたしたちには、戦争の前にも、戦後にも、人生はなかった」と書いた城山にとって、「生涯かかってもふさがらぬ傷口」をあの戦争は残した。

十七歳の城山が経験した四ヵ月ほどの軍隊生活はどんなものだったのか。

〈夏草がおい茂り、草いきれが鼻につくようになると、ぼくはきまって短かった海軍生活のことを思い出す。忠君愛国のかけ声に、志願してはいった海軍——夏草の茂った演習場で、ぼくらは地をはわされ、とき

には水の中もはわされ、サツマイモのクキだけのおかずで衰弱し切ったからだを投げ出し、肉薄攻撃訓練などやらされていた。

だが、士官食堂のかたわらを通ると、毎日のように天ぷらやカツレツをあげるにおいがし、疲れ切ったからだで分隊長室のそうじをすれば、白い食パンがかびをはやしてすてられていた。「愛国の精神」を絶叫する連中ほど、現実の生活はそれから遠いところにあった。

腹立たしかった。そうしたはげしい「精神」注入に、自殺した仲間まである。終戦になったからといって、のめのめ彼らを帰すものかと思ったが、彼らはだれより早く、倉庫から米や砂糖をかつぎ出し、大手を振って帰郷して行った〉

「めぐりきた十八度目の八月」に城山はこう書き、「どれほど彼らが憤り、くやしがり、おびえ、悲しみ、その上であきらめて死んで行ったか」を歯がみする思いで追想しながら、〈死者たちは、「それでよいのだ」と無理に自らを納得させて消えて行った。だからといって、生き残った者が、戦争中のことはそれでよいのだとすましてはいられない。死者の憤りを、生者の義務として、ぶつけてやらねばならない〉

と書いている。

そんな城山が、これだけは書かねばならぬとして書いた小説が『大義の末』だった。七回も書き直したというこの小説の「あとがき」に城山は、

〈この作品の主題は、私にとって一番触れたくないもの、曖昧《あいまい》なままで過してしまいたいものでありながら、同時に、触れずには居られぬ最も切実な主題であった。

「皇太子とは自分にとって何であるか」――この問いを除外しては、私自身の生の意味を問うことはでき

ない。世代にこだわる訳ではないが、私の世代の多くの人々もこうした感じを抱かれると思う〉

と書いている。

なぜ、皇太子（現上皇）なのか？

そう尋ねた私への城山の答はこうだった。

「天皇とは親子ほども年が違うし、神聖不可侵と教えられて育ったから、肉体を持つ存在として受け止められない。雲の上の別世界の人という感じで、とっかかりがないんですね。ところが皇太子は、僕より後の年代に生まれているし、それだけで地上の人という感じで一種の親近感がある。

僕らは〝皇太子さまがお生まれなさった〟という歌を聞きながら育ってきたので、天皇とか皇室を考える場合の一番近い天皇家の人なんですよ」

キリスト教的にいえば、キリストをとっかかりとして神を考えるように、「とっかかりとしての皇太子」なのだという。

城山がこだわる「音、男、己」のうち、後の二つに関わるのかもしれないが、城山が一時集中したのが空手である。たしか、三十代の半ば過ぎに不眠症に襲われ、それを治すために始めた。近所に道場があり、毎日、体操代わりに、と思った。しかし、激しい運動であり、しかも稽古《けいこ》に来るのはほとんどが十代の若者たちである。

「それでも、ともかくやってみよう。少なくとも一年間は目をつむって続ける。それも用のない限り毎日通おうと、決心した」

安田火災海上（現損保ジャパン）の社内報『とびくち』の一九九〇年十月号に城山はこう書いている。

ところが、始めてみると、予想以上にきつい。試合（自由組み合わせ）をすると、小学生に苦しめられ、中学生にやっつけられる。

三分間で目がまわるほどで、「ただつらいだけ」だった。それだけでなく、稽古着には頻々と血がついて、夫人を心配させた。

小中学生が自分以上の大男に見えたりもする。それでも、「辛抱、辛抱、とにかく続けよう」と自分に言い聞かせながらやっていると、そのうち、試合中の相手が前のように大きく見えなくなり、等身大になったと思ったら、やがて縮んで見えるようにもなった。

同時に、ぽっと豆電球がともるように、相手の中に隙が見えてきたのである。

「しめた」と思って、そこを突いたり、蹴《け》ったりすると、見事に決まる。

いつのまにか、試合が楽しくなり、結局、城山は三年近く通って黒帯を取った。のちに城山は、やはり空手をやる林原生物化学研究所社長の林原健と空手談義をしている。

子どもたちの間にまじって空手をやる。それも最初はさんざんにやっつけられる。それでも通う。そこに城山の気取りのなさとひたむきさが鮮明に出ている。それが作品に反映されて、とりわけ多くのビジネスマンを勇気づけるのだろう。

城山を「ビジネスマンの伴走者」と規定したのは、元三井物産の審査マンで『商社審査部25時』（徳間文庫）等の小説を書いている高任和夫《たかとうかずお》である。

七年ほど前、ともに城山ファンである高任夫妻を城山に紹介したが、帰り道で、かつて三井物産に勤めていた高任夫人が、当時六十七歳の城山に「ある種の精悍《せいかん》さを感じた」と語ったのが印象深かった。

私はこの時、城山さんは知らないでしょうという感じで、城山に、

「森高千里という名前を知っていますか」

と尋ねた。ごく稀《まれ》にNHKの番組を見るぐらいで、ほとんどテレビを見ない城山は案の定、

「モリタカチサト？　誰、それ」

と怪訝《けげん》そうな顔をし、また私をからかおうとしているなと、ニヤリと笑った後で、前に座った高任に、

「あなた知ってる？」

と逆に尋ねた。高任も知らなくて、それがわかった城山に、

「そんな若い女性歌手のことを知っているサタカさんのほうがおかしいんだよ」

と逆襲された。

しかし、尊大に構えることなく、それがおもしろければ、知らないことに興味を示す城山の好奇心の強さには、しばしば感心する。この時も、この若い歌手が自ら作詞した「ハエ男」などという歌を歌っていると言ったら、フーンと耳を傾けていた。

もちろん、城山の前で歌ったわけではないが、紹介した次のような歌詞に共感を抱いたのだろう。ちょっと流行歌手とは言えなくなった森高の「ハエ男」の一節を引いておく。

あいつはいつも素早いハエ男
甘い汁　ずるずるずる飛びつく
隙を見て　ずるずるずるずるずる

あいつはいつも素早いハエ男

城山の最も嫌いなタイプがこの「ハエ男」である。

森高を含め、城山の女性に対する興味は、男性に対するそれと比較すると、何十分の一、あるいは何百分の一となる。城山には一作だけ、女性を主人公にした小説があるのだが、ある新聞に連載されたというそれは全集に収録されることもなく、入手し難い。読みたいと言っても、「失敗作だから」と拒否されるのである。

それではまた、城山の『わたしの情報日記』から、騒音に対する怒りを披瀝《ひれき》した一節を引いてこの章の結びとしよう。

〈盆踊りがはじまる。

毎年、この季節、五百メートルほど離れた住宅地内の小広場で夜ごとの盆踊り。「炭坑節」とか「東京音頭」とか、くり返しくり返し聞こえてきて、この間、仕事ができなくなる。

ひとには、それぞれ人生のたのしみ方、過ごし方がある。「盆踊りだから辛抱しろ」というのは、軍国主義者と同じ発想である。騒音公害をふりまいて無反省という点では、暴走族と同罪である。海岸や商業地区ならともかく、住宅地でこれほどどんちゃんさわぎをする文明国が他にあるであろうか。西ドイツあたりなら、主催者全員刑務所行きである。

静かさこそ、本物の文化と平和を支えるものなのに、マスコミの一部は「ふるさとの味」だとか「連帯意識」だとか変に寛容。軍国主義者に同調したときと同じ論法である。

ずいぶん多くの家々が迷惑していると思うが、この妙な風潮に対して、ただただ、じっとがまんしているだけなのだろうか〉

先年、城山の住む湘南《しょうなん》海岸でサザンオールスターズの桑田佳祐《けいすけ》がライブ公演をやった時も、城山は緊急避難したと聞いた。

三島由紀夫批判

三島由紀夫が自衛隊市ヶ谷駐屯地のバルコニーに立ち、東部方面総監の益田《ました》兼利《かねとし》を人質にとった上で、自衛隊員にクーデターへの決起を呼びかけ、無視されて、自決して果てたのは一九七〇年十一月二十五日である。この「事件」は日本の右翼だけでなく左翼をも震撼《しんかん》させたといわれたが、韓国の詩人、金芝河《キムジハ》は次のように斬って捨てた。

どうってこたあねぇよ
朝鮮野郎の血を吸って
咲く菊の花さ
かっぱらっていった
鉄の器を溶かして
鍛えあげた日本刀さ

その三島について、城山と次のような会話をした。城山と私の対談『人間を読む旅』（岩波書店）から、その部分を引こう。

城山　ぼくが三島さんの『絹と明察』というのを批判した。『朝日ジャーナル』（一九六四年十二月十三日号）の書評で。社会小説だから書いてくれ、と依頼されてね。あの作品は出来が「悪い」んだよ。それで悪い理由をいくつか書いた。「社会小説と評論家はもてはやすが、社会小説でもなく三島さんの作品としても悪い」と。あれは奥の深い、近江《おうみ》絹糸の争議の話でしょう、それをちゃちな紙芝居みたいに書いてあるから……。

ぼくはまちがったことを書いたつもりはなくてね。そうしたらすぐに石原（慎太郎）さんから電話がかかってきて、（三島さんが）けしからんと怒っていると伝えろ、と言われたっていうんだね。怒っていると言われたってさ（笑）。そしたら今度は奥野健男《たけお》さんから電話がかかってきて、まったく同じことを言う（笑）。三島さんはぼくと直接関係もないから、自分でかけるのもいやだったんだろうね。だから自分の腹心みたいな二人に言って、お二人がそのまんま同じ台詞《せりふ》で伝えてきたんだね。

佐高　三島は城山さんより年齢的には上ですか。

城山　二つ上ですね。本来は戦争に行かなければならん人だね、年齢的には。

タイトルからして焦点の定まらない『絹と明察』（新潮文庫）は、いま読み返しても、安手な探偵小説、もしくは薄っぺらな事件小説といった印象しか受けないが、それはともかく、「本来は戦争に行かなければならん人」という城山の三島評は、戦後の三島の皇室崇拝、戦争賛美を考える時、本質的な批判を含んでいた。

運動神経が鈍く、虚弱だった三島は徴兵検査で第二乙種となる。辛くも合格とはいえ、ほとんど徴兵されることはないと思われたが、戦局の逼迫《ひっぱく》とともに入隊検査を受けることになった。しかし、風邪を引いて高熱だったために肺浸潤と診断され、即日帰郷を命ぜられる。その後の様子を、付き添って行った父親の平岡梓《あずさ》が『伜《せがれ》・三島由紀夫』（文藝春秋）にこう書いている。

「門を一歩踏み出るや伜の手を取るようにして一目散に駈《か》け出しました。早いこと早いこと、実によく駈けました。どのくらいか今は覚えておりませんが、相当の長距離でした。しかもその間絶えず振り向きながらです。これはいつ後から兵隊さんが追い駈けて来て『さっきのは間違いだった、取消しだ、立派な合格おめでとう』とどなってくるかもしれないので、それが恐くて恐くて仕方がなかったからです。『遁《に》げ遁げ家康天下を取る』で、あのときの逃げ足の早さはテレビの脱獄囚にもひけをとらなかったと思います」

二歳下の城山が志願して少年兵となったのと、あまりに対照的な態度だろう。前章で、城山の「旗」という詩を紹介したが、三島は、生涯、旗を振った人だった。その手つきが、『絹と明察』にも横溢《おういつ》していて、城山は我慢ならなかったのである。

先の対談で私が、

「そのころ三島というのはまさに飛ぶ鳥を落とす勢いだったわけでしょう。いい度胸してますよね（笑）。」

と続けても、城山は、

「ぼくは普通のことを書いただけ」

と涼しい顔をしていた。

三島が怒って、それで「恐縮」するような人ではなかったのである。問題の書評のタイトルは「社会を描かぬ社会小説」。

誰が主人公なのかも不明で、「眼高手低」ならぬ「眼低手高」のこの作品について、城山は「小説は、ほとんど現実の事件の展開通りに進行」し、「新しい発見はな」く、「スケールを感じさせない」と前置きし、三島が「赤穂《あこう》浪士の鋒起《ほうき》」という表現を使っていることに触れて、もちろん、争議には「討入り」的部分もあるだろうが、それを越える部分もあるはずなのに、作者の関心はそこにはないようだと批判した上で、次のように指摘する。

「争議に際して、全繊同盟や同業他社の働きかけがあったことは周知の事実だが、それがここでは、前記の岡野や村川、秋山の個人的策謀という形にとどまって、潮のような力を感じさせない。舞台も迫力も、それだけ小さなものになる。女工ひとりひとりが奪ったり奪い返したりというゲームの対象のようにしか描かれなくなるのも、そのせいであろう。主役となるべき従業員全部が死体のままで終る」

ちなみに、岡野は「はじめから文化人で、それが得体のしれない金儲《かねもう》けの世界へいはば顚落《てんらく》し」「公明正大な情緒の持主だけは、こなごなにしてしまひたい」と考えている男であり、この岡野が桜紡績社長の村川から二千万円もらい、かつての聖戦哲学研究所の部下で、いまは繊維同盟のリーダーである秋山を使って、ストをあおるという構図になる。

主人公とされる駒沢善次郎のモデルは近江絹糸の社長だった夏川だが、何の魅力も伝わってこないのである。

猪瀬直樹《いのせなおき》の『ペルソナ——三島由紀夫伝』（文藝春秋）によれば、「三島は『絹と明察』に賭けていた」という。「『金閣寺』で評判を獲《か》ち得て『鏡子の家』へ、個人から時代へとテーマをスキップさせた。『鏡子の家』から『絹と明察』への飛躍は、青年から家長へ、あるいは日本的な権力とはなにかという問いへ向かうことだった」と猪瀬は大仰な書き方をしている。

たしかに意図はそうだったのかもしれないが、明らかに目論見倒《もくろみだお》れの作品だった。三島自身はこう言っている。

「書きたかったのは、日本及び日本人というものと、父親の問題なんです。二十代には、当然のことだが、父親というものには否定的でした。『金閣寺』まではそうでしたね。しかし結婚してからは、肯定的に扱わずにはいられなくなった。この数年の作品は、すべて父親というテーマ、つまり男性的権威の一番支配的なものであり、いつも息子から攻撃をうけ、滅びてゆくものを描こうとしたものです」

一九六四年十一月二十三日付の『朝日新聞』で、こう宣言しているだけに、城山の書評を読み出して、三島は一度、掲載誌を床に叩《たた》きつけ、しかし、やはり気になって、また、それを拾い直しただろう。

「三島氏にとって、争議は背景であり借景にしか過ぎぬ、という礼賛論がある。ほとんど殉教者といってもよい日本的心情の持主を中心とする美学の世界——それを堪能《たんのう》さえすればよいとの見方である。たしかに描写はうまい。大道具・小道具の配置も間然するところなく、わたしは部分部分では何度も感嘆した。芳醇《ほうじゅん》な美酒の味もある。

にもかかわらず、作者がこの作で何を描きたかったのか、わからない」

これは根源的な批判である。城山は三島に、あなたはどんな意図でこれを書いたのか、と問うている。そして、それはこの作品からは何も感じられませんよ、と言っている。

終章は「駒沢善次郎の偉大」だが、それはまったく伝わってこない、と城山は追い討ちをかける。

「これは、身近の町工場にごろごろいるおやじさんたち、そのままの姿なのだ。一晩つき合えば、もう結構といった奥行のない人物を、どれほど丹念に描こうと魅力はない。『金閣寺』の青年僧は、青年を借りたがために、三島氏の奔放な空想力で別の芸術世界を結晶させることができたのだが、その点でも、三島氏の作品の持つのびやかな魅力が、この作品にはない。終始、窮屈な思いで読み進んだ」

ほめられることに馴《な》れた三島は、これを読んで怒り狂ったのだ。城山は結びで、さらに突き放す。

「この作品をして、『社会派』以上に社会を描いたものとあげつらう向きもあるが、社会と人とのダイナミックなかかわりあいなど描かれてもおらぬし、描こうともされていない。しょせん、三島氏は、社会とは別のトラックを走っている人なのであろう」

残念ながら、この書評は、まだ、城山の単行本に収録されていない。

石原慎太郎や奥野健男ら、三島の「腹心」の系譜に連なりたい猪瀬直樹は前記の『ペルソナ』で、「『絹と明察』は売れなかったが、三島にとっては重要な作品だった」と持ち上げている。

この猪瀬や沢木耕太郎らを念頭に、私は城山との対談で、こう語った。

佐高　これは少し偏見が入ってますが（笑）、三島に「いかれた」人って基本的にぼくは駄目なんですよね。みんなナルシシズムの人でしょう。社会のなかで自分を捉えることが苦手で、城山さんいうところの、「ただの人」という意識がもてない人。

城山　エリートということですか。

佐高　間違ったエリート意識というのがありますからね。つまり光線がこないとさびしい人生ですよ。光線に支えられているというのかな。

敬愛する詩人の伊東静雄に「俗人」と評された三島については、三島と親交のあった美輪《みわ》明宏《あきひろ》から聞いた話が忘れられない。

美輪と対談した時、三島の人生は自前の人生ではなかった、と美輪は私に言った。

三島は学習院時代、ヘチマだの、うらなりだのと言われていたくらい、ひ弱だった。学習院に入ったのは、母親と祖母が上流社会志向のためで、自分の志望とは違っていた。次に父親に「帝大に行け」と言われて東京帝国大学に入り、「大蔵省に行け」と言われて大蔵省に入った。

美輪によれば、「すべて与えられた人生」だったのである。「あの方が自分で選んだものは、物を書くことだけだった」と美輪は言う。それも、「物書きや芸人なんてとんでもない」と父親に禁じられ、「お母様が隠れて、原稿用紙と万年筆をそろえてくださっていた」のだ。

それだけではない。着る物も全部、母親の見立て。美輪が三島と初めて会ったのは、美輪が十六歳で三島が二十六歳の時だったが、三島にとって、十六歳にして思い切った格好をし、思い切った人生を生きている美輪の存在は衝撃だった。

「私は自分の生き方も暮らしも、生計をたてるのも、着る物も食べる物も全部自分で決めて自分の人生を生きていた」

美輪はこう語るが、それと正反対の、自前でない人生を三島は生きていた。

「お行儀がいいから、頭は七三に分けてポマードをつけて、背広にネクタイ姿だった」

三島が結婚する前、美輪の服装を「田舎モダン」とか言って、滅茶苦茶にけなした。それに対して美輪は、「あなただっておめしになりたいものがあるでしょう。本音はどういう格好なさりたいの。いつまでも背広にネクタイばかりじゃないでしょう」

と尋ねた。すると、ジーンズをはきたいというので、上野のアメ横に一緒に行って、三島は革ジャンにジーンズ姿になった。

何もかも与えられた人生から、三島は今度は逆に自分が選ぶ能動的な人生に変えていった。「死さえも与えられてはかなわない」と思ったからだという。

自決を含めて、三島の行動にどこか、〝ケンカ過ぎての棒ちぎり〟というか、〝出し遅れの古証文〟めいた感じがつきまとうのは、多分、そのせいなのだろう。

三島は美輪に「とくに文壇には、自分の友だちはいない」と語っていたというが、とくにその死後に、石原慎太郎以下、〝心の友〟が続々と現れたのは皮肉である。

ところで、私は城山の三島批判の書評を読んで、それから、およそ十五年後の、アーサー・ヘイリー批判を思い出した。

『日経ビジネス』の一九七八年八月十四日号と九月二十五日号に掲載されたエッセイで、城山は、ヘイリーには「男の美学」がなく、「日本のヘイリー」などと言われるのは心外だ、と宣言した。そのマニフェストは、

「わたしは、それほどヘイリーを買わない。それらの作品がおもしろくはあっても、決して質の高いおもしろさではないこと。内幕をあばいて見せるが、それが興味本位に偏して、必ずしも正確というか、真実に迫る内幕ではないこと（むしろ、真実の姿を誤認させる心配がある）。それに何より問題なのは、読後、文学的感動がないことである。人間を描いて心に残るものがない。ゆさぶられることもなければ、心を洗われることもない」

と書き出され、

「理由は簡単である。ヘイリーは、エンターテインメントを書こうとしているのであり、文学を志していないからである。人間をコマのように動かすだけで、人間の生き方そのものを問おうとする熱っぽさがない」

と断じられている。

比較的、できのいい『自動車』にしても、登場人物たちが、作者の命ずるままに動く従業員のようであり、「なるほど、次から次へとスキャンダルが起こり、新しい内幕というか手口が紹介されるので、見ていて飽きないが、見終わって、さて残るものがない」

という。まるで「大量生産の幕の内弁当を食べたようなもの」だというのである。

「大衆のよろこびそうな内幕的な情報を書き立て、大衆受けしそうなスキャンダルを数多く組みこむ。善玉悪玉をはっきりさせ、水戸黄門《みとこうもん》的に締めくくる」という城山のヘイリー批判は、セックス描写で興味をつないでいるかのような印象を与える『エネルギー』に最も当てはまるかもしれない。

ただ私は、さまざまな情報を与えてくれる「経済」小説としては、『マネーチェンジャーズ』等のヘイリー作品を評価したいのだが、城山はあくまでも厳しく、ヘイリーの小説は風俗が変わることで、その存在価値が失われる風俗小説に似ており、

「文学作品とは、本来、そうしたものでなく、状況がいかに変わろうと、それに向かって行く人間の生き方や死にざま、人間のすばらしさや悲しさ、美しさや業《ごう》といったものが、いつまでも瞼《まぶた》にやきつくようなものでなくてはならない」

という。同じアメリカの小説でも、たとえば、スタインベックの『怒りの葡萄《ぶどう》』には、それがある、というのである。

城山は、いわゆる経済小説のパイオニアとして、「経済（社会）」をどう描くかということに腐心してきた。それだけに、三島の『絹と明察』やヘイリーの小説に過剰なまでに反発したのだろう。期待が裏切られたと思ったのである。

評論家の伊藤肇《はじめ》を司会とし、山崎豊子《とよこ》、秋元秀雄《ひでお》、三鬼陽之助《みきようのすけ》、それに城山というメンバーをそろえた座談会「事実は小説よりも奇なり」（『財界』一九七三年五月十五日号、六月一日号掲載）で、城山は、

「作家になろうと思ったのは、われわれの世代は戦争でひどい目にあってきたでしょう。軍隊という組織悪の標本みたいなものを身にしみて体験してきたから、そういうものを書きとめ、書くことによって復讐《ふくしゅう》したいという気がある。

それと同時に、いま日本は経済大国となり、すぐれた経済社会をつくりあげていますが、日本の小説は、どうも、そういう経済社会の外で書かれているような気がするんです。小説が人間の生きかたを問うものであるとすれば、この経済界でどう生きるか、また、どういうかかわりあいかたをしていくかということは、

非常に大きな問題なのに、どうも、それらをはずれたところで小説が書かれていることに対する一種の不満があった」

と執筆の動機を語っている。

愛知学芸大学で理論経済学を教えていた杉浦英一が作家の城山三郎に〝変身〟したのは、理論経済学でゆきづまったからだともいうが、やはり、そこには、もうひとつ「生きた経済」を捉えきれないもどかしさがあったからだろう。

城山は、作家になる前、『中部経済新聞』に「中京財界史」を連載したのだが、そのとき、総会屋たちから、

「会社の合併をいろいろ書いているが、あれじゃ、表面をさすっただけだ。裏面では、われわれが随分働いて、そのおかげで合併ができたんだ」

と言われ、きれいごとではすまない企業の実態を知る。理論だけでは割り切れない、ドロドロした感情をもった生身の人間たちによって企業は構成されているのであり、人間臭さがムキ出しになるその裏面に注目しなければ、人間を描く小説は、とても書けない。

杉浦英一が、総会屋という企業のアウトサイダーに着目し、そこから企業を眺めたとき、企業のある面が鮮明に捉えられて「総会屋錦城《きんじょう》」（新潮文庫）という直木賞受賞作品が生まれ、城山三郎が〝誕生〟した。

『週刊朝日』の一九七六年八月六日号で、作家の深田祐介《ゆうすけ》は、一九六〇年から七三年にかけての経済戦争、あるいは貿易戦争の〝戦記物〟として城山文学は読まれているのだと捉え、その魅力を次のように分析している。

「第一に、現代の複雑多岐にわたっている企業活動が、地道で丹念な取材によって描かれており、ビジネスマンはそれを具体的なナマナマしい情報として受け取ることができる点だ。例えば『毎日が日曜日』（新潮文庫）に世界中の天候に精通している商社の〝気象課長〟という一般にはほとんど知られていない人間が出てくる。この存在を情報として知り、さらに自分の仕事に結びつくという実利性もある。

第二に、ビジネスマンの苦労を発掘してくれる役目をになっているといえる。つまり、ビジネスマンの哀歓が、たくみに表現されているのだ。城山さんの文学は新しいノンフィクション・ノベルであり、経済戦争の戦記物を読むといったおもむきがある」

〝経済戦争の戦記物〟とは深田らしい定義だが、そうだとすれば、とくに初期の城山は兵の視点にこだわって、それを書いた。城山自身が、兵の最下位に位置する少年兵だったからであり、それに対して三島は『絹と明察』で、非常に安易に将の立場でそれを書いた。それも城山には許せないことだった。

大岡昇平への傾倒

城山三郎がアブナイ雑誌の『噂の眞相』を読んでいると聞いて驚いたことがある。ちょっと意外だったので、どういうキッカケからかと尋ねると、

「大岡昇平さんが読んでいたからです」

との答だった。

それで、なるほどと思ったが、城山は一九九六年秋に神奈川近代文学館で開かれた「大岡昇平展」を機に

催された講演で、大岡の『成城だより』（文藝春秋）を手がかりに、「一兵士に徹した生涯」と題して、大岡への傾倒を語っている。

『成城だより』は、城山が評している如く、「読んでみると大変おもしろい。大岡昇平という人が非常によく出ている」エッセイ集だが、七十歳を過ぎた老人だと言いながら、決して悟りすまさず、怒りを爆発させる姿に私も共鳴した。城山も多分、次のような箇所に大いに膝《ひざ》を叩《たた》いたのに違いない。そう言えば、城山自身が大岡がこの怒りのエッセイを書いていたころの年齢になった。

「家人と共に田園調布の石川達三邸を弔問。死は一月三十一日なれど、通夜、密葬に出ず。老生近頃ますます世間を狭くして、会えば睨《にら》みつけるか、顔を反《そむ》けねばならぬ連中多し」

「今や、映画館出口の三段の階段より顚落《てんらく》しただけにて、筆取られぬ老残の身となるとも、口だけは減らないから、ますます悪しくなり行く世の中に、死ぬまでいやなことをいって、くたばるつもりなり」

もちろん城山はこれほど激しく悪口を書いたりはしないが、憤激の思いは大岡と同じなのである。

一九八二年六月一日の大岡の日記には、こんな指摘もある。

「夜、テレビニュースにて、山口市の自衛官護国神社合祀《ごうし》事件、大阪高裁で勝訴。近頃の朗報である。キリスト教徒である未亡人中谷康子氏の抗議を踏みにじって、事故死自衛官を護国神社へ合祀した事件で、私は一審以来動向を注目していた。一審は違憲判決、しかしこの頃の裁判所の傾向から見て、上級審でひっくり返るだろうと思っていたら、意外に一審通り。近頃の名判決である。女性の信仰上の主張にはかなわない。自衛隊スポークスマン、隊友会とは関係ないなんて、ぼやいてるが。未亡人に親族その他からかけられた圧力は大きかったはず、勝訴せる中谷さんのうれしそうな顔を見て感動す」

結局、この裁判は最高裁で敗訴するのだが、青山学院というミッションスクールに入ってキリスト教に惹《ひ》かれ、牧師を志したこともある大岡にとって、中谷の闘いは他人事《ひとごと》ではなかった。学生時代、禅の修行をしながら、その社会性のなさに飽き足らず、YMCAの寮に入ってキリスト教に親しんだこともある城山にとっても、それは他人の闘いではなかったはずである。

前記の城山の講演は、中野孝次編の『大岡昇平の仕事』（岩波書店）に収められているが、それによれば、大岡と親しくなったのはゴルフでだった。強い不眠症だった城山は四十歳のとき、体重が四十七キロに減って国立第一病院に入院する。そして医者に、

「とにかく一週間に一日絶対仕事をしない日をつくりなさい、できれば戸外へ行きなさい」

と言われて、ゴルフを始めた。

そしてゴルフ場への車の中で、大岡と戦争の話とかそれを書く場合の取材のむずかしさとかを話すようになる。

大岡と城山に共通するのは「一兵士で終始した」ということだった。しかも城山は十七歳の少年兵である。大岡は、二言目には、少年兵は気の毒だった、と言った。

大岡についての城山の講演を引く。

「兵士は何を奪われ何がないかというと、ないものだらけなのです。私の実体験から言っても、まず情報がまったくない。そして、ないない尽くしでいえば、意見が言えない、抗弁できない、絶対的服従を強いられます。いわゆる自由がない。もちろん言論の自由もない。戦地に行っても兵器もない、弾丸もない、食べ物もない、ということになっていくのです。

そういう経験をされた方は、そういうことに対する腹立ちがあると同時に、そういうふうになっていかないような社会にということを、人一倍お感じになると思います。そういう意味では、絶対的な体制とか、絶対的な権威、いずれにしろ権威というものに対してきわめて批判的、否定的になります。それからいろいろな自由をどうしても守りたい、あるいは個性を守りたい、そういう気持ちが非常に強くなってくる。人一倍強くなるということが言えると思います」

もちろん批判的にならないで、組織に順応してやっていく兵士もいる。しかし、大岡は最後の最後まで批判的な、変わらない兵士だった。

「とにかく大岡さんはそういう意味では、失ったもの、奪われたものの巨大さに終生歯噛《はが》みをしながら、そういうものを憎みながら生き通した人だ、と私は感じています」

城山自身の「歯噛み」も伝わってくるような指摘である。

それから城山は、大岡の『レイテ戦記』に触れ、大岡が俘虜《ふりょ》になってレイテに行ってから見聞した話として、人肉食いのことを語る。とにかく食べものがないので、人間の肉を食うよりしょうがなかったのだ。

それでレイテでは、日本の兵隊も必ず二、三人で歩け、と注意された。一人で行くと食われてしまうからである。日本人同士の話だが、兵隊と兵隊がすれ違う時は、こっちから、大声で「オオッ」と声をかけろ、とも言われた。すると、元気があるように見えて襲って食おうと思わないからだという。

フィリピンの決戦に参加した日本軍はおよそ五十九万人で、戦没者は四十六万人だった。消耗率は七十八パーセントである。それがレイテ島に限って言うと、消耗率は九十七パーセントにハネあがる。百人中三人しか生還できなかったということだが、その中には人肉食いによって〝消耗〟された命もあるのである。

大岡の親しい兵士に、とにかく軍に対して腹を立て、

「ほんとうに愚劣なことをしやがって、こんな愚劣な軍のためにここで死んでたまるか」

と繰り返し言っている男がいた。

それに大岡も共感し、マラリアにかかって意識朦朧《もうろう》という状態で米軍の捕虜になる。東条英機のつくった「生きて虜囚の辱めを受けず」という戦陣訓など、何だという気持ちだった。

その大岡を城山は次のように語る。

「私は非常に尊敬するのですが、アメリカ軍の陣地に引っ張られていかれたところ、そのアメリカの部隊にとっては初めての捕虜だったらしいのです。向こうはめずらしがるのですが、大岡さんにしてみると、捕虜は殺されると聞いていますから、アメリカ兵たちが自分がこの世で最後に見る人間だと思うのです。だから、人間というものへの別れという意味もあって、どんな人間だろうと好奇心を持つ。そのために貪婪《どんらん》な好奇心で視野に入る米兵をながめ続けたというのです。死の寸前という衰えた体で、しかもこの先処刑されるかもしれないという状況で、最後に見る人間だからというので、貪婪な好奇心で視野に入る米兵をながめ続けた。これは大変なことだったと思います。やはり文学者だった。すばらしい先輩だったという気がします」

大岡は新聞記者の経験もある。一九三四（昭和九）年に『新愛知』に買収された『国民新聞』に入り、最初は学芸部だったが、次に社会部へまわされた経緯を、大岡は『大岡昇平・埴谷雄高《はにやゆたか》　二つの同時代史』（岩波書店）で語っている。「失敗続きの新聞記者時代」としてである。

老齢になっても衰えなかった大岡の好奇心については、城山とともに私も驚嘆した。

その例として城山は、大岡が『じゃりン子チエ』を読んでいたことを挙げる。

「私は読んだことはありませんが、その『じゃりン子チエ』を、物好き老人は読まずにおられないというのです」

と城山は驚いているが、さすがに城山も、反権力のスキャンダル・マガジン『噂の眞相』を読むことはマネできても、漫画までにはついていけなかったらしい。

『成城だより』によれば、それを読んでいて大岡は、五歳の孫に、

「おじいちゃん、そんな少女マンガ読んでどうするの？」

と言われる。

「答えに窮す」である。

窮しながらも「『少女マンガ書くんだ』と答えて毛布ひっかぶる」と大岡は続けているが、城山の「こういう人なのです」という言葉には、驚きと畏敬《いけい》と、そして親しみがこもっている。

城山は『成城だより』から、こんなエピソードも引く。

大岡がそば屋に入って座ろうとしたら、

「あ、お一人ですか、一人はこちらへ座ってください」

と言われた。

よくあることだけれども、大岡はそれに怒る。

「客に指図するやつがあるか。おれの勝手だ」

と言って出て来てしまうのである。

しかし、ステッキを忘れ、仕方なく取りに戻って、店員や客に変な顔をされた。

「大人げなく恥ずかしきことなり」と大岡は書いているが、城山はそれを「軍隊でいやというほど指図された」から「指図されるということをきらう」のだと解いている。「指図という言葉に対するアレルギーがあり、決して人は人を指図してはいけない、人は人の上に立ってはいけないのだ、と考えていた」というのである。

「終戦記念日前後、テレビで『君は広島を見たか』が放映されますが、大岡さんは自分は見ないというのです。痛ましさに耐えられず見ない。『きけ　わだつみのこえ』も読みつづけられない。これはほんとうにそうだと思います。私も戦争文学はつらくて読めない。戦争ものは見ない。大岡さんには悪いのですが、大岡さんの作品を最初におもしろく読んだのは『武蔵野《むさしの》夫人』です。あれはロマンとして非常にいい作品だと思いますが、『俘虜記』や『野火』はすぐには読めなかった。時間がたつにつれて読むようになりましたけれども、つらいということです」

しかし、少年の自分を戦争へと誘ったものは何なのかを城山は問いつめずにはいられなかった。「つらい」けれども、それをやらずには死ねない。そんな思いが城山にはあった。

「自分がこういうふうになっていく過程において、少年を駆り立てた指導者は何を考えていたか。私が生まれたときにこの指導者は何を考え、私が軍隊に志願するときにこの指導者は何を考え、どういう生活をしていたか。そういうことをずうっと並行描写で書いていこうと思って、それで戦争指導者としてだれを選ぶかということで、軍人はこりごりでしたから、A級戦犯でたった一人の文官である広田弘毅《こうき》を戦争を命令した人とし、命令された自分と並べて書こうと思って調べだしたのです」

これが城山の代表作ともいわれる『落日燃ゆ』として結実するわけだが、完成するまでには大きな難関があった。広田の遺族たちが断固として取材拒否なのである。

調べ始めたら、広田は「戦争を命令した人」ではなく、「戦争を防ごうとした人」だとわかって、城山は広田だけに焦点を当てて書きたいと思うようになったが、広田家の拒絶の壁は厚く、途方に暮れた。

「自ら（のために）計らわず」を生涯のモットーとした広田は、遺族たちにも自分のことは話すなと言いおいていた。広田が絞首刑で殺される前に、広田の妻の静子は自殺している。

絶望的になっていた城山の前に立ちはだかる重い扉を開けてくれたのが大岡だった。

「困っているんです」

と城山が大岡に言ったら、大岡は膝《ひざ》を叩《たた》かんばかりにして、

「いや、広田の長男の弘雄とぼくは小学校以来の無二の親友だから、ぼくから広田に頼んでやる」

と言った。

「お父さんの気持ちもわかるけれども、やはり歴史の真実を残しておくのは大事だし、城山は信用できる男だから」

と長男を口説いて、城山は弘雄に会うことができた。弘雄は横浜正金銀行（のちの東京銀行）の北京支店長をしていたが、若くして亡くなった次男は別として、続いて、三男の正雄にも取材することができた。正雄は広田の首相時代の秘書官をやっていたから、これまで外に出ることのなかったさまざまな話を知っている。

城山にとっては「第一級の資料」だったが、その道を開いてくれたのは大岡だった。あんなことを二度と起こさせないためにも話すべきだと、大岡は遺族たちを口説いたのである。

「知られなかった歴史を少しでもお伝えすることができて、そういう意味でも大岡さんには感謝のしようがないのです」

城山は前記の講演でこう語っているが、また、広田の二人の娘への不思議な取材体験を次のように打ち明けてもいる。

「お嬢さんからも（直接話を）聞きたかったのですが、お嬢さんたちだけはとにかく自分の口からは話せませんと言う。私がお嬢さんしか知っておられないことを聞きますと、三男の正雄さんが立っていって隣の部屋――同じ家ですから向こうにおられるわけです――へ行って妹に聞いたら、妹はこう言っていますという、そういう間接取材です。私はそういう取材をしたのは初めてです。同じ家で同じ家族のなかで。だから、二人のお嬢さまはいまもお元気でご存命でいらっしゃいますが、一切世と交わらない。ただただ父のことを守って、父の霊を守って、門を閉じて住んでいらっしゃる」

父親が裁かれる東京裁判の法廷を二人の娘は必ず傍聴したという。

「入廷してくるとき、広田は娘たちと視線を合わせる。そして、閉廷して立ち上るとき、娘たちはふたたび広田に目礼を送る。ただそれだけである」

『落日燃ゆ』で城山はこう書いている。

「死出の旅を共にする仲間として、広田にとって、残りの六人は、あまりにも異質であった。呉越同舟とはいうが、にがい思いを味わわされてきた軍人たちに、最後まで巻き添えにされ、無理心中させられる恰好《かっこう》であった」

自ら語ることなく逝《い》った広田に献《ささ》げたオマージュとも言えるこの作品をめぐって、私は城山とこんな話をした。城山と私の共著『人間を読む旅』から、その部分を引く。

佐高　（広田は）皮肉な運命の人ですね。つまり、自分が戦った人間たちと一緒に死刑になってしまうという……。

城山　A級戦犯の確定だって、あんなのは連合国側が一方的に決めたわけだから。他の戦犯たちと同席することも拒否すると言っているぐらいの広田をね。

佐高　広田自身の思惑とは別に、いくつかの悪い偶然みたいなのが彼を追い込んでいきますね。松岡洋右が死んでしまうとか。

城山　最後の段階ではね。近衛《このえ》（文麿《ふみまろ》）も自殺するし。

佐高　広田の同期の吉田茂と、二期先輩の松岡は、外交官として対照的ですね。

城山　広田は吉田とライバルだけど、三国同盟をつくるときに、防共が目的でイギリスを誘っている。それが、けんもほろろに吉田が取り合わない。駐英大使の吉田にぜんぜんやる気がなければ、どうしようもないから、ポシャッたわけです。

佐高　これを読んで、一般的に伝えられている吉田のイメージが変わりましたね。名門出というか、お坊っちゃんというのか、さっき言われたけれど、（広田のように）何かのためにひとつのことを不利な状況下で五十六回もやるような根気はない。おれが出ていってだめなんだからとか、おれはそんなことをやる気はないとか。つまりいろいろな目的とか何とかの前に、「自分」があるんですね。広田と吉田では関東軍との衝突の仕方がぜんぜん違うんですよ。

城山　軍さえやるのをためらっていることを、吉田はやったわけだから。軍とやり合ったというのはちがう。

佐高　協調外交、軟弱外交と言われた幣原《しではら》喜重郎内閣のあとに、広田の協和外交が出てきた。吉田の外交というのは、平和外交ではないですね。本当に歴史というのは皮肉なもので、広田が死刑になり、石橋湛山《たんざん》が追放になる。

城山　本当の自由主義者たちがね。

『落日燃ゆ』の中で城山は、広田が驚愕《きょうがく》した二つの事実を書いている。

広田が組閣の大命を受け、昭和天皇から新首相への注意を与えられる。

それは「第一に、憲法の規定を遵守して政治を行うこと」から始まり、「第四に、名門をくずすことのないように」で終わった。

この「第四」に、広田は「はずんでいた気持に、ふいに冷水を浴びせかけられた感じ」になる。

石屋の伜《せがれ》の広田は「名門」の出ではなかった。だから、天皇はそう言われたのか。

その夜、広田は三男の正雄に、

「いずれにせよ、自分は五十年早く生れ過ぎたような気がする」

と呟《つぶや》いたという。

また、予算編成期の近づいたある日、天皇に呼ばれ、

「大元帥としての立場からいうのだが」

と前置きして、陸海軍予算の必要額を言われた。

最後に「国会で審議して決めるように」とつけ足されたが、広田の驚きは消えなかったのである。

大命降下の日、「名門」について注意されたのと同じとまどいをおぼえたのだった。

「これは、天皇御自身の御発意によるお言葉なのか。それとも、軍部が天皇のお口を借りていわせたのか。統帥権の独立というが、それがいまや行政権の頭上に立ち、天皇を通して頭ごなしに命令してくる感じであった」

作中で城山は広田にこう憤慨させている。

のちに無理心中させられることになる軍部を広田はどう見ていたのか。

「軍部は野放しのあばれ馬だ。それをとめようと真向から立ちふさがれば、蹴殺《けころ》される。といって、そのままにしておけば、何をするかわからん。だから、正面からとめようとしてはだめで、横からとびのって、ある程度思うままに寄せて、抑えて行く他はない」

広田はある時、親しい部下にこう漏らし、それから、苦い顔で、

「もっとも、この馬には鞍《くら》もなく、とびのるのがたいへんだし、裸馬だから、いつ振り落されるかも知れん。しかし誰かがやらなくちゃいかん。そう思って、自分はとびのったのだ」

と笑ったという。

『風の中の背広の男』という仮題を『落日燃ゆ』に変えるよう提案したのは新潮社の編集者の梅澤英樹だった。大岡昇平の担当者でもあった梅澤が、二人の絆《きずな》をさらに深める触媒となった。

絶対に形の崩れない男

城山三郎を「絶対に形の崩れない男」と評したのは、互いに心許し合った友だった伊藤肇である。安岡正篤《まさひろ》に師事し、人物評論家として健筆を揮《ふる》った伊藤とは思想的立場とか、いろいろ違いはあった。しかし、ほぼ同い年の友として城山は親しいつきあいを続けたのである。

城山と伊藤の『人間学対談』（光文社、のちに『対談サラリーマンの一生——管理社会を生き通す』と改題して角川文庫）の巻末に、それぞれの「にんげん」評が載っている。そこで伊藤は城山について、ズバリ、こう語る。

「一言にしていうと、絶対に形の崩れない男なんですよ。作家というのはちょっと有名になると、銀流しみたいな格好して得意がってね、崩れてしまう。早い話が崩れやすいんですよね。それがまったくない。あの人は、たえず正眼《せいがん》であり、青眼の構えですからね。そこが僕は好きなところなんです。

それからあの人は、やっぱり作品を書くということに、使命感を感じていると思いますね。同時に生きがいもね。だから、自分でわかるんじゃないですか。どの作品がよくて、どの作品が悪いかっていうことを。自分でいちばんよく知っているから、自分なりに評価も反省も、きちんとしている。失敗作だと思った作品の話が出ると、あの人は顔をしかめますよね。真面目というか、自己をちゃんと見つめているというか、そういう堅いところが僕は好きだなあ。

それから作家でもなんでも人になにかを伝えようという人は、人間というものに興味もたなきゃいけない。それでなけりゃ書けないと思うんだけど、その人間にたいする興味が旺盛《おうせい》ですよ。たとえば、『落日燃ゆ』の広田弘毅のときなんか凄《すご》かったんですね。あれは、もうほんとうにのめり込んで、のめり込んで、ついに五年間の月日をそのためにブチ込んでしまった。それくらいだから、執筆の前から大変な迫力でしたよ。そのころ、年賀状にまで、当時の気迫があふれていました。自分は大きな落日を見てるような感じでいま広田弘毅に取っ組んでいるという、いい年賀状でしたね。その結果としてああいう傑作が生まれたんですよね。とにかく、ひたむきなんだ。そんなところがいいよなあ」

この後に「ただし、ゴルフは下手だけどね。ほんとうにダメだ、いくら教えてもダメだ。才能がないのかなあ（笑）」という〝蛇足〟がついているが、この対談が出たのが一九八〇年春。その年の十月二十日に伊藤は五十四歳で急逝した。

一つ年下だった城山は翌八一年五月三十一日付の『日本経済新聞』に、「故伊藤肇氏に」献《ささ》げる「友失いて」という詩を寄せた。

緑のフェアウェイに
きみ　ココアの顔
セピア色の笑い

暖色の宴席に
さらに灯をともして
きみ　豪快細心の笑い

鉄砲かつぎ
ペンかつぎ
人間相手に　刺しつ刺されつ

「人生あと一万日」とは
大当りの福引でしかなく
きみ　短かく重く病み
すばやく天に去る

まわりはすべて寒冷の海
サイレンでも鳴らさねば
街にも行けぬ　このさびしさ

血の気が多く、馬賊にあこがれて旧満州の建国大学に学んだ伊藤について、前記の「にんげん」評で、城山はこう語っている。

「一言でいえば、ふしぎなんですね。もう二十年ぐらい付き合っているのに、身の上話ひとつ聞いたことがない。それでも安心して付き合える。他人の戦争体験談は感心して聞いたり紹介したりするのに、僕には自分の体験は一度も話してくれない。まるで戦後生まれた人間のような顔をしている。ああいう顔ができるのは、よほど人間ができているか、面の皮が厚いか。いや、その両方でしょうけどね。雑誌社時代、社長と衝突してとび出すなどという大騒動があり、苦労もあったろうに、これまた何もしゃべらない。事前事後で表情の変化なしというわけ。もっとも、あの人、もともと肌が黒いうえにゴルフやけがひどい。それに、いつも目がくりくりしてるから、しょげた顔になっても、ちょっとわからないけど」

そして城山は伊藤にいちばん近いイメージとして、マンガののらくろ二等兵を挙げている。「のんびりして、明るくて、不死身で」と言っていたのだが、それからまもなく、亡くなってしまうとは、神ならぬ身の知る由もなかった。

私を城山に紹介してくれたのはこの伊藤である。伊藤から、亡くなる四ヵ月前にもらった最後の葉書がある。

〈肩を痛めてペンがとれず失礼しました。城山さんのインタビュー記事、楽しみにしています。肩が治ったら、坐骨《ざこつ》神経痛などという年よりじみた病気にとりつかれ、いささか自分に腹をたてています。しかし鴎外《おうがい》が五十五歳で「人生中為切《なかじきり》」を書いていますから、やはり「段落」かなとも思い直したりしています〉

伊藤は肝臓ガンで亡くなった。

皮肉にも、伊藤は、あるラジオ放送で、城山がまちがってガンと宣告された時、次のように書いている、と語ったことがある。

「宣告された直後、心境は、百八十度、かわってしまいました。なぜか、空を見ても、野山を見ても、街を見ても、何もかもが美しく映ってならなかったのです。

ああ、この空は何ときれいなんだろう。

ああ、この雑踏の中の緑は何とすばらしい色をしているのだろう」

城山が傾倒した大岡昇平は、芸術院会員に推されて、それを辞退した。「捕虜を経験した身は、国家的栄誉を受けるにふさわしくない」というのがその理由だった。

しかし、それは大岡流の言い方であって、反権威ということもあり、また、「組織や群のなかの一員として、偶々《たまたま》、あるいは指図されて捕虜になったのではなく、意志的に軍からの離脱を企て、個として、強い人間としての行動に出た結果、捕虜になった——そのことを言外にはっきりさせておきたかったのだ」とも城山は推理している。

これに似たエピソードは城山にもある。それを私は城山の『支店長の曲り角』（講談社）所収の「勲章について」で知った。

あるとき仕事場に夫人から電話が来る。

「来た、来た、来たわよ。あなた、どうなさる」

城山の反応をうかがうような声だった。

「何が来たんだ、いったい」

「文化庁からシジュホーショーとか何とか。内示です、ぜひお受け頂きたいって」

「なあんだ」

「どうします」

「もらわないよ、断わってくれ」

「……だって、たいへん叮嚀《ていねい》なお電話よ。それをいきなり断わったりしては」

こんなやりとりになった。城山によれば夫人は「この道三十五年、余計な波風はもうコリゴリとの息づかい」だったという。

城山もちょっと譲歩する風を見せ、

「じゃ、少し考えてみる。夕方、また会おう」

と答えて電話を切った。

考えてみるまでもないのだが、夫人を納得させる必要はある。

駅ビルの和食の店に先に着いた城山は、焼酎《しょうちゅう》のお湯割りを飲みながら思案する。

作品の主人公の例は、挙げるのも憚《はばか》られるし、役所に査定されたくない、役所に口封じされたくない……。

いろいろ考えている間に夫人が到着した。

城山は整理不十分だし、酔いも不十分で宙ぶらりんのままである。

「やはり断わる」

「どうして」

「どうしてだって。物書きの勲章は野垂れ死というじゃないか、国家にあれこれ……」

そう言っているうちに面倒になって最悪のせりふを吐いた。

「そんなこと、わからないのか」

夫人が黙っているので、さらに最悪の上塗り。

「おまえを見そこなったよ」

出てきた料理を前に箸《はし》もとらぬ夫人。

気重になった城山は最悪の総仕上げの言葉を放った。

「いいか。おれが死んだあと、役所が何か言ってきても、決してもらうなよ」

ここで初めて夫人が反撃する。

「死後のことまで指図するなんて、越権でしょ」

城山は「うん、そうか」と、つい、うなずいてしまったという。

もちろん、笑いを誘うような話ではないのだが、巧まざるユーモアに満ちていて、ほほえましい感じになる。

城山は「もらったら化けて出るぞ」と茶化そうとしたが、相手の答の見当はついた。

「あら、いいわよ、出ていらっしゃい」

少し方向転換を図って、

「だいいち、もらいに行くのが大儀だ。宅配か何かで送ってくれるなら、ともかく」

と言ったら、夫人はちょっと表情を険しくし、

「あなたの言い分聞いてると、もらった方に失礼じゃないかしら」

と返した。

「ち、ちがう。お、おれは、自分のことだけで言ってるんだ。おれには国家というものが、最後のところで信じられない。少年兵のとき、おれは……」

うろたえながら反撃し、そこで城山は絶句した。

いささかの沈黙の間につまんだ煮蛸《にだこ》が案外うまい。ありがたや、との思いから、

「こういう蛸も、おれには勲章さ」

と、蛸もおどろくことを城山は言い、こう続けた。

「読者とおまえと子供たち、それこそおれの勲章だ。それ以上のもの、おれには要らんのだ」

これが思い出したいちばん大事な本音だった。まず、これから入るべきだったのだ。

もちろん、ケンカというほどのものでもないが、夫人の表情から戦雲は去った。

「足るを知らなくちゃ」

順序をまちがえたことを反省しつつ、念押しの一言を付け加えた。

夫人は冷蔵庫のドアに「知足常楽」と書いたメモを貼付《ちょうふ》しているのである。

その後を城山は散文詩風にこう描く。


妻の箸が動き出す。

私は焼酎のお代りをたのむ。

「来た、来た、来た」の足音が、
ようやく遠のいて行く。

「絶対に形の崩れない男」という伊藤評に城山は、とんでもないという風に手を振って否定した。

このエッセイを読めばわかるだろう、と城山は言うかもしれないが、しかし、官からの勲章拒否という姿勢は一度も崩していない。むしろ、これを読めば、なおさら、城山が「形の崩れない男」であることがわかるのである。

逆に、夫人に先立たれて、城山はいま、夫人が化けて出てくることを望んでいるのではないだろうか。『支店長の曲り角』所収の、「妻」という詩を引く。

夜ふけ　目ざめると
枕もとで何かが動いている
小さく咳《せ》くような音を立てて

何者かと思えば
目覚まし時計の秒針
律義に飽きることなく動く
その律義さが　不気味である

寝返りを打つと　音は消えた
しばらくして　おだやかな寝息が
聞える

小さく透明な波が
寄せては引く音
これも律義だが　冷たくも
不気味でもない

起きてる間は　いろいろあるが
眠れば　時計より静か

「おい」と声をかけようとして　やめる
五十億の中で　ただ一人「おい」と呼べるおまえ
律義に寝息を続けてくれなくては困る

城山が勲章を断るのに、自らの作品の主人公の例を挙げようとして「憚られる」と思ったとあるが、その作品とは『粗にして野だが卑ではない』（文藝春秋）であり、主人公は石田禮助《れいすけ》である。三井物産に勤め、その後、国鉄の再建に引っ張り出された石田は、「野心も私心もない。あるのは素心だけ」と言われた。その面目躍如たる発言を、政治家相手にしている。

国鉄総裁として初登院した石田は、背筋をピンとのばし、代議士たちを見下すようにして、

「諸君」

と呼びかけ、彼らを仰天させた。石田は別に奇を衒《てら》ってそうしたわけではない。さらに、

「嘘は絶対つきませんが、知らぬことは知らぬと言うから、どうかご勘弁を」

と切り出し、

「生来、粗にして野だが卑ではないつもり。ていねいな言葉を使おうと思っても、生まれつきでできない。無理に使うと、マンキーが裃《かみしも》を着たような、おかしなことになる。無礼なことがあれば、よろしくお許しねがいたい」

と断った上で、

「国鉄が今日のような状態になったのは、諸君たちにも責任がある」

と言い放った。

採算も考えず、自分の選挙区に争って鉄道を引こうとするその姿は、我田引水をもじって〝我田引鉄〟といわれたが、わかっていても、誰にもできる批判ではなかった。

この石田が、総裁在任中に勲一等を贈ると言われ、

「おれはマンキーだよ。マンキーが勲章下げた姿見られるか。見られやせんよ」

と固辞している。

死後の叙勲の申し出も、これは夫人が、

「やめて下さい。あれほど主人は辞退してたんですから」

と断った。

数え年九十三歳で亡くなった石田は、死が近づくと、息子の嫁に指示して次の遺言を書きとらせたという。

この中のママは夫人のつゆのことである。
○死亡通知を出す必要はない。
○こちらは死んでしまったのに、第一線で働いている人がやってくる必要はない。
　気持はもう頂いている。
○物産（三井）や国鉄が社葬にしようと言ってくるかも知れぬが、おれは現職ではない。
　彼等の費用をつかうなんて、もってのほか。葬式は家族だけで営め。
○香典や花輪は一切断われ。
○祭壇は最高も最低もいやだ。下から二番目ぐらいにせよ。
○坊さんは一人でたくさんだ。
○戒名はなくてもいい。天国で戒名がないからといって差別されることもないだろう。
○葬式が終わった後、「内々で済ませました」との通知だけ出せ。
○ママは世間があるからと言うかも知れぬが、納骨以後もすべて家族だけだ。
○何回忌だからといって、親族を呼ぶな。通知をもらえば、先方は無理をする。
○それより、家族だけで寺へ行け。形見分けをするな。つゆが死んでも同じだ。
　この遺言に、石田の生き方のスタイルが凝縮されている。祭壇は「下から二番目ぐらいに」とか、「戒名はなくてもいい」とか、なかなか言えることではない。

　ダンディズムと言ってもいいが、そうした形《スタイル》のある男を城山は書いた。ほとんど「粗にして野だが卑ではない」男だった。

石田は、若き日に、物産の先輩である山本条太郎にも思った通りのことを言っている。石田にはそういう意識はなかっただろうが、山本の顔色が変わるような直言、痛言だった。

山本が石田に、

「大臣になろうと思うが、君の意見は」

と尋ねたのに対し、

「あなたの眉間《みけん》にはシーメンス事件のキズがある。日本人は極めてケッペキ。おやめなさい」

と言い切ったのである。

石田の言うように「日本人は極めてケッペキ」であるかどうか、疑わしくなることが多いが、石田禮助という人がいたということは、日本人としての誇りを回復させてくれることは確かである。

石田の頑固さに国会対策などでは手を焼き、勲一等についても、

「社会主義者でもあるまいし、ぜひ」

と受章をすすめた副総裁の磯崎叡《いそざきさとし》が、

「ずいぶん多勢の人に仕えたが、あんなに気持のいい人はいない。毎朝、石田さんに会うのがたのしみだった。生涯、あの人ほどの人物にめぐり合うことはないだろう」

と語ったという。

勲章を私は〝老人のワッペン〟としか思っていないので、欲しい奴にはドンドンやったらいい、と皮肉に言ってはいる。しかし、数少ない拒否者、もしくは固辞者のほうが格段に優れた人物であり、魅力的なある型をもっている。

現存の財界人で拒否している日本興業銀行（現みずほ銀行）元会長、というより、〝財界の鞍馬天狗《くらまてんぐ》〟の異名を持つ中山素平《なかやまそへい》（二〇〇五年十一月死去）は「勲章をもらわざる弁」をこう語る。

「勲章が特にいやと言うんじゃなくて、形式というものが嫌いなの。役所は形式が先だが、ぼくらは実を上げなきゃならない。それに、人間の値打ちを役所に決められるのは抵抗がある」

先年亡くなった元日銀総裁の前川春雄もワッペン拒否者だった。前川には、日銀総裁を退任した時、歴代総裁と並ぶ勲一等が用意されたのだが、

「人間に等級をつける勲章は好まない」

として強くそれを辞退した。そして、死後の叙勲も辞退するよう、夫人宛ての遺書に明記していたため、叙勲は見送られたのだった。

最近は元社会主義者まで嬉々《きき》としてそれをもらっているが、勲章亡者への道を歩くのか、それとも、石田禮助、前川春雄、中山素平ら、さわやかな人間の系譜につらなるのか。

『粗にして野だが卑ではない』で、城山はそのことを読者に問うた。そう言えば、保守の政治家では珍しく、元外相の伊東正義《まさよし》が勲章拒否者だった。「表紙だけが替わっても」と名セリフを吐いて首相の座を蹴《け》った人である。

悪名の系譜

城山三郎には、らしからぬ作品がいくつかある。たとえば「総会屋錦城」であり、横井英樹《ひでき》がモデルの

「乗取り」（ともに新潮文庫）である。

「濡れたように黒い髪。やや面長な顔は肉にあそびがなく木彫のようにしまっている。一見、端正な顔立ちだが、顎《あご》が大きく、頑丈な感じを与える。右の上瞼《うわまぶた》には古い刀創《かたなきず》があり、またたきする度に、その傷痕《きずあと》はうす桃色に光った」

これが内藤錦城の横顔だが、城山が総会屋を描いたことに意外感をもつ人も少なくないだろう。錦城は「若いときは人斬り錦之丞《きんのじょう》と云われ、実際に総会で人を斬った。日本刀で斬りつけ、血しぶきが天井にまで届いた」とも書かれている。

錦城にはモデルがいた。しかし、すでに亡くなっていたので、やはり、風格のある総会屋だった久保祐三郎《ゆうざぶろう》などに会った。久保も故人となったが、久保は宮沢賢治の「雨ニモ負ケズ」をもじった「総会屋のうた」をつくっている。

雨ニモマケズ
風ニモマケズ
インフレニモ
デフレノ嵐ニモマケナイ
殺シテモ滅多ニ死ナヌ体ヲモチ
慾《よく》ハナイガ銭ハホシク
貫禄《かんろく》ハナイクセニ

ハッタリハアッテ　イツモ天下ヲ論ジテイル
一日ニ合成酒二合半ト
新生ト三バイノ麦飯ヲクライ
アラユルコトヲ
自分ヲ勘定ニ入レテ
ヨクミキキシ　ワカリ
ソシテ忘レズ
大都会ノビルノ谷間ノ
陽ノ当ラヌ場所ニイテ
盆暮二回ノ新聞ヲ出シ
東ニ株主総会アレバ
行ッテガタガタ一席ヤリ
西ニ増資ノ会社アレバ
行ッテ　ソノ無償ヲ請イ
南ニフルエル課長アレバ
恐ガラナクテモイイトイイ
北ニ喧嘩《けんか》ヲ売ル重役アレバ
アンタガ損ダカラ　ヤメロトイウ

景気ノイイ時ハ遊ビ
不景気ノ時モ食エテ
所得税モ区民税モ払ワナイ
ミンナニ浪人ト呼バレ
賞《ほ》メラレモセズ
馬鹿ニモサレズ
ソウイウモノニ
ワタシハナリタイ

処女作の『はだかの財界人』（徳間書店）でこれを紹介しているのは、城山の親友の伊藤肇だが、伊藤は「資本主義のダニといわれて生きていかねばならない総会屋の哀感が、奇妙に滲み出ている詩」と註釈《ちゅうしゃく》をつけている。

城山は、なぜ、「総会屋錦城」を書いたのか？　作中の次の一節にそれは集約される。

〈「二百万？」横に居た間宮は思わず声を立てた。

桁《けた》ちがいのダニである。たしかに総会屋もダニだ。間宮も一匹のダニ。錦城もダニ。貫禄や実力に大小の差はあっても、ひとしく会社の闇の血を吸って生きている。どの大企業にも、数匹、数十匹のダニがついている。用といえば、年に二回の総会ですごんだ声をかけるだけ。無職無税のひまな体で、会社の秘書課あたりにとぐろを巻き、帳簿にのらぬ金を食って生きて行く。だが、それ以上に大きなダニが悪質な顧問弁護士や公認会計士なのだ。明るい血だけで満足せず、厖大《ぼうだい》な闇の血を要求する。企業は成長し、ダニもまた成長する。銀行もデパートもメーカーも、白く輝く衣裳《いしょう》の内側は、そうした闇の血を吸う大小のダニにとりつかれている〉

久保祐三郎の時代と違って、総会屋が「陽ノ当ラヌ場所」から「陽ノ当ル場所」に出て来た時に何かが変わったのだろう。

ヤクザの親分の家に生まれ、学生時代は左翼運動をした『突破者』（南風社）の宮崎学は、一九七〇年代になって、総会屋がヤクザの系列下に入り、性格が変わったと見る。もともと総会屋は、大正時代の日本資本主義膨張期に、会社に頼まれて株主総会に出て、「バンザイ」「バンザイ」とやる「万歳屋」として登場した、と言われる。

しかし時折り発覚することでわかるように、現在も総会屋はなくなっていない。銀行をはじめ、ほとんどの企業にそれはまだ巣喰《すく》っているのである。

宮崎はまた、野村證券や味の素の総会屋問題について、それらの担当の総務の窓口には警察OBがいて、「ああ仕掛けろ」「こう仕掛けろ」と、けしかけていたのだから、「最悪の悪党」は警察なのだ、と断定する。総会屋よりも警察の方がワルということだろう。総会屋を上まわるワルがいるという認識は城山と一致する。

大下英治に、現存の総会屋の小川薫《かおる》のことを書いた『最後の総会屋』（徳間文庫）という「ドキュメンタリー・ノベル」がある。

中に、こんなセリフが出てくる。

「おれは直木賞作家の城山三郎が描いた『総会屋錦城』を田舎で読んで、いよいよ総会屋に興味を抱いた」

城山はこれを読んだら仰天するだろう。

後年、三菱グループの主要企業の総会を仕切るようになった小川薫は先輩の総会屋に、総会屋とは何かと尋ねて、こう言われた。

「きみが、会社の株を買って、自分で持つ。それできみは、もう立派な一個の株主だ。株主だから、会社に対して、いいたいことをいえる。社長にだって、文句をつけられる。毎日会社へ押しかけて行っては、社長に会わせて話をさせろ、と食い下がってもいい。ただし、会社の窓口、つまり総務課としては、そんな連中にいちいち応対していたら、仕事にならん。そこで金一封包み、お帰りを願う。株主総会に出席する権利もある。株主総会に出席したら、会社に、株主として堂々といいたいことを発言できる。会場で、会社や社長にとっては、できるだけ痛いところを質問する。社長はじめ、役員が困る。そこでかさにかかって、騒ぐ。すると、収拾がつかなくなる。そこでまた別の株主が登場して、うまく収拾をつける」

ここにも「雨ニモ負ケズ」の替え唄《うた》が引かれているが、題名は「無税紳士の唄」となっている。

歌手のピンク・レディーのプロダクションのオーナーという顔も小川は持っていたが、強面《こわもて》の総会屋となってから、税務署にねらわれた。それで職員にこう毒づく。

「蛆虫《うじむし》扱い、社会のゴミ扱いをしておいて、税金払え、はないでしょう。領収証だって、ちゃんと切っていますよ。しかし、あんたら税務署が、その領収証を認めない、というんだから仕方がないね。ヤクザと同じに見ているんじゃないか。だったら、税金なんかとるな。ヤクザからも、税金を徴収しろ」

私は、城山作品を二つに分けたことがある。『真昼のワンマン・オフィス』（新潮文庫）や『望郷のとき』（文春文庫）のような、いわば「無名の人間」を描いたものと、『落日燃ゆ』や『男子の本懐』（ともに新潮文庫）のような「有名の人間」を描いたものとにである。

城山は「誤解された人間」に興味があるというが、同じように「誤解された人間」であっても、「無名の人間」と「有名の人間」とでは、その受ける衝撃に違いがあるだろう。

国の政策が変わって「鎖国」となり、そのまま異国メキシコに朽ち果てた百余名のサムライたちを描いた『望郷のとき』と、「戦争犯罪人」とされた広田弘毅を描いた『落日燃ゆ』の間には、やはり大きな落差がある。

「棄てられる者」から「棄てる者」への、描く人物の変化は、著しい重心移動ではないか。

あるとき、私は城山にそう尋ねた。

「ウーン」

と城山は唸《うな》って考え込んでいたが、ひとまわり以上年下の私の青っぽい問いかけにも、そうした反応を示すところに城山の誠実さが表れている。

広田弘毅は違うけれども、軍隊でも会社でも、往々、愚かなるトップによって〝棄民〟がつくられる。

『真昼のワンマン・オフィス』で城山はそれを「繁栄流民」と名づけ、「あとがき」にこう書いた。

「日本経済の尖兵《せんぺい》として海を渡った人間たちの運命は、処女作『輸出』以来、わたしの関心をひき続けている。

日本とアメリカの真昼のようにまばゆい繁栄の中で、黙々と生き働く彼等。広大な大陸のはずれに、ひとりだけで駐在する例も珍しくない。彼等は、その事務所を、半ば自嘲《じちょう》もこめて『ワンマン・オフィス』と呼ぶ。深い孤独と隔絶。現代版の流民の生活である」

また、作中で、ある商社マンに、

「商社員は出征兵士と同じだ。声には出さぬが、水漬《みづ》く屍《かばね》、草むす屍の覚悟で出てきているはずだ」

と叫ばせている。

専務にたった一度だけ反対したために、こうした「流民」の生活を強いられることになったある男には、

「専務にとっては、一度反対したやつは、百回反対したのと同じなんだ」

「どうしても反対意見をいいたければ、会社をやめてもいい準備と覚悟ができてからにするのだ」

と述懐させている。

繰り返し書いてきているように、城山三郎は「裏切られた皇国少年」である。「戦後余生の連続として」というエッセイに城山は、「裏切りへの予感、ひもじさへの予感、死への予感。人生にたよるべきものなく、人生に多くを望んではならぬと、自分自身に言い聞かす。万事に禁欲的、逃げ腰の生き方が、性に合う。強く信じられない、強く生きられない。その実感をどうしようもない」とその心情を吐露している。

また、あるインタビューでは、

「取り残された人とか遅れた人とかの哀感のようなものが好きです。作品で言うと、シャーウッド・アンダーソンの『ワインズバーグ・オハイオ』。オハイオ州にある架空の町が舞台で、野心のある者はニューヨークなどの大都会に出ていって、取り残された人びとのしんみりとした物語。こういうの好きなんですよ。同時に一方では、無償の行為というか、償われなくても自分の信じることには命まで投げ出すというような生き方をした人に強く惹《ひ》かれます」

と語っている。

もちろん、城山には、そういう生き方をする人間をそこまで追い込んで、自分だけはぬくぬくと生きようとする人間に対する怒りがある。

それが、「有名」「無名」とは違うカテゴリーの、「悪名」の系譜に連なる人間を主人公とした小説を書かせるのだろう。強欲な乗取り屋のレッテルを貼られた横井英樹もその一人だった。

一九八二年秋、私が『夕刊フジ』に「経済小説のモデルたち」を連載していて、横井に会おうとした時、城山は、

「主人公の青井文麿が魅力的だと思ったら、モデルには会わない方がいいでしょう」

と言った。

青井文麿はあくまでも青井文麿であって、現実の横井英樹とは別個の虚構の人物だ、ということだろう。しかし、何とかしてと思ったが、インタビューはできなかった。ホテルニュージャパンの火災の問題で、社長だった横井が逮捕される直前のことである。

「私の読者の九割以上が、モデルが横井だとは知らないでしょう」

と城山は語るが、この小説が連載された『財界』誌の一九六〇年八月十五日号に横井の「モデルの弁」が載っている。

そこで横井は、「モデルは本当のことを書かれても、偽《いつわり》のことを書かれても怒るそうだが、改めて通読して、大筋はほとんど間違いないとしても、二、三不満がある」と書き始める。

第一は女性問題で、「私と覚しき主人公、青井文麿」が秘書を次々とものにするのは、事実に反する。「誤解された秘書たちは、城山三郎氏に唇を震わせて憤慨している」と言う。横井は「実際のところ女よりもビ

ジネス・オンリイ」なのだとか。

次に、「もっとも迷惑をこうむった」のは、横井が菅原通済《すがわらつうさい》（小説では篠原明秋）に、土下座して、「先生、助けて下さい」と哀訴する場面だった。マッチ・ポンプ的で、「他人の褌《ふんどし》で金儲《かねもう》けする人」に、どうして自分が土下座しなければならないか、というわけである。

横井の自己弁護めいた「モデルの弁」は、さらにつづく。

小説では、ケチで一片の義理人情もない冷血漢のように書かれているが、「私は十億円儲けても五十円のラーメンをすすり、十億円損してもビフテキを食べる主義だ。母子寮の母子や感化院の少年少女を無料で興安丸に乗せ、伊勢参りをさせたように、もっとヒューマンな心を持っている」のだとか。

一九六〇年秋に光文社から本が出てまもなく開かれた『乗取り』の出版記念会に、横井は〝押しかけ参加〞した。そして、「オレにしゃべらせろ」と言って自分の事業について長広舌《ちょうこうぜつ》をふるった。

そのとき、会場に入って来た吉川英治は、あまりにも場違いな話に、会場をまちがえたかと思って、帰ろうとしたという。

「私は、横井のイヤな面を除いて小説を書いたんですが、横井は、世間でいうほどはワルじゃないと思いますね」

こう語る城山は、「普通の武器」でない武器を総動員し、「老人に指揮される既成勢力」という巨大なピラミッドにゆさぶりをかけようとした青年の物語を書こうとした。『赤と黒』のジュリアン・ソレルを思わせるような、既成社会に挑むその姿勢の昂《たか》ぶりを描いてみようと思ったのである。

名門デパートの白木屋株の買い占めを始めた当時、横井はまだ三〇代だった――。

『乗取り』で、ある人に、

「青井という男は、静岡生まれということだけで、戦争前の経歴も、いや、戦後の経歴もよくわからない。隠退蔵物資でかせいだり、闇ブローカーでもうけたりして、世間にかなり迷惑をかけてきた人らしい。そうした人を明石屋《あかし》の重役としては……」

と侮蔑《ぶべつ》の言葉を吐く明石屋の野々山社長（モデルは白木屋の鏡山社長）に対して、それを伝え聞いた青井文麿は、

「わたしが小学校しか出ていないから、ばかにされるんですか」

「株を買ったというだけで、わたしの人格を云々《うんぬん》する権利が明石屋にあるんですか」

と憤慨する。そして、その後の会談で、面と向かって野々山に、

「野々山さん。ぼくの経歴や人格を云々されるあなた自身はいったいどうなんだ。ぼくは伝統ある明石屋を思い、その明石屋のためにあなたたち経営陣の無能さを惜しむのだ。無能さが腹立たしくてならないんだ。なるほど、ぼくはかなり手荒らい商売もやってきた。それをことさら悪しざまにいう人もあろう。だが、ある程度は思い切ったことをやらねば切り抜けていけぬ時代だった。弱肉強食は避けられない。その意味で、ぼくはやましいことをしたとも、悪いことをしたとも思ってはいない。むしろ実業家としては、何もやらないということこそ悪だ。無能は悪徳なんだ。え、そうじゃないですか」

と詰め寄るのである。

まさに正論だろう。野良犬呼ばわりされた横井の、この事件から十年以上あとの次の発言も正当だった。

「日本ぐらい経営者が株主を大事にしない国はない。銀行や役所にはペコペコするのに減配や無配は平気

ですからね。自分の下手なゴルフのハンディと無配継続期間が同じという人もいるけれども、これなどはもう責任ある経営者とはいえませんよ」

ただ、これをその後の自分に当てはめたらどうなるか、ということである。

買い占め事件終結から二十五年近く経った一九八二年二月八日未明、横井の買収したホテルニュージャパンは大火災事故を起こし、横井は次のように弁明した。

「どうして火が出たのか、高度の次元に立って考えてもらいたい。いいづらいけど、寝たばこが原因ですからね。うちは被害者でいて加害者なんです。それに、たとえカネがあったとしても、スプリンクラーを取りつけるには、営業しながらだと三年かかる。なにしろ内部が六百室にも分かれていて、天井をはがさなければならないんですからね」

これは、しかし、「責任ある経営者」の発言とは言えない。

「実業家としては、何もやらないということこそ悪だ。無能は悪徳なんだ」という、かつて自分が鏡山社長に投げつけた言葉によって、横井は裁かれた。

「白木屋事件では、私は一身を犠牲にして最善をつくした。五年経った今からふりかえってみても、いいことをしたという気持に変りない。現在の白木屋（のちに東急日本橋店）の堂々たる繁栄ぶりを見れば、一目瞭然《りょうぜん》であろう。私が現われず、百貨店法が施行される前に五島慶太《ごとうけいた》氏が乗りださなかったら、白木屋は増設できぬまま、三百年のノレンを地に汚しながら、三流デパートか、オフィスに転落したからである」

横井の、この「モデルの弁」を読みながら、私はやはり、白木屋をニュージャパンに置き換えてみざるをえなかった。

「経営者が私利私欲にべんべんとし、株主、従業員、さらには公益としての会社をないがしろにするようでは、第二、第三の白木屋事件は決して絶えないことだろう」

この発言もまた、ホテルニュージャパンの社長としての横井自身に向かうものだった。

かつての横井には、旧勢力のエスタブリッシュメントに挑む激しさがあった。さまざまな臭気をただよわせながらも、ある勢いがあった。それに惹かれて、城山は『乗取り』を書いたのである。この小説はその後、ブルガリアで翻訳が出た。政情もまったく違う国なのに、なぜ出たのか、城山もよくわからないというが、やはり、若者の既成勢力への挑戦の熱っぽさが、海を越え、体制を超えて伝わったのではないか。

横井は前記の「モデルの弁」で、

「経済界は黒い欲望がさかまき、生きにくい場である。旧勢力はすっかり復活し、老人に指揮される既成勢力が強力なカルテルを組織し、新しい者の夢を押えつけようとしているのだ。努力すればする程夢が実現できると一生懸命に働く若者たちが悲惨であり、特に学歴、経歴のない若い人達はかわいそうである。これらの勢力に立向うには、普通の武器では役に立たない。ジャーナリズムが武器の使い方をあまりにあげつらって、無意識にせよ若い実業人の伸びようとする芽をつまないように心がけて欲しいものである」

と言っている。横井が青井になったような発言である。一時的には横井は青井だったのだ。

戦後余生への出発

「田宮虎彦《とらひこ》が誠実な作家である、とは一つの定評である。しかし作家の誠実とは一体、何であろうか」

一九五五（昭和三十）年春に出された『近代批評』第二号掲載の「作家の誠実さについて――田宮虎彦の場合――」はこう始まる。筆者は杉浦英一。城山三郎の本名だが、当時二十七歳だった城山の「田宮虎彦論」が載ったこの雑誌は名古屋市昭和区天白町の近代批評編集室から発行されている。後記に「（愛知）学芸大学の杉浦英一氏は、この春から、一ヶ年東京へ研究のため出張」とある。

なぜ、城山は田宮の誠実さを書いたのか。

一言で言えば、「絵本」や「足摺岬《あしずり》」等の田宮作品は切ない作品である。田宮を「泣虫小僧」と評した人もあった。しかし、二十七歳の城山が捉《とら》えた如く、「悲しみを訴えようとして、先ず自分が泣き出してしまいそうなヒューメンな」田宮が設定したフィクションは、そのまま、大義に裏切られた城山が直面していた苦しみであり、悩みだった。

「足摺岬」の結びでは、特攻帰りの若者が荒れて、こう怒鳴る。

「誰のために俺は死にそこなったんだ、負けたもくそもあるか、俺はまだ負けておらんぞ、俺に死ねといった奴は誰だ、俺は殺してやる、俺に死ね死ねといった奴は、一人のこらずぶったぎってやる」

また、作中の老遍路の黒菅《くろすげ》の話も切ない。

「黒菅はな、戊辰《ぼしん》の戦いで官軍に滅ぼされた奥路の小さな藩のことよ、黒菅では藩士は錦《にしき》の御旗《みはた》にさからって、一人のこらず死んだ。女も子供も斬死《ざんし》した。赤児まで死んだ。城のおちた時は矢もなければ刀もなかったみじめな負け戦よ、その筈《はず》よ、粟粒《あわ》ほどの黒菅二万三千石を、西国勢十万が十重二十重《とえはたえ》にかこんだものな、山と言わず野といわず、西国勢がうずめつくしたことじゃったよ」

おまけに、敵は新式銃なのに味方は火縄銃で、万に一つも勝てる筈はなかった。もう六十年から七十年も前のことになる。そのころ十八歳だった遍路は女房と生まれたばかりの赤児を刺し殺して最後の斬り込みに出て行ったが、奇跡的に息を吹き返してしまう。

当時を思い出して、その遍路は、足摺岬に自殺しに来た「私」に次のように続ける。

「おぬし、死のうと思っても人間死ぬことが出来ぬ時がある、儂《わし》は薩長《さっちょう》の縄目の恥をおそれて、逃げまわった、二十年そうして逃げまわったよ、縛られることがこわかったのじゃない、その二十年、儂は死んだ女房や赤児の仇《かたき》をうつつもりだった、だが、黒菅三千の魂が生きながらのいのちをささげたかんじんかなめの徳川様は公爵様におさまるし、世の中は黒菅などにかかわりもなしに移り変っていったよ、儂は、そして、死んだ奴等はいったい誰のために戦さをしたのだ、二十年の儂の苦しみは何のためだったのだ、黒菅のくの字も忘れられてしまってみれば、死んだものの浮ぶ瀬はどこにあるか」

まさにこれは城山が叫びたかったことだった。素早く変身できる者は変身すればいい。しかし、自分は下着を替えるように生き方を変えることはできない。

「落城」にしても、田宮作品は、いわば誠実故に苦しむ者の物語である。なぜ苦しむかと言えば、簡単に変身できない故だ。

城山にとって、自分のもがき、あがいている姿を、そのまま描いてくれる作家が田宮だった。

「庶民を描こうとした多くの作家達が、その知識性、観念性の故に挫折《ざせつ》したのに対し、風俗作家たちの系譜は、庶民の生態を記録したという意味で、唯一の正当な生活派文学とも云えた。複数意識を強制されてきた田宮氏が、こうした土壌に親近性を感じ、懸命に生態の造型に進んだことも不思議ではない。人生の日蔭《ひかげ》に息づく商売女の、不幸な生態を描いた『臙脂《えんじ》』（昭和二二年）などに、その努力の結晶を見ることが出来る」

こう指摘した城山は、先輩の風俗作家たちとは違って、田宮が「生態そのものを描くのではなく、どうしてそう云う生態をとらざるを得ないかを描くこと」を忘れなかった、と説く。

「彼の立場は庶民に代って悲運に対決しよう、という、云わば圧迫して来る運命の確保という抵抗の形でこそ考えられるのであって、決して悲運好みなのではない。彼の眼は悲運を醸成する機構或いは制度そのものに向けられている」

すなわち、「封建遺制との、不断にして執拗《しつよう》な対決」の道を田宮は突き進んだ。

この田宮論の載った『近代批評』を送って、東京に来たら寄って下さいという手紙をもらった城山は、ほぼひとまわり上の田宮を自宅に訪ねる。

本格的に作家になるためには東京に来た方がいいかと城山が尋ねると、田宮は、文学のいい仲間がいるなら、名古屋にいた方がいい、東京に出て来ると悪《わる》ずれするから、と答えたという。

そう言えば、自殺というその最期まで含めて、田宮はすれることのない作家だった。それは城山も同じであり、「作家の誠実さについて――城山三郎の場合――」というテーマは十二分に成り立ち得るのである。

私も学生時代、自殺などを意識したことがあったが、ある種の病に似たそれに強烈に効くクスリのように作用したのが、「足摺岬」の中の次のセリフだった。

「のう、おぬし、生きることは辛《つら》いものじゃが、生きておる方がなんぼよいことか」

何の変哲もないセリフである。しかし黒菅藩の藩士としての暗い過去を背負った老遍路の口から洩《も》れれば、それは重みと力を持つ。

城山と私の好きな作家がそれほど重なるわけではない。それだけに「田宮虎彦論」を〝発見〟したのは嬉《うれ》しかったが、詩人の丸山薫《かおる》も重なって、こんなことを書いたこともある。

〈「四季」の詩人、丸山薫さんが亡くなった。〝海の詩人〟とも言われた丸山さんが、山の中に住みたいとして山形県岩根沢の代用教員になった時、「三高卒、東大中退」の履歴書を手にした当時の視学官が「丸山薫というのはおかしいのではないか」と言ったというのもおもしろい。この話は安達徹《あだちとおる》の『雪に燃える花――詩人・日塔貞子の生涯』に紹介されているが、著名な学者や評論家にもヤキトリ屋の赤ぢょうちんが似合う人と似合わぬ人がいる。肩書にこだわる人や、こだわらぬポーズをとる人には、総じて赤ぢょうちんはしっくりこないだろう。財界人に赤ぢょうちんを愛する人がいるのかどうか、私は寡聞《かぶん》にして知らないが、銀座のバーや赤坂の料亭など似合わぬ人こそ私には親しい。わが田中角栄クンは赤ぢょうちんから出て、赤ぢょうちんとは最も遠くなった人間だが、こういう上昇志向を指して俗物の成金趣味という〉

これは、私が編集していた『VISION』の一九七四年十二月号に書いた後記だが、これを書いてまもなく、『日本経済新聞』の「あすへの話題」に城山の「大きな死」と題する丸山追悼文が載った。それで私は急に城山を身近に感じた憶《おぼ》えがある。城山のレクイエムは次のようなものだった。

〈詩人の丸山薫さんが亡くなった。『帆・ランプ・鷗《かもめ》』などのすばらしい詩集の数々を出し、堀辰雄《たつお》や三好《みよし》達治と『四季』を出すなど、日本の現代詩の第一人者といっていい大家である。

その丸山さんが、戦後、何かのきっかけで豊橋《とよはし》に居を定められ、愛知大学で講義を持たれたりした。近くの大学で教師をしていたわたしも、その御縁でお目にかかった。いまから二十年ほど前のことである。

大きな体と、やさしい目。物静かな口調での詩や文学の奥行きの深い話――それは、どちらかといえば文学的に不毛な地方では、砂漠の中でめぐりあうオアシスという気がした。その人の存在のある限り、細々とでも文学につながって行けるという安心感を抱かせた。

わたしは丸山さんに豊橋定住の理由を、ついぞ、おたずねしなかった。それがきっかけにでもなって、万一東京へ帰られるようなことになってはと、おかしいほど心配したためである。オアシスが蜃気楼《しんきろう》になっては一大事であった。

丸山さんは、オアシスであり続けた。年々文学に目ざめる人びとが、丸山さんの存在を知り、「ほんとに、あの丸山薫さんなのか」と、目を輝かせて慕い寄る。学生も、婦人層も、市民も……。といって、丸山さんは、ボスになるわけでもなく、名誉や地位に目もくれず、相変わらず大人《たいじん》の風貌《ふうぼう》ながらも一介の文士として、ひょうひょうとして生きて来られた〉

このあと、城山の追悼随想は、

〈葬式は内輪だけですまし、戒名さえつけるな、というのが、丸山さんの遺言であった〉

と続くのだが、あまりに長い引用になるので割愛する。

丸山は山形の、それも山奥の居住を経て、豊橋に移り住んだことになる。城山が「丸山薫というオアシス」に触れていたころ、城山の「田宮虎彦論」は書かれた。

田宮も、丸山も、文壇や詩壇という群れからは離れて生きていたところが共通している。何よりも静けさを求める城山にとって、そうした騒々しい「壇」の外にいる二人の生き方は清々《すがすが》しかった。

私は城山に初めて会う前、城山の丸山への一文を引いて、城山論を書いた。その冒頭にそれを持って来たのは、それによって親近感を抱いたという個人的感慨もあるが、それだけでなく、このレクイエムが、城山の多くの文章の中でも美しいものの一つだと思ったからであり、それ以上に、詩人の北川冬彦《ふゆひこ》が主宰する詩誌『時間』の同人だった城山の文学の核に「ポエム」があることを強調したいからだった。

丸山の詩では、私は「学校遠望」などが好きだが、北川冬彦には、次のような章句をもつ「鳥の一瞥《いちべつ》」という詩がある。ちなみに丸山は一八九九年、北川は一九〇〇年生まれで、同じく『詩・現実』誌などに拠《よ》った。

胴体から
首が
離れていてい丶わけはないように

指が腕から
足が脚から
離れていてい丶わけはない

北川の代表的な作品といわれるこの詩に、戦争の影を読みとることは容易だろう。

「軍隊は組織悪の標本であり、戦争という言葉はもう死語にしたい」と強調する城山の文学の原点には、苛烈《かれつ》な戦争体験がある。それは戦闘体験ではないが、〝大人たち〟の欺瞞《ぎまん》を徹底して知らされた軍隊体験だった。そこから発する強い反戦意識は、たとえば『わたしの情報日記』にも何度も貌《かお》を出す。

「それにしても、このごろは、戦争のことは、見るのも聞くのも考えるのもつらい、という心境である。

戦争待望論を唱える若い文士がいると聞いて、鳥肌の立つ思いがする。

平和の有難さは失ってみないとわからない、ということなのであろうか。失ってからでは、おそすぎるというのに」

城山は「軍国主義者たちが、富士を万邦不二の神国の象徴とかついだせいもあって」、富士山が好きになれないそうだが、この『情報日記』で、もうひとつ目につくのは、城山の動物園好きである。

名古屋の東山動物園で「ガラス越しに四頭のゴリラを、三十分近く見続け」たりしているし、海外へ出かけても、よく動物園へ行っている。それもやはり、「生への愛惜」からなのだろう。

城山の「生」は、他の作品に比してあまり読まれていない渾身《こんしん》の作、『大義の末』を読めばわかるように、死をくぐりぬけた生であり、どこかでクールに生を突き放しているような感じさえする生である。それは『わたしの情報日記』に収められた次のような文章に最もよく表れている。

〈テレビで、「雪国——戦中派の死」という報道番組を見る。秋田に住む芥川《あくたがわ》賞候補作家の加藤氏が同僚教師になぐられて死亡した事件を追跡したものである。

当時の新聞報道では、酒をのんでいるうち、ゼロ戦の話などから戦争談義になり、ついにけんかにまでなった、ということであったが、実は、加藤氏が忠実な組合員であり、同年代の教師たちがぼろぼろ脱退して行く中でも、いかにもかつての少年兵らしくふみとどまっていた。一方、若い加害者の教師は、組合に入っていない。

秋田は、教師への門が狭く、はげしい競争の末、まず非常勤の臨時教員に採用され、一年契約を更新しながら、正規の教員へ採用されて行く、というシステム。加害者は、一年だけで正規教員になったホープだった、という。

新聞報道は一面的でしかなかった。むしろ「システム致死事件」とでも呼ぶべき、根の深い問題から生まれた悲劇である。

番組の合間に、濃く淡く無心に降りしきる雪景色が撮《うつ》し出される。心の底にまで降り注いでくる悲しい雪であった〉

これは『宝石』の一九七八年三月号に掲載された分の一節である。「某月某日」のこの随想は亡くなった加藤富夫の親友、小坂太郎（小熊秀雄賞受賞の、秋田の詩人教師）をして、

「加藤富夫のあの事件を追跡したテレビ番組をみて、あのように鋭く、共通の戦争体験を持つ世代の作家としての側から発言しているのを知り、本当に感動しました」

と言わせた。

当時、いわゆる作家たちの中で、このように現代の高校の内部構造（人間関係のあり方）まで見ぬいた感想を吐いた者はいなかったのだという。

小坂太郎と加藤富夫の意見の分かれるところは、「おれたちに青春（少年時代）はなかった」と小坂が言えば、「いや、そういう青春が在ったのだ」と加藤が答えることだった。そして、「無駄で無意味な死の意味を問いつめるところから、加藤富夫の戦後が始まったのである」と小坂は『同時代の肖像──回想加藤富夫』（秋田書房）に書いているが、城山三郎の戦後も同じくそこから出発した。いや、そこへ向けての〝永遠の出発〟をしたと言った方がいいかもしれない。

城山にとって、「生涯かかってもふさがらぬ傷口をあの戦争は残して行った」のだし、「わたしたちには、

戦争の前にも、戦後にも、人生はなかった」（「戦後余生の連続として」）のだから。言ってみれば、忘れようとて忘れられない「残酷な青春」だけがあったのである。

加藤富夫は、一九四四年の春、十六歳で予科練に入り、城山三郎は、翌四五年の春、十七歳で海軍特別幹部練習生に志願入隊した。

『同時代の肖像』に加藤の兄、正夫が書いているように、十六、七歳の「子供」（現在で言えば高校生）が七つボタンの制服に軍帽をかぶった姿は「凜々《りり》しさと言うよりも痛々しさ」が感じられるものだったろう。

その「子供」たちは、城山が回想するような「残酷な青春」の中で、生涯消えない精神のヤケドを負った。

そのヤケドの深さに私がハッとなったのは、教師になってまもない二十代初めのころである。学生運動の延長的に、組合などで「戦争反対」を叫んでいた私は、戦中派のある教師から、

「戦争を知らないお前たちから、簡単に、戦争反対と言われると、自分の青春を否定されるような気がする」

と言われた。

ちょっと皮肉っぽいけれども、魅力のある人だっただけに、私は一瞬、言葉を失った。その〝元皇国少年〟には、「都会の連中は性に合わない」として、都会の学生の軽薄な能弁に反発したという加藤富夫のような感じもあったのかもしれない。

そのときから私は、「戦中派の屈折」に思いを致すようになった。城山が己れの全生涯、全体重を懸けて問うた天皇制小説『大義の末』に書いている「いため抜かれた心をこれ以上裁かれてはたまらぬという気持」が少しは理解できるようになった。

城山も加藤も「裏切られた少年」である。

その屈折を抱えつつ、城山は安保反対のデモに参加し、真夏の平和行進に加わる。加藤もまた同じような行動に連なっているが、かつて同じく高等学校教職員組合の一員だった者として、加藤についての次の記述は、私をほとんど涙ぐむ思いにさせる。

「一九七三年四月二十七日。日教組高教組統一ストライキで（加藤は）同僚二人と一緒に突入し、蒼《あお》ざめふるえおののく学校長の面前で胸を張って〈職場放棄〉と書類に書き、捺印《なついん》した。（秋田県）湯沢・雄勝《おがち》郡内の四高校の中でストを決行したのは僅《わず》か十名前後であった」

もちろん、加藤は教育熱心な教師なのである。スト参加者が多い場合でも、その教育へのおもいを断ち切って参加することは困難なのに、職場で三名というストに参加することがどれほど勇気のいることか。加藤は自分を「ミノゴナシ（臆病者《おくびょう》）」と言っていたというが、青春を奪われて死んで行った者と、

「愛国心などと言い出す人を見ると、そんな人は戦争でただ得だけしてきた人じゃないかと、にくくてなりません。どれだけ兄のような犠牲を見れば気が済む人なのかと……」

と言う〝妹たちの眼〟を胸中に抱きながら闘う「勇気あるミノゴナシ」なのである。

右の「妹の声」は『大義の末』からの引用だが、城山はあるインタビューに答えて、こう語っている。

「考えてみれば二十年間、マイペースで自分の好きな人間だけを書いてきたような気がします。自力一本で取材してよかったな、と思ったことがあるんですよ。

十年ほど前、『鼠』という小説を書いたとき、大正七（一九一八）年の米騒動を扱ったものなんですが、あっちこっち当時の関係者を取材して歩いて、くたびれ果てて湘南電車に乗った。濃い緑と蜜柑色の車体、

その強くて明るい車体の色に自分を取り戻したんです。疲れてはいけないとわたしに言い聞かせるようにして電車は走る。そのときの気持を率直に出して小説の一場面にした。そこがよかったと評されたときはうれしかったですね」

このインタビューを知らない小坂太郎もまた、拙著『経済小説の読み方』（現代教養文庫）の中の「『鼠』からの引用文（湘南電車のくだり）は、ほんとうに加藤富夫の職場における生き方とダブって感動的でした」と私宛ての手紙に書いている。

では、それを引いて結びとしよう。

「登場したとき、騒がれたかどうか。騒がれはしなくとも、よろこばれる色ではあったろう。人間的な色である。

ありふれた色になり、ありふれた電車になってから久しいのに、いつも気分だけは若い顔をしている。飽きることを知らないかのように、疲れてはいけないと自分に言い聞かせるようにして走る。

『つばめ』に抜かれ、『あさかぜ』に抜かれ、『こだま』に抜かれた。情けないていたらくだなどとは思わない。何の関係もないといった顔で、十年一日、走り続ける。通勤客を運び、行楽客を乗せ、買物客を運び、また通勤客を運び、酔客を届ける。踏まれ、蹴《け》られ、呪われ、忘れられ。

新幹線――パールグレイとネイヴィブルーの冷たいメカニックな色、とりすました貴公子の顔だ。その横を、今日も律儀者はせっせと脇目もふらず走る。健気《けなげ》に、まっとうに走る。

濃い緑とオレンジ――それは太陽の色、人間の色、あざむくことのない色だ」

生涯の師、山田雄三

城山三郎こと杉浦英一が東京商科大（現一橋大）の学生のころだった。

帰りの電車で、経済思想史担当の大塚金之助《きんのすけ》と一緒になったので、質問すると、大塚は下車駅を忘れるほど熱中して答え、あわてて立ち上がった降り際に、いきなり城山の胸をつかんで、

「きみ、ここだ。社会科学は、ここをつかむことなんだ」

と叫んだ。

○襲い来し刑事らを前に原稿の
　切れ目の一行を終らむとする

○特高室におちついている老い母の
　貧乏仕込みの負けぬ気強さ

大塚は一九三三（昭和八）年、岩波書店発行の『日本資本主義発達史講座』の「経済思想史」を執筆中、治安維持法違反で逮捕された。そして、東京商科大教授の職を失い、以後、戦争が終わるまで、特高に監視されながらの「みじめなくらし」を余儀なくされる。しかし、それに屈することはなかった。

○ぶしょうひげを鏡で見れば白毛《しらが》がある
　刑務所はこうまでもつらかったのか

○ぶっつぶされたこの生活の再建に
　十年をかけようとひそかに期する

○となり組のひとりひとりを憲兵と
　思いてきょうも無事にくれたり
○あすのことを思いわずろうことなかれ
　きょうもつかまらずに妻よ過ぎたり

そのころ、大塚がつくった歌である。そんな大塚が復職して、城山と出会った。大塚は五十代半ばに達せんとして、烈々たる情熱をもっていた。

その大塚に突然、胸をつかまれて、城山はショックを受ける。大塚は城山の中の迷いをも揺さぶったのだった。

すなわち、マルクスかケインズかである。社会主義経済学をやるのか、理論経済学をやるのか。答の出ないまま、城山は『近代経済学の解明』というベストセラーを書いていた杉本栄一を訪ねる。杉本の本はマルクスとケインズの両者を見渡すような立場で書かれたものだった。

迷いを聞いてもらいながらも城山は、

「それなら、ぼくのゼミナールに来なさい」

と言ってくれると思っていたという。

しかし杉本は、

「そういう悩みがあるなら、とにかくケインズ、理論経済学をやりなさい」

と言い、けげんな顔をする城山に、

「理論経済学からマルクスへ進むことはできるが、その逆のコースは不可能だから」

と付け加えた。

こうして城山は、杉本のすすめに従い、理論経済学専攻の山田雄三ゼミナールを志願することになる。

生涯の師との出会いだった。しかし、城山がそう思うまでには、いくつかの屈折があった。「山田教授の生き方・考え方」という副題の『花失《う》せては面白からず』（角川文庫）を開く。

山田ゼミのテキストはモルゲンシュテルンの『ゲームの理論と経済行動』だった。ウォーム・ハートを求めていた城山には、まもなくそれが物足りなくなった。

「現実はさておき、数学にはじまり、数学に終わる。きらびやかな世界の中だけでの舞い。空《くう》の舞台で空《むな》しい舞いを舞うだけ。その自己満足でいいのか。いや、満足どころか、不満を溜めるだけにならないのか」

そう思った城山は、山田宛てに、ゼミをやめさせてもらいたいという手紙を出す。クール・ヘッドは感じられるが、ウォーム・ハートに欠ける学問だと思ったからだった。

それに対して、山田から意想外の手紙が届く。城山にとって「いまも読み返す度に、それこそ胸の熱くなる手紙」だった。

『花失せては面白からず』にそれは全文引用されており、そっくり転載したい誘惑に駆られるが、まず、1の書き出しを引こう。

詳しい御手紙で君の心境がよくわかりました。どうか自由に君は君の道を選んで進んで下さい。ただ社会科学者として、この際一言私の考えだけを述べさせて貰《もら》いましょう。というのは、君が手紙のなかで述べているように、私は決して「淡然として」イデオロギーの問題を棄て科学的実証研究に安んじているのではないのです。シュムペーターのいうエントフィロゾフィーレン（哲学離脱）の主張に私は賛成しますが、それは断じてアンティ・フィロゾフィーレン（哲学排斥）ではありません。社会科学の研究者もまた結局は人間探求をやり意味把握をやっているのです。ただそれはあくまで実証研究を通してであり、かかる研究の行動自体が哲学と言えば哲学なのです。

そこいらの哲学者とか思想家とか呼ばれている連中がとかく実証研究を見降して「深いもの」をつかんだと自負しているよりは、もっともっと苦しんでわれわれは現実の人間なり生活なりをつかもうとしているのです。如何《いか》にも、例えば経済学では、均衡とか独占とか価格とか所得とか特有な術語を使い、いろいろむずかしい形式化もやりますが、問題は詮《せん》ずるところ個人と全体との在り方や人間の行動の仕方を知るにあるのです。このことは教室で演習の際に折にふれて述べていたはずです。

不幸にして君が私の意図を十分理解されないでいることは残念です。

この調子で「昭和二十四年十一月二十五日記」の手紙は5まで続く。城山は当時二十二歳、山田は四十七歳だった。しかし、山田は師弟と呼ばれることを嫌い、あくまでも「ゼミナールとは一緒に種子《たね》をまいた仲間。ゼミナリステンと呼び合うべきだ」と言っていた。

「引越しのときなど、学生に手伝わせる先生が居るが、ぼくはどうかと思うね」

城山は、あるときの山田のこんな言葉も記憶している。

それにしても、ウォーム・ハートの熱い手紙である。

「わたしは何度も読んだ。

胸の中があたたかく濡《ぬ》れて行く思いの中で、くり返し読んだ。

あの無表情で口数の少ない教授が、こんなにまで一人の学生のことを思って下さっていたのか。

居たたまれぬ気分であった」

城山がそう回顧する山田の手紙の2と、そして5を引用しよう。

いま君たち若い青年が「大きな思想」や「大きな信念」に憧《あこが》れていることは私にもよくわかります。心理学者は青年期の心理状態を否定期（ネガティーフェ・ファーゼ）と名づけています。諸君たちはすべてを極端に否定したくなる年頃なのですが、同じ心理からまた逆に極端に独断に走ろうともするのです。大きな思想や大きな信念に憧れるのもその心理の現われです。

少し誤解を招き易《やす》い言葉かも知りませんが、私はこれに対し「今日は或る意味において思想の時代ではない！」と言いたいのです。まあ暫《しばら》く辛抱して聞いて下さい。一世を風靡《ふうび》する思想、恐らく君はそれを求めているのでしょうが、そうしたものが生れ出ないところに実は現実の特色があると私は考えるのです。一つの思想を挙《こぞ》って素直に受け容《い》れるというには、われわれ現代人は余りにも分析的になっているのです。現代人は一つの思想に対して直《す》ぐにそれと対立する他の思想を思い浮べますし、それぞれの思想についてもその前提とか効果とかを分析しなければ気が済まないのです。これは現代人の悪い癖かも知りませんが、とにかくそういうふうになっているのです。人はよく言います――アダム・スミスが自由主義への道標を与えたと同じように、またマルクスが社会主義への進路を示したと同じように、現在の経済学も日本のもしくは世界の真にあるべき姿を教えるものでなければならないのではあるまいかと。これは私がこれまでよく質問されたことです。今日スミスに代りマルクスに代るものがないのは経済学の貧困に他ならないと質問者は言うのです。今日の経済学者のなかには、自ら大きな思想を教えていると思っている人もないではないのですが、彼らが如何に自負しても、スミスやマルクスに対比するものは生れません。そこで多くはこれらの思想を受け売りすることに安住を求めているようですが、このような態度には私は反対です。大きな思想を与えないのは、今日の経済学が貧弱だからではないのです。時代が違うからなのです。分析的に事実をつかまなければ満足しなくなって来ていて、そのような性格からは実は前世紀的な「大きな思想」というようなものの生れ出る素地がないのです。

にもかかわらず、人々が強力な思想に憧れ、堅固な信念を求めていることも、たしかに認めざるを得ない事実でしょう。殊に若い青年たちが戦争の経験に大きなショックを受け、戦後の混乱に強く心を傷めて、そこから脱却しようと焦っていることは十分同感しなければなりません。そこには育てあげていかねばならない青年の純真さもしくは正義感があるのです。アプレ・ゲール型といわれる心情にも実は私は一種の純真への憧れを否定できないのです。これを仮りそめにも踏みにじることがあってはならぬでしょう。否、私自身もこの嵐《あらし》の世のなかに青年諸君に劣らず純真さを失わないでいきたいと思っているのです。

君が私の経済学のような単なる実証的な学問が嫌になった気持ちもこうした焦燥感にもとづくのだと私は思います。もちろん君が経済をやるとかやらないとかいうことは何も大きな問題ではありません。私のと違った別の経済学をやろうが、マルキシズムの運動に走ろうが、君は自分の好む道を選んで進めば結構です。だが私がここで特に言いたいのは、真に客観的な事実認識に徹しようとしている今日の社会科学の意義を誤解しないようにして貫いたいということ、また多少ともこの科学性によって現代人の人間型がつくられていることを十分反省して貰いたいということです。このことを無視すると、君のいまの心境は現代人としての君自身をも欺く一時的な気まぐれになるのです。言って見れば、一方では心のうちに一世を風靡するような偉大な思想に憧れながら、他方では極めて客観的に思想の分裂を如何《いかん》ともし難いものとして認識しているのが現代人の、従って君の真の気持ちではないでしょうか。分裂と統一との間にさいなまれている現代人の人間型をもっと深く深く探り求めなければ、君自身真の解決には達し得ないでしょう。

既に大分長くなりましたから、この辺で結末をつけることにしましょう。

私たちのやっている経済学もしくは広く社会科学は、こうして人と人の関係をどこまでも客観的につかもうとしているものです。自然科学と違って、それは価値現象、即《すなわ》ち信念をいだいて動いている人と人との関係をつかもうとするものです。それは、信念を正当化しようとするイデオロギー的「理論」を打ち立てようというのではなく、むしろこのようなイデオロギー的「理論」についても、もっぱら客観的にその仮面をはぎとろうとするのです。更にもっと複雑な力の関係や戦略の関係についても、ひたすら客観的に分析を進めようとするのです。

そこで私は結論として特に次の二つの点を君に考えて貰《もら》いたいのです。

第一に実証的な社会科学の仕事は君がいま考えている程そんなに華々しいものではないということです。それは世の思想家の如《ごと》くデモクラシーとかヒュマニティーとか騒ぎ立てません。またそれは世の政治家の如く力の支配を持とうとしません。実証的な社会科学者はただ事実を事実として正視しようとするものであって、思想家の言葉や政治家の力もあくまで認識の対象としてとりあげようとしているのです。

第二に、しかしこのような社会科学の仕事は実は現代人の人間型のうちに血となり肉となりつつある形成要素なのです。現代人は主観的に様々な信念をいだいて行動しながら、その背後には常に自他交渉の世界を客観的に認識しようとしているのです。これによって行動そのものの仕方も多少とも変りつつあるのです。このような現代人のうちにある客観的な面こそ社会科学の仕事とつながるものであり、それを意義づけているものなのです。

君がこの結論を読まれて十分納得されるかどうか私には実は自信がもてません。恐らく君の考えられる時代的焦燥感はこんな力弱い結論に満足しないでしょう。そうです。科学の仕事というものはそんなに力強いものではありません。現に歴史に見られる通り、科学は幾度も幾度も力の足元に踏みにじられて来ました。悪いことには科学者自身も力やイデオロギーに色目をつかって世の喝采《かっさい》を得ようとして来ました。近頃、人事院規則をめぐって大学の自由が頻《しき》りに論議されていますが、イデオロギーや力に色目をつかう科学には自由はありません。真の科学は客観的な事実認識をどこまでも探求して無限の歩みをつづけるものです。そうしてこのことが徐々にではありますが、現代人のものの考え方に浸みこんでいくのです。もちろん現代人と言ってもまだまだ観念化に執《とら》われている人も多く、科学の意義を自覚しない人も多いのですが、それも次第に変っていくように私には思われるのです。

私自身がどのような信念をもち、どのような宗教をもつかは改めてお話しすることにしましょう。ただ恐らく今日われわれの前に横たわる大きな信念と言えばマルキシズムとキリスト教でしょう。私自身は——例の分析癖によって——それらの思想から汲《く》みとるべき部分と然《しか》らざる部分とを分解しなければ承知できないでいるのです。恐らく多くの現代人も同じ気持ちを漂わしていることと私は推量しますが、これについてはゆっくり機会を得て話し合いましょう。

ここではただ人間探究こそ社会科学者の課題であり、それがやがてわれわれ個人個人の信念樹立に間接ながら大きな役立ちをしていることを反省していただければいいのです。

変な言い廻《まわ》しですが、科学こそ今日の思想分裂を統一している思想です。それは思想分裂を消滅させるものではなく、分裂の背後にあって分裂の仕方を変じていく統一者です。

君は自由に君自身の道を選んで進んで下さい。科学のみが人間探求の唯一の途《みち》ではありません。真の科学者はこのことを十分認めているはずです。むしろそれぞれの人はそれぞれの職場における実践を通じて、もしその人が事実認識に精進するならば、人間探求をやっているはずです。それが実は私のいう現代人の心のうちにある科学的な態度なのです。お互いにどの途を進むにせよ、より忠実に人間探求をやりましょう。

どうかまた遊びに来て下さい。ここで言い足りないことも話し合って見るともっとわかるでしょうから。いま私は以上述べた観点から社会科学の基礎という一書を執筆しつつあります。それはいわゆる「論理的実証主義」の立場を社会科学について徹底させようとするものですが、これについてもお互いに話し合いたいと思っています。


この「便箋《びんせん》数枚にもわたる部厚い手紙」を受け取って、城山は仰天した。

翌日、山田を訪ねて詫《わ》び、山田ゼミでの勉強を続けることになった。「どんなに詫びても詫びきれぬ思いであった」という。

ただ、孤独好きな城山の「ひとりで旅したい」という気持は止まず、ゼミ旅行にも参加しないことがあった。

　それらをすべて、山田は許してくれたのである。そんな師への敬慕の念は深く、のちになっても、山田からの電話には、

「あなたは直立不動でお話ししている」

　と夫人から冷やかされるほどだった。

「二人はこういう人を持たなくちゃ、人間はだめになるんだ」

　照れかくしもあって城山は夫人にそう答えたというが、私も、師の久野収からの電話には緊張してしまうので、よくわかる。

「わたしは別に教授を神格化しているのでも、絶対視しているのでもない。絶対とか絶対視とかは、教授のいちばん嫌いな観念である。

　わたしにとっての教授とは、その存在を意識すると、体の中を涼しい風が走り抜ける。ふだん生きている世界とはちがう世界からの風が、吹いてくる――そういう存在なのだ」

　幸福感を嚙《か》みしめながらの城山の述懐である。

　山田が九十歳を過ぎてから、城山は何度か、二人だけのゼミナールを持った。その内容の一部が『花失せては面白からず』に紹介されているが、驚くほど真剣で厳しいものである。

　山田は、亡くなる二年前の一九九四年に開かれた著書出版の記念会で、こんなスピーチをした。

「今度の私の書物は、経済学の主流に反対する反主流をねらったもので、少々つむじ曲がりのものと解されるかも知れませんが、老いぼれの饒舌《じょうぜつ》ではないつもりです」

この一節だけを引いても、見事な自負だろう。

城山は「無言の対話」と題したエッセイでは、城山が出した山田への「不遜《ふそん》きわまりない」絶縁状と、それへの懇篤《こんとく》な手紙に触れ、再び、こう書いている。

「先生の心とことばがわたしの中にあふれ、息がつまりそうになった。先生はいま、都心の社会保障研究所で所長をつとめておられるが、その研究所のビルを遠望するだけで、わたしの胸は静寂と無言の対話への期待であたたまってくる」

私は『夕刊フジ』に連載した「ドキュメント師弟」が『師弟』の題で講談社文庫に入った時（その後『師弟物語』と改題して現代教養文庫）、城山に解説を書いてもらった。その結びだけを引こう。

〈強引な師匠もあれば、優しい師匠もある。対して、奔放な弟子もあれば、律儀な弟子も居り、そのさまざまな組み合わせが、またおもしろい。

それらを選んだ共通の基準は、「師弟の結びつきは深さが決める」の一語であろう。

読者それぞれの思い入れを抱いて読めばよく、解説など必要としない本かも知れない。

解説を求められて、わたしはためらったが、それでもなお書くことになったのは、わたしには佐高氏に借りがあったからである。

他でもない。「師弟」の一組として、山田雄三教授とわたしについての取材の申込みがあったが、わたしは一存で辞退した。

物静かな学究で、表面に出ることを好まれぬ恩師の気持を察し、お騒がせしたくないと思ったからである。

書き手の一人として、取材を断わられることの辛《つら》さ、にがにがしさは、わたしにもよくわかる。せめても

の償いにという思いもあって、この小文の筆をとった〉

城山がこの解説を書いてくれたのが一九八八年秋。それから七年後の九五年師走に『花失せては面白からず』の「あとがきに代えて」が書かれている。

「仁義なき戦い」との接点

私が『黄沙《こうさ》の楽土――「石原莞爾《かんじ》と日本人が見た夢』（朝日新聞社、のちに『石原莞爾　その虚飾』と改題して講談社文庫、「石原莞爾の夢と罪」と改題して本評伝選第3巻収録）を書いた時、城山三郎は朝日新聞社発行の『一冊の本』二〇〇〇年六月号に懇篤《こんとく》な書評を寄せてくれた。

「末期戦中派とでもいうべき私にとっては、描くのがつらいという人物があった。たとえば、広田弘毅」

こう始まったその一文は、

「一方、書くのはもちろんだが、読むのもつらい人物がある。私にとって、その代表格が石原莞爾。密着してくどくど書かれても入りにくいし、逆に一つの思想で割り切られては読み甲斐《がい》が無い」

と続く。そして、

「そこへ本書の登場。率直に言って、重い気分で読みはじめたが、意外というか、意表をつくというか、孫娘の見た犬養首相の最期のさまから始まり、一気にひきこまれた」

と展開される。

「とにかく、話の運びがうまいというか、転換があざやか」といった過褒《かほう》には恐縮するばかりだったが、私は改めて「書くのはもちろんだが、読むのもつらい人物がある」という一節を心に刻んだ。「とりわけ満蒙開拓青少年義勇軍に応じた二十七万という少年たちは、三・五人に一人は亡くなったというし、やはり石原の『夢』の所産である建国大学やハルビン学院へ身を投じ、戦後は生きながら骸《むくろ》のようになってしまった友人たちのことを思うと、やはり暗然とした思いにならざるを得ない」

こうした回顧に触れて、私は城山に再び「あの時代」のことを尋ねる気にはなれなかった。「暗然とした思い」に陥らせるばかりで、私にはそれは忍び難かったからである。

しかし、そうした私なりの決めごとを破って、二〇〇三年二月末のある日、私は一冊の大部な本を手に、城山に「あの時代」のことを尋ねた。その本は『昭和の劇――映画脚本家 笠原和夫《かさはらかずお》』（太田出版）だが、なぜ、それを手にしていたのか、そもそも、笠原と城山にどんな関係があるのかについては、『週刊金曜日』の二〇〇三年二月十四日号に書いた拙稿「人物メモワール」を引かなければならない。

その訃報《ふほう》を聞いて「しまった」と思った。二〇〇二年の暮に『昭和の劇――映画脚本家 笠原和夫』（太田出版）という大部の本が届いて、まさか、すぐに亡くなるとは予想しなかったからである。

ただ、それほど私はこの人の消息に通じていたわけではない。

一九九八年春に『「妖《あや》しの民」と生まれきて』（講談社）という笠原の本が出て、思いがけなくも推薦文を頼まれた。その前に『破滅の美学』（幻冬舎アウトロー文庫）として出ている本の書評を書いたのを笠原が読んでいて、頼んでみてくれと言ったとのことだった。

喜んで書いたのが次の一文である。

〈「仁義なき戦い」には興奮した。身体中の血を逆流させて、あの映画を見た。これはその脚本を書いた著者の、すさまじい半世記である。モデルとなった暴力団の元組長が、同じ大竹海兵団の生き残りだったことがわかって、映画化の同意が得られたといった〝秘話〟もちりばめられている。

軍隊、そして映画と、尋常ならざる世界に生きてきた著者のあふれるエネルギーは、貧血気味の日本の現在《いま》に、ほとばしるものを注ぎ込む。

無頼の精神とは、死んでもいいがタダでは死なんぞという精神であり、この本には全編それがみなぎっている〉

笠原の後を追うように、監督の深作欣二《きんじ》も亡くなった。『仁義なき戦い』をバックアップした東映の元社長、岡田茂は、インタビューに答えて、こう語っている。

「笠原君の闘病生活が続いていると聞いていますが、一日も早い快復を願っています。何しろ身を削るような取材と執筆の結果、病気になった人です。映画界の負傷兵です」

笠原に会う機会を逸したのを残念に思うのは、笠原と同じ昭和二(一九二七)年生まれの城山三郎が笠原と同じ大竹海兵団にいたことにもよる。

いま、角川書店発行の『本の旅人』に「城山三郎の昭和」を連載している私としては、改めてそれを笠原から聞きたかった。

『「妖しの民」と生まれきて』には、こうある。志願して入った海軍(軍隊)だったが、それは「日本中の悪知恵を集めてきて、日々、悪知恵の切磋琢磨《せっさたくま》をしているようなとこ」であり、「意地の悪いことといったら、これくらいひねくれてる人間社会はほかにない」という所だった。その練習生分隊は一部と二部に分けられ、それぞれに部長が選ばれた。笠原は第一部部長に指名されたが、第二部部長は「小柄だが色黒で敏《びん》捷《しょう》な身ごなしの練習生」である。

あまり関心を払わなかった彼について、基礎訓練が終わった時、上官から、

「おまえは部長として一番の働きをしてきたが、学科に関しては第二部部長の方が優れている。今後は学科にも精を出すように」

と言われた。

それで、「言葉も交わしたことがない」その男の顔が深く印象づけられる。いまで言えば十七歳の高校生くらいだったその顔に〝再会〟したのは、それからおよそ、十五年後。杉浦英一が本名のその男は、直木賞を受賞し、城山三郎と名のっていた。

笠原の屈折は『昭和の劇』の次のような述懐にも表れる。

「自分から志願して行ったということが、それから以後の人生において、ひとつの大きな支えにはなったんですよね。（中略）まあ、ロクでもない兵隊だったんだけど（笑）。だから舟橋聖一さんだとか、吉行淳之介《よしゆきじゅんのすけ》さんが、焼け跡を歩きながら、ああ、俺は戦争へ行かなくてよかったってことを書いてるんだけど、あれを読むと、本当、腹が立ってくる。そういう人間を俺は信じないというね……。だから、あの二人のものを僕は読んだことがない（笑）」

笠原の脚本で監督が中島貞夫《さだお》の『日本暗殺秘録』には、当時の内閣官房長官、保利茂《ほりしげる》から中止を求める電話が入ったという。

担当編集者によれば、笠原に頼まれて、『「妖しの民」と生まれきて』のゲラを城山に送ったという。こういうことを書いていいかとの尋ねかけのためだったらしいが、城山はもちろん、拒否はしなかった。しかし、それを機に笠原と会うということもしなかったのである。

そのことを城山はいま悔いている。そして、私も悔いている。もう少し早く、この連載に取りかかっていたら、私がお節介役を買って出て、十七歳の時以来の出会いを実現させたものを、と思うのである。

そんなこともあって、私は「決めごと」を破り、ためらいを振り切って、城山に「つらい思い」を強いた。『昭和の劇』の中で笠原がいろいろ語っていることについて、城山がどう思うかを一つ一つ尋ねていったのだった。

『日本暗殺秘録』は二・二六事件を扱ったものだが、笠原はそれをこう語る。

「実際、二・二六事件で生き残った人たちの話を聞きますと、自分たちが陸軍の主導権をとったらば、絶対にアメリカとは戦争を起こさんだろうと。大陸からは撤兵して満州は自治州にすると。それで太平洋の資源については、一切、こっちから攻めることはない――こういうふうにやったはずだと言ってるんですね。僕はそれは認めていいんじゃないかと思うんですけどね。第一、野戦でもって、あるいは艦隊なら艦隊でもってその第一線で戦っている連中というのは、戦争というのはそんなになまやさしいものではないということはわかってますからね。すぐに戦争ということを考えて計画するのは参謀の連中であって、野戦部隊の将校というのは敵と味方の兵力差だとか、そういうものをすぐに計算して、それで負けると思ったら絶対にやらないですよ。あくまでも損得ずくでもって考えますからね。当然、そうでしょ、現場の人間というのは。それなのに、すぐに二・二六事件のことを右翼だとか何だとか、あの事件が日本を軍国主義にひっぱっていったとか言われますけど、そんな観念的な見方はものすごく気にさわりますね」

後述するが、笠原は自らが入った海軍に対して極めて点数が辛く、逆に陸軍に対しては甘い。

「幻滅したからでしょうね」

城山はポツンとそう言って、笠原の「二・二六」論には、

「やはり自分はテロは肯定できないから激論になったでしょう」

と言葉を継いだ。

笠原は、吉田喜重の『戒厳令』で、北一輝が処刑される寸前、

「陛下の万歳を三唱するか」

と問われて、

「私は死ぬ前に冗談は云わないことにしている」

と答えた場面を引き、すべての登場人物の設定とその台詞《せりふ》は、この一瞬の劇的飛翔《ひしょう》のために用意されている、と書く。

多分、心情としては同じでも、城山は笠原のように「飛翔」はできない、と思ったに違いない。

それは、あるいは、不良狩りのようにして軍隊に送り込まれた者と、城山のように「志願」して入った者の違いによるのかもしれない。学校に割当があり、教師は軟弱な雑誌を読んでいる者は手を挙げよとかいって、そうした〝不良〟を軍隊に送った。自ら書いているように、笠原はその口だった。

そこが城山とは違っていたが、心情の根底において、笠原と城山は強烈に共感するものがあった。その二人のやりとりを、たとえ、それが言葉少なものであれ、そばにいて聞く時間を持ちたかった。その悔いの

念を抑えつけるように、私は笠原の語るところを読み上げ、城山に感想を求めた。

『人物メモワール』でも触れた『仁義なき戦い』映画化の秘話はこうである。

これは美能幸三《みのうこうぞう》という元組長の手記が基になっているのだが、一九七二年の秋、笠原が呉《くれ》に行き、美能に会うと、映画化は絶対困ると言われた。

「獄中十八年余、殺人その他流血の抗争のど真ン中を生き抜いてきたズングリした巨体でジロリと睨《にら》まれた時は、一分が一時間の長さに感じられた」と笠原は述懐している。

それで一刻も早く退散したいと思ったのだが、シナリオ・ライターなどという奇っ怪な商売人に会うのは初めてだったらしく、なかなか放してくれない。

ギャラはいくらもらってるんだとかも聞かれる。いろいろ話しているうちに、同じ広島の大竹海兵団の出身であることがわかった。

美能は上等飛行兵曹で、南方諸島を転戦したゼロ戦のパイロットである。笠原は城山と同じ練習生だが、この経歴から映画化の道が開かれた。この出会いがなければ、『仁義なき戦い』は陽の目を見なかったことになる。

このことを話すと、城山は、美能が生きているなら会ってみたい、と言った。たしか、足を洗って地元でホテルを経営しているはずだが、城山のその反応は私にとっては意外だった。

求めれば会えた笠原との出会いを逸した悔いからか、あるいは、『指揮官たちの特攻』(新潮社)を書き終えて、「つらさ」が少しは薄れたからか。

笠原は大竹海兵団の跡を訪ねた時のことをこう書いている。

「嘗《かつ》て私が居た大竹海兵団の敷地は、今や化学工場のコンビナートと化して、昔の清冽《せいれつ》な海の水色は焦茶色の汚水に変り、酸味を帯びた強烈な薬品臭で側にも近寄れない。日本列島には、まだ何かゾッと底冷えするような忠君愛国のホルマリン漬けの匂いが立ちこめているようだ」

城山もここを訪ねたことがあるという。しかし、入口を見てイヤになって、引き返したのだった。

笠原は特攻についても、すさまじいことを言っている。

「実際に取材して聞いてみるとね、その後、特攻が始まって次々と出撃していくわけだけども、実際のところ、半分くらいは口実をつけて帰ってきてるんですね。で、上の連中も、それが口実だくらいなことはわかってるんだけど、どこで故障したんだとか、それ以上追及するとね、それは部下を傷つけちゃうわけだから、もう黙って次の部隊を送りだすんですけどね。じゃあ、残りの半分はどうしたかというと、これもひき返しているわけだけど、その途中でね……。つまり、その頃になると、九州あたりの基地は全部爆撃されているでしょ。滑走路は穴ぼこだらけになっていて、どこに着陸していいのかわからなくなるんだよ。しかも、夜だと灯火管制でもって真っ暗でしょ？　オルジスというランプみたいなものをさげて、基地の隊員が誘導する場合もあるんだけども、特攻に行ってひき返してくるやつにはそんなことをやる必要はないと、スパッとやめちゃうんだよ。真っ暗の中に降りてこいというようなもんでね。そうすると、降りられないわけだから、基地の周りをグルグルグル旋回するしかなくなってきて、そのうちに燃料が切れてきて、気がついたら山かどこかにドーンとぶつかってるんだよ。ほとんどがそれで死んでいるというね。向こうまで飛んでいって実際に敵艦に突っこんだなんていうのは、まず一〇〇機中一機もない。みんなひき返してきちゃって、半分は着陸して生き残るんだけど、あとの半分は山なんかにぶつかって死んでいるんだと。そういう話を聞きましてね」

英雄的特攻論を全否定するような話だが、ここを読み上げると、城山はしばらく無言だった。しばらくして、

「ありうる話かもしれませんが、ほとんどがそうだとは言えないでしょうね」

と応答した。

特攻前夜、やりきれなさに料亭で大暴れして、鴨居《かもい》に刀傷をつけた若者たちに、果たして引き返すような「知恵」があっただろうか。

ただ、笠原がここまで全否定したい気持も、城山にはわかりすぎるほどわかるという感じだった。

『指揮官たちの特攻』で城山が取り上げた関行男大尉について、笠原はこう語っている。それは城山の関像とほとんど重なる。

「(関は)相当、憎んで行ったんだから。あの人はもともと艦爆機の搭乗員でね、それで台南航空隊付の教官だったんだけど、フィリピンのほうで戦闘員が足りなくなっちゃったから戦闘機のほうに替わってくれと頼まれて戦闘機乗りになったんですよ。そうしたらフィリピンに行った途端に特攻の命令を下されてね。だから彼は非常に不満だったわけですよ。それで、自分はもともと艦爆機乗りだったんだから、艦爆隊だったら行くと。零戦《ゼロ》に爆弾を持って突っこむなんて、そんなバカなことができるかと初めは断ったらしいんだよ。けれども、結局、上層部が、誰か海兵出の士官が行かないとシメシがつかないと。この際、お前にやってもらうしかないと涙まじりに口説いたんだな。結局、最後には『わかりました』と言うしかなかった。それで、当日は神経のせいもあるかもしれないけど、下痢しちゃって、もうメシも食えないでヘロヘロでね。よく

ニュース映画に出てくる写真を見ると確かにヒョロヒョロしてますよ」

　笠原は、海軍が好きだけれども、陸軍のほうが正当な人間が多かったんじゃないかとして、『大日本帝国』を書いた時に会った中隊長の例を挙げる。

　陸軍士官学校を出てシンガポール攻略に参加したこの人に、笠原が、

「天皇を神だと思っていましたか」

　と尋ねたら、

「神様がいるんだったら、我々は何も苦労する必要はないんだ。神様がいるんだったら、すべてお任せすればいいわけだから」

　という答が返って来た。

「神様がいないから、我々軍人がプロとして戦いに臨むんだ」

　そう付け加えるのを聞いて、笠原は、陸軍の現場の士官たちは天皇を神だと思っていない、天皇は単なる指揮官でしかない、と考えた。

　笠原は若い時にチェーホフをよく読んでいたという。チェーホフの作品に出てくる人間というのは、時代の中でにっちもさっちも行かなくなっちゃったというところがある。時代というものをある程度わかりつつも、ついていけない。

　価値観を自分で決められず、時代の中で旗をあげきれない人間が多いと、笠原が要約していると言うと、城山は、

「私のように単純に軍隊に行ったんではないんですね」

と笑った。

ただ、斜に構えれば、すべてが見えるというものでもない。城山のように真っすぐにぶつからなければ見えないものもあるはずなのである。

笠原の、いささかサイドアングルからの陸軍と海軍の比較論は次のようにも展開される。

「まあ、海軍というのは、上の連中は洋食のマナーも教えられていたみたいですけど、でも、はっきりいえば、みなさん、根は田舎っぺでしょ。山本五十六《いそろく》なんて、白いお米を味噌《みそ》漬けで食うのが一番好きだっていう人でしょ。それで脚気《かっけ》になっちゃったんだよ。で、ミッドウェーの前になって、脚気がいよいよ表面化してくるんだけど、あれは頭がボーッと霞《かす》んでくるんですね。そんな頭の司令官が命令を下していたわけだからね」

一番上がフルコースで、その下の指揮官が洋食を食べ、下の兵隊は沢庵《たくあん》におにぎりというのが海軍だった。では、陸軍はどうなのか？

「陸軍は違います。上の人間は、下の者と全く同じもの――極端にいえば、連隊長以下、全部同じものを食います。というのも、平等にしておかないと下の兵隊から恨まれるでしょ。大体、陸軍は部下に辛《つら》く当たったら、戦地でうしろからボンとやられてお仕舞いなんだから」

陸軍の「上の者」がすべてそうだったわけではないだろう。海軍もすべてそうだったとは言えまい。ただ、そうした傾向はあったのかもしれない。

『大日本帝国』では、笠原はこんなセリフをかわさせている。

「ネエ、おかみさん。天皇陛下も戦争へ行くのかしら？」

「天子さまは宮城だョ、ずーっと」

そして、天皇はどういう責任をとったらよかったかという問いに、最低限、退位すべきだったし、

「できれば自決してほしかった」

と答えている。

オビに「昭和の闇と刺し違えた日本最大の脚本家」とあるように、『昭和の劇』は激越な笠原の最期の告白なのだが、城山の奥に秘めた烈しさも相当なものである。それを感じたのは、『乗取り』のモデル、横井英樹が、安藤組の組員に撃たれながら、渾身《こんしん》の力を振りしぼって起きあがり、犯人を追おうとした話をしていた時だった。

その気迫に押されて一歩一歩後退するその組員を横井は社長室からエレベーター前まで三十メートルも追い、そこで力尽きて倒れた。

「それに比べれば、右翼に腿《もも》を刺されたくらいで失禁した岸信介《のぶすけ》なんか……」

城山はそう言って笑ったのである。

活火山のまま逝《い》った笠原に比して城山は一見、休火山のように見えるかもしれないが、その底には同じマグマが熱く燃えている。

夫人が泣いた「生命の歌」

（二〇〇〇年）二月二十六日、茅ヶ崎斎場での城山三郎（本名、杉浦英一）さんの肩は、やはり落ちていた。

七十二歳にして、六十八歳の妻、容子さんに先立たれた胸中を思って、私は必死に涙をこらえていた。城山さんの傍《そば》には、城山さんより背の高いがっちりした息子さんと、城山さん似の娘さんが立っている。いまは本当に頼もしい感じの壮年になっているこの息子に、城山さんは、若き日、門限を守らなかったとして、頭から、バケツの水をかぶせた父である。

いまは亡き伊藤肇さんが評した如く、「絶対に形の崩れない男」である城山さんが、これからの手順のことなのか、娘さんにいろいろ言われて、ウンウンと頷《うなず》いている。

それを見ているうちに涙が止まらなくなった。

城山さんは狎《な》れるということを嫌う。先ごろ評判になった「総理と語る」で、右寄りの法律ばかり通しているではないかとか、週末は出かけないで、じっくり勉強してはどうかと直言して、小渕《おぶち》首相の眼を白黒させていた。

城山さんの奥さんには一度だけ会ったことがある。電話では何度か言葉を交わしたが、会ったのは、日本信販の創業者、山田光成《みつなり》さんのお孫さんの結婚式でだった。山田さんのことを城山さんは小説に書いており、城山さんの紹介で私は山田さんに会って、以後、ずいぶんとかわいがってもらった。その縁で、城山夫妻がその結婚式の仲人《なこうど》をつとめ、私も招かれたのである。

城山夫人の容子さんは、よく笑い、よくしゃべる人だった。それを城山さんがにこにこと見守っている。なるほどなあと私は思った。

今度の葬儀も、城山さんは身内だけでと決めていたようである。それに息子さんと娘さんが反対し、城山さんも折れた。にぎやかな人だったから、にぎやかに送ってやりたいとの希望に、城山さんもそうだなと思い直したのである。

城山さんの最新の随想集『この日、この空、この私』(朝日新聞社)は「定住意向」で結ばれる。もちろん、これを書いたころ、城山さんは、奥さんに先に逝かれるという「予定していない」事態が訪れようとは、夢にも思っていなかった。

ある時、テレビで宇宙葬の話をしていたと、奥さんが城山さんに言った。一体六十万円で、十年間、ぐるぐる地球を廻《まわ》り続ける葬い方が考えられている、という。

「バカなことを。目が廻るじゃないか」

と城山さんが言うと、奥さんも深刻そうな顔で頷き、

「イヤなことを考えるわねえ」

と答えた。

ただし、理由が城山さんとはまるで違っていた。

「目が廻るからというんじゃなく、困るのよ」

「困る?」

「そう。だって、あなたがぐるぐる空から見てるわけでしょ。あ、また友達のところへ行ってる、また銀座かって、監視されてるみたい。どこへも行けなくなっちゃう。ああ、いやだー」

そして、この一文は「城山三郎、応答せよ!」と結ばれる。

城山さんと容子さんが結婚したのは城山さんが二十六歳の時。当時、愛知学芸大学で景気論を教えていた城山さんの証言によれば、出会いは次のようなものだった。

「たまたま図書館へ出かけたところ、休館日でもないのに、なにかの都合で休みだった。しょうがないなァって舌打ちしたら、もうひとり、アテが外れたような顔をした女子学生がいる。なんとなく、二人で歩き出して、一キロも歩いたかなあ、それから映画館へ入って、ジューン・アリスンとジェームズ・スチュアートの『グレン・ミラー物語』をみた」

これは『サンデー毎日』の連載コラム「佐高信の政経外科」に書いた城山夫人追悼である。

二月二十四日に城山夫人が亡くなる二ヵ月ほど前に小渕恵三首相との対談は行われた。当時、城山がどんな状況に置かれていたか、自らは決して語らなかった。後で知って私は驚き、それが城山三郎という人なのだなと思った。

およそ二年経って、城山が夫人のことを語ったインタビューがある。『ｏｂｒａ』二〇〇二年一月号掲載のそれによれば、夫人は首相との対談の前日に倒れた。

一九九九年一二月十六日夜。

台所に立っている夫人の様子がおかしいと思った城山は、

「どうした?」

と尋ねた。すると彼女は、

「ちょっと、トイレへ」

と言う。

まもなく、ドカーンと音がして、城山は驚いてトイレへ駆け込んだ。

そこには夫人が意識を失って倒れていて、城山は救急車を呼び、近くの茅ヶ崎徳洲会総合病院へ運ぶ。

「夜間の急患受付の入り口に、看護婦さんたちが十人程待ち構えている。即座に応急処置が始まりました。皆、走り回ったり、跪《ひざまず》いたり。突然に沸き起こったその状況を見ながら、ああ、こんなに一所懸命やってくれるのだから、たとえ妻が助からなくても恨んではいけない。一瞬、そんな覚悟をしたのを覚えています」

城山はいつも、「一所懸命」に胸が一杯になる人である。そういう状況で「一瞬、そんな覚悟をした」のも、まさに城山らしい。

その晩、夫人の意識は戻らなかった。

それでも、城山に対談欠席の選択はない。公ということを第一に考える城山は当然、そちらを優先させる。もちろん、夫人もそれを望む人だった。

担当の医師に城山はこう言われる。

「かろうじて心臓だけが動いています。お戻りになる前に亡くなられるか、植物人間です。それを御承知ならどうぞ」

「これでお別れだ」

と思って、城山は病院を出た。

知っている間柄ながら、鋭く小渕に迫った対談を終えて、いっさんに帰った。むろん、小渕には夫人のことは言わない。

城山が帰る前に意識を取り戻した夫人が、枕もとの娘夫婦に最初に言った言葉が、

「お父さん、行った?」

だった。

「頭の中に、対談のことが残っていたのでしょう。胸を衝《つ》かれました」

城山はそう語っている。

倒れる直前まで、夫人は城山の海外取材に同行していた。『指揮官たちの特攻』のためにヴァンクーヴァーへ行った時には、「疲れる」を連発して休みたがった。

帰ってからも「ぐうたら婆さんでごめんね」と言いながら長椅子に横になったりする日々が続いたのである。しかし、その時、城山も夫人も、肝臓ガンが進行しているとは想像もせず、歳のせいかな、などと考えていた。

血圧が高めだったので循環器系統の医師の定期検診も受けていたのだが、その医師は、

「あんたの肝臓はフォアグラだよ、アハハ」

などと軽口を叩《たた》き、質問すると、

「医者に教える気か」

と怒るような人間だったので、手遅れになった。

「今でも恨みが残ります」

と城山は憤っている。

医者を替えて診てもらったある日、病院の帰りに夫人が仕事場に現れた。

「ガンガン、ガンガラガッタ……」

と歌いながらである。

いい歳をしておかしな歌をと思ったら、「ガン宣告」を受けたのだった。

「彼女は屈託が無いというか、何があっても屈託無げに見せようと気をつかう女性でした」

こう語る城山は、

「あのとき私は咄嗟《とっさ》に何を感じたのだろう。今でもなかなか言葉になりません」

と述懐している。

年が明け、二月に入ってから夫人の衰弱が進み、モルヒネを使わざるをえなくなった。

夫妻の長男はニューヨークで邦銀のディーラーをやっていたが、「テレビで為替《かわせ》の変動の解説をする」という電話が来た。病室のテレビで夫婦でそれを見ていると、

「ああ、元気そうでよかった」

と夫人は言い、その日に亡くなった。

「最後に元気な息子の姿を見られたこと。ああ、これが彼女の人生なんだ。そう、感じました」

「妻の死」を抱きしめての城山の感懐である。

城山と夫人が結婚したのは城山が二十六歳の時だが、出会ったのはそれより四年前、城山が東京商科大の学生の時である。夫人となる人は、まだ、十八歳の高校生だった。

卒業したら出身地の名古屋でできる特殊な研究をしようと思っていた城山は、幕末以降の名古屋の経済人の記録を調べに、暇を見つけては地元の図書館に通っていた。

それで、ある時、名古屋公共図書館で彼女に出会う。

臨時休館で同じように立ちすくむ彼女が、「読書に明け暮れていた」城山の眼には「一瞬天使でも舞い降

りた感じ」に見えた。

「どうして休館なんでしょう」

「いや、僕にもわからない」

二十二歳と十八歳の二人はこんな会話をかわして歩き出し、映画館に入る。『グレン・ミラー物語』である。

観終わった後にお茶を飲んで別れたが、これが大問題になった。当時、名古屋は青少年の風紀に厳しく、二人が歩いていたのを父親の知人が見つけて家に通報され、彼女は大目玉を食ったのである。おまけに彼女は高校の運動会をさぼって図書館に来ていたのだった。

城山は彼女を、熱心に図書館へ通う勉強家の女性と思ったらしいが、そうではなかった。

それはともかく、住所を聞いた城山が手紙を出したが、前記のような事情で彼女が返事を出せるはずもない。

「やはり、天使か。天使のように降り、天使のように一瞬にして去った」

そう思って諦《あきら》めようとしていたら、再び、偶然が起こる。

卒業して名古屋に帰った城山が、ある時、友人とダンスホールに入ると、彼女が他の男性と踊っていた。目が合って、

「踊りましょう」

ということになる。

その後、彼女は、自分はここに就職しましたと、職場の電話番号をメモして渡してくれた。松坂屋の秘書

課だった。

後で聞いたら、踊っていた相手は銀行員だったという。

「将来は筆で生きるつもり」という城山に夫人は首をかしげたらしいが、安定とかを第一に考える女性ではなかった。

「大陸育ちのせいもあって、出身校とか職業とかに頓着《とんちゃく》せず、それは生涯変わりませんでした」

こう述懐する城山から、私は、夫人が一橋大がどういう大学か知らなかったという話を聞いたことがある。

それが却《かえ》ってよかったと城山は笑っていたが、城山の作品もほとんど読まなかった彼女が、唯一、「泣けた」と言った作品が『生命《いのち》の歌』だった。『近代批評』という同人誌の第七号（一九五六年十二月刊）に載った小説である。

同人誌仲間からは不評だっただけに嬉《うれ》しく、城山は「それでまた書く気になった」という。

『生命の歌』は一九七七年に、七つボタンの制服の写真を表紙にして光文社から刊行されたが、その前年に『カッパまがじん』の九月号に掲載された際に、城山が次のような解説を付している。


昭和二十年の春、海軍特別幹部練習生という制度が発足、全国から十六、七歳の若者が、大量に集められた。海軍の中堅幹部を養成するとの名目であったが、あとから考えれば、航空機と艦艇のほとんどを失っていた当時の海軍に、大量の「中堅幹部」など必要なかった。実体は、本土決戦用に若い特攻要員を集めておく、ということであった。

服装その他は予科練（飛行予科練習生）とほぼ同じ。ただし訓練過程はかなり凝縮し、一種の促成栽培となった。

結城《ゆうき》昌治氏も、この制度に志願、横須賀《よこすか》海兵団に入ったが、まもなく病いを得られたとのことである。この作品は、軍隊体験にしぼって小説風に書きこんだもので、この一方で、わたしは志願の動機から戦後の虚脱に至る経緯を、長篇の形で書いていた。(『大義の末』)

いずれにせよ、この一連の作品が、わたしの処女作であり、組織と個人のかかわり合いを問うその後のわたしの文学の原点となった。

「以下略」とするが、この小説の副題は「戦争と組織」である。日記体の『生命の歌』は昭和二十年四月六日の、こういう記述から始まる。

七つボタン、ほんものの七つボタンの制服を遂に着る。身体中ひきしまり、ふるえるようだ。ただし寸法を合わせただけですぐ脱がされる。正式の入隊式が済んでないのだから仕方がない。

班分けになり、背順をきめる。同じような背だと、下士官は棒を持ってきて、二人の頭を並べ、力一ぱい押えつける。自分と浅川という練習生もこれをやられた。先に悲鳴をあげた自分の方が背が高いことになる。下士官はみな軍人らしいさっぱりした愉快な方たちだ。

所属は大竹海兵団第二三分隊第二教班ときまる。助教――海軍二等兵曹・富士松隆雄。教班長――海軍上等兵曹・神本大三から始まって海軍大臣までの官職名を全部覚えねばならぬ。浅川は入隊前に大臣から大竹海兵団長までの名は暗記しておいたという。負けてはならぬ。これからは競争なのだ。

「下士官はみな軍人らしいさっぱりした愉快な方」という印象は、気絶させられたりする訓練で、すぐにも崩れていくが、「浅川は満十八歳、自分は満十七歳九ヵ月」の生活は、「白い雨脚の中を燕《つばめ》の親仔《おやこ》がそろって飛び去るまで、物も言わずに立ちつくしていた」というような描写によって、いっそう哀切さをます。

「山陽線の列車の汽笛が胸をえぐって聞こえ」たりもするのである。

漕艇《そうてい》練習の五月六日の項を引く。

帰投まぎわに警戒警報。つづいて空襲警報。赤錆の出たハ号潜水艦の脇を抜け、対岸の島かげに退避する。教班長は（外泊の翌日で）ねむったままなので、自分たちは初めて呼吸をつく思いで、海を眺めた。濃い緑を映した水は、底まですき透って、小魚の群れの往き来するのを見せている。黒い栗のようなものが動いていた。浅川が海胆《うに》だろうという。少し沖では、かいつぶりほどの水鳥が二羽、しきりに潜水して、かわいい波紋をひろげていた。自分たちが毎日きたえられている海が、これほど美しく静かなものであろうとは思いもかけなかった。

「きれいだなあ」

と浅川。自分も大きくうなずいた。

「だけど、ほんとうにきれいなのかなあ」

「どうして」

「だって、俺たち純粋に生きているから、特に美しく見えるんじゃないかと思えてね」

答えが出なかった。その時自分はちょうど反対のことを考えていたのだ。軍人でなく、何に追われることもなく、この風景に浸れたら、どんなに美しいことだろうと。

B29小編隊、岩国上空を北々東へ消えて行く。今日も友軍機の姿を見ない。特攻機にせよ、自分たちの乗る飛行機は残っているのだろうか。

こう心配する練習生たちの耳に、「はじめから消耗品《スペアー》」の彼らに「そんな贅沢《ぜいたく》な」乗りものがいるものか、という下士官たちの声が届く。「何か、はかられたという感じ」で、「皆、急に口が重くなる」のだった。

そして、ある日、浅川の不注意で自分は怪我をし、病室生活を送ることになる。

静かだ。管制灯の下で蚊遣火《かやりび》の煙がゆれている。遠くから、風をしめらせ蛙の声も聞こえてくる。故郷を思う。父、母のことがしきりに思われる。自分は今、浅川に感謝したいほどの気持ちだ。

六月二十四日の日記は「阪練習生自殺」で始まる。七月二日の記述も切ない。

客車六輌《りょう》、貨車一輌から成る軍用列車は、東へ東へと走っていた。その列車の窓で、自分たちは飛び過ぎる村や町の空気を吸おうとけんめいだった。防諜《ぼうちょう》上の必要からというので、これまで三カ月近く、自分たち練習生には一度の外出も面会も許されていなかった。

一面に水の張った田を截《き》るように燕が飛び、黒い牛がのんびり汽車に首を向けたりしていた。どこかの町では、自分たちとあまり歳のかわらぬ中学生の一群が荷車を牽《ひ》いていた。胸一杯そうした風物を吸いつづける自分たちには、そのとき、一つの期待が燃えていた。呉《くれ》近くの新しい転属先へ向かう途中、一度大阪まで行って、二日ほどの休暇を与えられるというあの噂だった。

しかし、それは噂でしかなかった。隣りの分隊に面会が許されたのをうらやんでいると、教官に言われた。

「隣りの奴等は油壺送りなんだ。近いうちにきさまたちにも面会がくるよ」

油壺は回天特攻の訓練基地である。隣りの兵舎が空になって、一同、しーんとした気持ちになった。幸い、特攻へ行くこともなく、八月二十二日の日記はこう結ばれる。

管制を解かれた市街の灯は、黒い海に映え、この世のものとも思われぬ美しい無数の小さなきらめきとなって、自分たちの眼へ、胸へ、飛びこんできた。自殺した阪も、爆死した梅林もそして、浅川も、最後まで知らなかった生命の歌を、その灯は歌いはじめていた。菊の御紋章の無い九九式銃を肩に、杖に、自分たち練習生は茫然《ぼうぜん》とそのきらめきに吸われていた。

四月十日の入隊式の日は、海兵団本部前の桜の花は満開だった。「夕闇に白く浮き上がって見えた」のである。桜の花が散った後だけでも、八月の敗戦までにどれだけの若い生命が失われてしまったか。

前記のインタビューで、城山はこう語っている。

「家内を失ってわかったのは、愛する者を亡くしたときの喪失感の大きさです。彼女の死後書き上げた

『指揮官たちの特攻』は、彼女が書かせてくれた部分が大きい。取材をしただけでは、残された者の哀しみや消えない後遺症を、あれほどまでに感じることはできなかったでしょう」

原基としての父親

城山三郎の好きな天野忠《あまのただし》という詩人がいる。その詩集『単純な生涯』から、まず、「米」という詩を引こう。

この
雨に濡《ぬ》れた鉄道線路に
散らばった米を拾ってくれたまえ
これはバクダンといわれて
汽車の窓から駅近くなって放り出された米袋だ
その米袋からこぼれ出た米だ
このレールの上に　レールの傍に
雨に打たれ　散らばった米を拾ってくれたまえ
そしてさっき汽車の外へ　荒々しく
曳《ひ》かれていったかつぎやの女を連れてきてくれたまえ

どうして夫が戦争に引き出され　殺され
どうして貯《たくわ》えもなく残された子供らを育て
どうして命をつないできたかを　たずねてくれたまえ
そしてその子供らは
こんな白い米を腹一杯喰《く》ったことがあったかどうかをたずねてくれたまえ
自分に恥じないしずかな言葉でたずねてくれたまえ
雨と泥の中でじっとひかっている
このむざんに散らばったものは
愚直で貧乏な日本の百姓の辛抱がこしらえた米だ
この美しい米を拾ってくれたまえ
何も云わず
一粒づつ拾ってくれたまえ。

定められた配給では生きてゆけない状況の中で、それぞれが違法の闇米を食べ、それを扱わなければならなかった。戦後まもなく、「自分に恥じないしずかな言葉で」、そのことをたずねることができる者などいなかったのである。城山は天野の詩に共感以上のものをおぼえた。

何かにつけて「ありがと」と言っていた父親に死なれ、城山は天野の「風の音」という詩を繰り返し読む。
「八十六歳のおやじが

ありがと　ありがと　と言って
かすかにうなずいて
死んで行ったよ」
と始まるこの詩は、
「八十六歳が消え
ありがと　が消え」
と続き、そして残ったのは、
「ぼんやりした風の音ばかり」
と結ばれる。

「父への鎮魂歌を聞くあつい思いで」城山はこの詩を何度も読んだというが、「短い手紙以外、物を書くところを見たこともなかったのに」城山の父親は『いばらの道』と題したノートを残していた。随想集の『湘南』（文春文庫）で、城山はそれを「まだ開いていない」と書いている。

室内装飾業を営んでいた父親は、人づきあいの不得手な城山に商売の才能はないと思っていた。城山自身もそれを自覚し、家業は弟が継ぐことになる。

人間を判断する原基。モノサシとして、城山はこの父親を置いていたように私は思うが、城山の理想とする父親像を、自分の父親からではなく、城山が訳してベストセラーとなった三冊の本から探ってみよう。

カナダの実業家、キングスレイ・ウォードが書いた『ビジネスマンの父より息子への30通の手紙』（新潮社）、『ビジネスマンの父より娘への25通の手紙』（同前）、そして『ビジネスマン、生涯の過し方』（同前）である。

とくに『息子への30通の手紙』はミリオンセラーとなったが、この三作について、私は、刊行される度に城山と対談した。新潮社の小冊子『波』でである。

『息子への30通の手紙』は、城山が語っている如く、「ビジネスの世界で成功するためのノウハウやテクニックがいっぱい詰まっているけれども、単なるビジネス書というより、存在感のある父親には、息子に伝えるべきものがこれだけあるという感じの本」だが、日本の親子関係とは違って、クールに、皮肉やユーモアもふんだんに入れて書いてあるのに私は驚いた。手紙という形式のせいもあると思うけれども、父親が息子を「同じ人生の旅人」として捉《とら》え、対等な立場に立って話しかけている。

城山が指摘しているように「下手な社員教育はこの一書を読ませるに如《し》かず」である。とくに、秘策が語られているわけではない。「常識が実業界の戦いに携えていく最良の武器」と、ごく当たり前のことが書かれている。しかし、具体的なのである。城山と私の対談から、それについて語った部分を引こう。

城山　原理、原則というのかな。例えば、息子が取り引き先を失ったときに、失ったのにはこういう失敗があったからだと反省すべき点を挙げながらも、しかし失ったのは向うが約束を破ったからで、そういう約束を破るような品性の卑しい人間と縁が切れてかえってよかった、誠実なことの方がむしろ大事なんだと言う。そういうところは、読んでいてほっとするし、本当に原理、原則ですね。

佐高　息子が銀行の融資を断られる話がありましたね。あの話の場合も、息子に実際にやらせてみている。事前にストップしない。だから、息子はどうしてこういう結果になったのか迷っていて、そこに手紙で具体的な意見を述べるわけですね。

城山　みんなある程度動き出してからの忠告ですね。
佐高　だから、話がものすごくしみ通る。
城山　そういう意味では、すべての手紙に全部臨場感がある。
佐高　本当に具体的ですね。私が一番感心したのは、最後の差出人の名前を、一つ一つ変えてある。最初の「子煩悩の親父より」に始まって、「君の応援団長より」とか、「一歩も譲らないウォードより」とか。十二通目の手紙「事業を拡大する上で重要なこと」では、『臆病者《おくびょうもの》』より」、金を使い過ぎて五百ドル貸してくれと、息子が申し入れてきたときには、「君の行きつけの個人金融業者より」となっている。ずいぶん皮肉ですよね。最後には、また「父さんより」に戻る。そういうさまざまな視点から息子に語りかけているところに感心しました。ビジネスマンでありながら、これだけ豊かに語りかけることができるものかという感じがした。

城山の言う「臨場感」は何よりも具体性から生まれる。同じように実業家の道を歩んでいる息子に対して、ウォードは決して甘くない。辛辣《しんらつ》な言葉もずいぶん吐いている。

息子が交際費を使い過ぎた時には「多少眉《まゆ》をつりあげた。『多少』とは天井近くまで、という意味である」と書き、「私たちには王宮との取引きは一切ない」とも言っている。

「私が君にこの話をするのは三二六回目だが、どうか一〇〇〇回目は、なるほどなと思って欲しい」と書く一方で、トーマス・ア・ケンピスの「他人が自分の思いどおりにならないからといって、腹を立てることはない。自分自身でさえ、思いどおりにはならないのだから」という言葉を引用したりしているのである。

ウォードは二回大病をし、大手術を受けている。それで「死神」を見たためか、透き通った感じがある。人生というのは、どこか突き放さなければならないものだよといった気配が漂っていて、ギラギラしていないのである。ある種の諦念《ていねん》とでも言おうか、人は誰かの代わりの人生を生きることはできないのだし、その人その人で生きていくしかないのだという想いが底にある。それが息子に対しても、「同じ人生の旅人」というスタンスを生むのだろう。

「そういう人は、人生全体が見える、そういうところがあるんだろうな」

と述懐する城山に、私は前記の対談で、

「城山さんにもそういうものを感じますけど」

と問いかけた。すると城山は、

「僕にはないよ。大病もしてないし」

と答えたので、

「戦争体験というのが……」

と重ねると、

「あれは子供だからおっちょこちょいで行っただけだから」

と返された。

みんな、城山を訳者というより著者と思ったのではないかというこのミリオンセラーは、公表を予定して書かれた手紙ではなかった。

これだけは是非伝えたい、と一人息子に向かって語りかけたものが、逆に、多くの読者に迎えられた。

城山はこんな逸話も披露している。

『秀吉《ひでよし》と武吉《たけよし》』（朝日新聞社）を書くとき、毛利元就《もとなり》が息子たちに出した手紙を読んで感動しましたが、それに似た感動を今回も覚えました。元就の場合、時代が時代ですから、多少の上下関係がありますけど、その手紙は非常に率直だし、戦国の世を生き残るためには、おれが一生かかって学んだ知恵をおまえたちに伝えるしかないのだ、この必死の教訓を聞いてくれという思いがあるでしょう。それを連想させるものが、この本にもある。元就もやはり、『おれは学問がなくてテニヲハを間違っているかもしれないけれども、辛抱して読んでくれ』というようなことを書くでしょう。彼にしてみれば、本当に心配だったのだろうね、息子たちのことが。そういう必死な思いというのが、この著者にも元就にもあるよね」

「運命は勇者の味方をする」という言葉を引いて、とにかく明るく、前向きである。

引退の際には、読む本があと五十二冊もあるとか、必ず具体的な数字が出てくる。聞き上手になれという項では、「一オンス喋《しゃべ》るには、一ポンド聴く、という比率を勧めたい」とか、本当にウィットとユーモアがあるのである。

また、「読書の価値」を説く手紙では、ギボンの『ローマ帝国衰亡史』から、フランクルの『医師と心』やバートレットの『常用引用句集』、さらには『頭を使って金持ちになろう』まで、おそろしく広い範囲の本を、役に立つと思われるとして挙げている。「この世にあるものは、みな何かの役に立つ」というジョン・ドライデンの言葉を引いて、天文学まですすめたりしているのだから驚くばかりである。

『娘への25通の手紙』でも、あくまでも具体的にアドバイスする。たとえば、月に一回は友達に電話しろとか、「逆境を生き抜くための姿勢の基本は、ただ今日一日を——一週間、一月、あるいは一年ではなく、ただ二十四時間の一区切りを——乗り切れるように、気持を整理することである」と、数字を挙げるのである。

決断を下さなければならない時には、紙の真ん中に一本線を引いて、半分をプラスの欄に、もう一方をマイナスの欄にし、プラス面とマイナス面を仕分けした上で決断をすればいいと言う。

言われてみれば簡単なことかもしれないけれども、抽象的なアドバイスよりは、こうした具体的なアドバイスが対手の胸に届くのである。

具体を大事にする人間は肩書やレッテルで人を判断しない。その典型が日本興業銀行元会長の中山素平だが、〝財界の鞍馬天狗〟の異称も持つ中山を城山は『運を天に任すなんて』（光文社文庫）で描いた。

それについての私との対談（知恵の森文庫『男たちの流儀』所収）で城山は、中山が一番嫌いなのは「箱の中に入っている人間」だと指摘している。それはレッテルや肩書に頼っている人間であり、中山には、世間のいろいろなレッテルをはがしてみたり、偉そうにしている人物の裾《すそ》をまくってみせるようないたずら心がある。それを城山は、

「中山さんは箱にとらわれないでものを見たい、と。だから人に接するときには、本物かどうかという尺度しかないんじゃないかな。本物とは何かというと、箱の中に入らない人間。

箱の中に安住していて、しかも何もやらない人間をいちばん嫌うわけで、誤りがあってもいい、失敗してもいいからやる、あるいは世間からどう見られようと信念があってやる。そういう人を評価するわけですよね」

と表現した。

その後のヤリトリを少し引く。

佐高　ある意味で、箱からつねにはみ出す人ですね。

城山　そう。箱がメルクマール、尺度になるわけです。

佐高　なかには、人間より箱のほうが大きい人もいますが（笑）。

城山　たくさんいるんじゃない（笑）。

佐高　城山さんは中山さんから「ゲテモノが好きだねえ」と言われたそうですね。まあ中山さんご自身だって十分ゲテモノですよね（笑）。

城山　「僕もゲテモノって言われることもあるけど」と言ってた。でも、ゲテモノというとあまりいい言葉じゃないから、最初ギョッとするよね。「だれのことですか」と言うと、ホンダの本田宗一郎、東急の五島昇、日本信販の山田光成ときた。みんな僕の好きな人だ（笑）。

中山にとって「ゲテモノ」というのは褒《ほ》め言葉だった。それは箱に入らず、箱を壊してしまう人だからである。

その中山について私は『夕刊フジ』連載のコラムでこう書いたことがある（光文社刊『今、この人を見よ！』所収）。

〈ミヨさん来る。中山素平君の見舞いのスッポン（大市）持参。妻に中山氏あてお礼の電報を打って貰《もら》おうとして、さて「素平」をなんと読んだらいいか迷う。私たちの間では、ソッペイさんと言っている。一種のアダナだ。まさかナカヤマ・ソッペイサマとは書けない。なお興銀は総裁か頭取か、これも迷う〉

高見順の『闘病日記』（岩波書店）の一節である。

九十歳を過ぎてなお元気な中山さんの異色の交際ぶりを示して余りある〝証拠〟だろう。

これについて『運を天に任すなんて』（光文社）という中山素平伝を書いた城山三郎さんは私との対談で、私が、

「私もびっくりしました。このじいさまはどこにでも顔を出すなと（笑）。しかも、とおりいっぺんの付き合いじゃないいんですよね」

と言ったのを受けて、

「高見順のアパートで雑魚寝《ざこね》するわけでしょう。人のいやがる文士と。よほどだよね」

と語っている。

田中清玄《きよはる》といった黒幕的人物とも平気でつきあって中山さんは〝財界鞍馬天狗〟の異名をとった。

「文士なんて言ったら要注意。財界、政界、官界は文士を人と思ってないいんじゃないですか」

と城山さんは付け加えたが、たしかにそうかもしれない。

秩序が重んじられるそうした世界にいて、しかし、中山さんはエリート意識ムキ出しの寮歌を嫌い、そして、勲章を固辞してきた。

そんな中山さんの見識が光ったのが、湾岸戦争の時の次の発言だろう。

「（自衛隊の）派兵はもちろんのこと、派遣も反対です。憲法改正に至っては論外です。第二次世界大戦であれだけの犠牲を払ったのですから、平和憲法は絶対に厳守すべきだ。そう自らを規定すれば、おのずから日本の役割がはっきりしてくる」

「以下略」とするが、「寮歌嫌い」については、『男たちの流儀』から、もう少し詳しく紹介したい。

佐高 この本（『運を天に任すなんて』）で興味深かったのは、「寮歌嫌い」のところです。中山さんも城山さんも寮歌祭のような催しには一度も行ったことがない、と。

城山 僕も寮歌祭には何回出ろと言われても絶対いやでね。地方へ行っても同窓会なんかがあって、終わったら寮歌を歌ったりするけど、それだけは勘弁してくれと言う。その代わり、本にサインしたりということならするけど。

佐高 これも箱嫌いの一環ですね。

城山 あれは旧制高校という箱だから。

佐高 旧制高校の弊衣破帽《へいいはぼう》や、いまだに自分たちはエリートで、何をやっても許されるんだという意識。旧制高校の雰囲気の裏に、例の一高の「栄華の巷低《ちまた》く見て……」みたいなものが感じられるから。

城山 ほとんどの寮歌は全部そうでしょう。みんなほかを低く見ているわけですよ。

佐高 俺たちは特別なんだというエリート意識ですね。

城山 それが、エリートだからこうしなければいかんとか、真っ先に知らなければいかんとかいうことと直結すればいいけれど、そういうものはなくて、ただ優越意識だけが残っている。だから中山さんもいやなんだろうね。

佐高　特権階級の闇切符みたいなものですか。

城山　何もしなくてもいい。ただそこにぶら下がっていればいい、ということになるから。だけど「寮歌嫌い」の話は、きっと今のリーダーたちにとってはショックだよ。

佐高　だと思いますね。急所は「勲章もらわざる弁」と「寮歌嫌い」ですね。

中山が後継者に選んだ正宗猪早夫《まさむねいさお》は、中山によれば、「いちばん頭取になりたがってない」男だった。二人はまったく違うタイプで、たとえば中山は大石内蔵助《くらのすけ》をいいと思い、田中角栄とも親しかった。しかし、正宗は内蔵助を嫌い、角栄にも拒否反応を示していたのである。

ところが、二人は話し始めると止まらないくらい、よく話し、まわりが嫉妬《しっと》するほど仲が良かった。

ちなみに正宗の伯父《おじ》が作家の正宗白鳥である。狷介《けんかい》そのもののような人だが、子どものころ、白鳥の家に遊びに行くと、「何がおもしろくて遊びに来たんだ」という顔で迎え、ほとんど口もきかなかったという。

「そんな伯父さん、あまりいないよね」

と城山は笑っていた。

九十六歳のいまも中山は一人だけで過ごす日々を持つようにしている。群れていないと寂しい人間ではまったくないのである。

「大勢集まってワアワア歌を歌うようなタイプじゃない。寮歌祭なんかそうでしょう。また何か話を聞くのでも、できるだけ一対一、あるいはそれに近い形で話をしたい。その他大勢を連れてきて話を聞かせてやってくれなんて言われたら、まっぴらごめんだよと言うような人。相手の目を見て話のできる範囲ならいいんだけれど。やっぱり人間に興味があるわけですね。大勢が一度に来ては、こちらが一方的にレクチャーするだけになるから人間に興味を持てない」

城山は中山をこうも語っているが、城山にとって中山は、もう一人の父親なのかもしれない。

喜劇は続く

国会議員も経験した中山千夏のあるエッセイに、次のような箇所がある。

「小学校三年中退」「旅役者の子」を、二言目には口にする花柳《はなやぎ》幻舟と中山が交わす会話である。

「幻舟さん、このごろはな、学歴がないというのをあんまり言うと、自慢していることになるねんで」

「え?ほんまかいな」

「うん。マトモなインテリは、たいてい大学出たことを恥じとる。無学派を尊重せないかんと思うとる。そやから、あんまりウチらが学校へ行ってへんことを強調すると、大学出は萎縮《いしゅく》して、よう物も言えんようになる。かわいそうや。

ま、心のどっかでは、インテリを誇っとるやろけどな」

最後のセリフに皮肉が利いているが、まだまだ「学歴社会」という幻想の強い日本では、多くの人間が大学をめざす。

しかし、城山三郎が大学に入ったのは、日本が学歴社会だからではなかった。『猛烈社員を排す』（文春文庫）所収のエッセイ「わたしの場合」に、城山はこう書く。

「本来、大学というのは、よい就職先を保証するための機関ではない。学問を教える場であり、そこで人一倍の学問ができ、学生生活が楽しめたというだけでじゅうぶん満足すべきである。そして、卒業後、店員になろうとコックになろうと、大学生活から得た収穫が必ず生きるはずである。生きないような大学生活を過ごしてきたものは、仮にどんな一流会社へはいっても先が知れている」

城山は「経済界では名の通った大学」を出て、就職は引っぱりだこだった。しかし、毛頭、就職する気はなかった。「大学時代になじんだ読書生活を際限もなく続けたい」という思いだけで、地方の大学へ就職した。

「安い給料、学界からも見放されたいなか教師の生活」だったが、城山には少しも悔いはなかった。ところが、その地方、つまり名古屋へ、城山の母校、一橋大学の教授、佐藤弘人《こうじん》（『はだか随筆』で有名になった）が来て、城山に会うなり、

「きみ、惜しいなあ。どこか会社へ移りたまえ。いまからでも、おそくないよ」

と言った。

このエピソードを紹介した後で、城山はこう述懐する。

「教授は親切からいったのだが、わたしにはそれが俗説にみえた。一流大学出というありがたさが、わたしには実感としてわかなかった。好きな人生、それを教えてくれただけで、わたしにはじゅうぶんにありがたい学生生活だと思った。

その気持ちは、思いがけず作家となったいまも変わらない。大学出ということに、親も子もあまりとらわれすぎる。もっと人生の長い時間の中で考えてはどうであろうか」

意味を問うことなく、ただ学歴社会だからという理由で大学をめざすということは、城山には考えられないのである。あるいは、耐えられないのである。

そんな城山が書いたユニークな問題作が、『素直な戦士たち』（新潮文庫）だった。受験戦争と教育ママならぬ「教育メイド」を戯画的に描いたこの作品で、「英才製造」にすべてを捧《ささ》げることを決意した妻と、それに引きずられる夫が次のような会話を交わす。

「はじめから東大行きと決めておいて、（その子は）自由なのかい」

「自由よ。それでこそ、ほんとうの自由人になれるのよ。だって、子供は本来、自主性がないものなの。その子供が、成人していよいよ自主性を発揮しようというときになって、あそこへも行けない、こちらへも入れない、となっては、それこそ不自由ではないのかしら」

「………」

「超一流大学を出ていれば、超一流会社へ入ることも、医者になることも、官僚になることも、どんなことでもできるわ。無限に選択のチャンスがあるわけよ。そのときこそ、子供は、『ほんとうの自由人にしてくれた』って、バンザイするわよ」

一流の会社にも入れるし、ルンペンにもなれる自由――。そうした自由をもつ、ほんとうの自由人にするための英才教育というのは、しかし、建前でしかない。ルンペン（現在で言えばホームレスだろうが）になってもらっては困る、というのが本音だからだ。

だが、中山千夏が皮肉ったように、「パスポート」としての学歴は必要とされるのが〝現実〟であり、よほど強い人間でなければ、その「垣根」を乗りこえることはできない。

その意味では、『素直な戦士たち』の「ママ」松沢千枝の言葉は〝ある真実〟を含んでいる。

彼女の誤算は、「実験動物」のように追いつめられた長男の英一郎が、かなり本気でルンペンへのあこがれを抱いたことだった。

小学生の英一郎が、父親の秋雄に言う。

「……ぼく、ルンペンって、おもしろいと思うんだ。だって、あんなことしていて、人生を暮して行けるんだもの」

「気をつけて見ると、いろんなルンペンが居るんだよ、パパ。靴だけぴかぴかに光らせてるルンペンも居れば、英字新聞読んでるルンペンも居る。空罐《あきかん》ばかり集めてるルンペンも見たし」

「ママがよくいうでしょ。何でも興味を持ったことから、勉強につないで行けって。だから、ルンペンだって、服装や社会的背景や東西比較なんてやってみたら、なかなかおもしろいと思うけどな」

たとえば教育ママなら、ルンペンを指差しながら、〝あんな人〟にならないように勉強しなさいと言うのだろう。しかし、それが一方では、逆に「ルンペンへのあこがれ」を生む。

ついには、〝ライバル〟の弟を殺《け》そうとまで思うようになる英一郎の「教育」は、ではどのようになされたのか。

教育——というより、「英才製造計画」はすでに見合いの席から始まった。

二流の私大卒の秋雄に、見合いの相手の千枝は、まず、

「あなたのＩＱは、おいくつですか」

と訊《き》いたのである。

学歴は子供に遺伝しないが、知能指数は遺伝するという考えからだった。

受胎の季節の指定から、体位の指定まで。秋雄の長い長い妥協と忍耐の日々が始まる。食事の献立はもちろん、部屋の音や色などすべてが子供のために調節されるのだった。

「わたし、新しいものほど、いいと思うの」という千枝の、新説によってときどきそれが変えられたりして――。

しかし、母親の千枝はそのために化粧も断ち、趣味も持たないで「英才製造」に打ちこんだのである。

その結果は、どうだったか。

「おい」とか「おまえ」とか叫ぶ息子に、千枝が尽くせば尽くすほど、それは英一郎にとって負担となり、興奮して割箸《わりばし》を割ったり、ものすごい勢いでブランコを漕《こ》ぐような狂暴性を育てていった。

友だちもつくらず、あるいはつくれず、母親に強いられながら受験勉強に励む子、その姿を戯画化して描いた『素直な戦士たち』はまた、「家庭内暴力」が生まれる背景をも描いている。

しかし、これをハッキリ「戯画」として受けとめ、「戯画」として読み終える人がどれだけいるのだろうか。むしろ、まじめにこれを読み、この中から、「受験のためのノウハウ」を探りだそうとする読者の方が多いのではないか。城山の意図とは違って、そう読まれる危険性が多いだろうことに、私は寒気を禁じえないが、これは城山の「巧まざるユーモア」が生み出した作品だろう。

同じく、笑っているうちに顔が引きつってくる城山の作品に『重役養成計画』（角川文庫）がある。原題は

『幹部保育園』だった。

主人公は大木泰三。「Aクラスの下」の造船会社に勤める「きめられた仕事はまじめに果すが、それ以外にこれといった欲もなく、おとなしく会社と自宅の間を往復している」平凡なサラリーマンである。

その平穏な日常を、母校のQ大に残って経営学を教えている鴨井が乱す。『もうけろじい入門』などのベストセラー作者として名高い鴨井が、雄飛経営相談所という会社をつくり、大木を社長に担ぎ出すのである。

理由は、大木があせりから遠く、ユウヨウ迫らざるところがあるからだった。社長にされた大木がどんな椿事《ちんじ》に出会ったかは省くが、省けないのは「重役養成計画」である。

鴨井がその必要を説いたために、大木の勤める造船会社では、社長候補生を集めた総管理室が設置される。

そして、大木もその一員に加えられてしまった。

鴨井が社長たちに、パッカードの言うことなどを引いて、これからの重役タイプについて語る場面がおもしろい。

一口で言えば「隣家の好青年」といった感じと説明した鴨井に社長や専務は、いささかアッケにとられるのである。

それに鴨井は、私の基準では、あまり党派性がないこと、と付け加える。

「これをいったときの重役諸公の顔を見せたかったな」

鴨井はにっこり笑って、大木を見、

「彼等が推したいのは、いずれも彼等の息のかかった人間ばかり。隣家の好青年どころか、派閥意識で眼の玉を光らせた男ばかりだろうからね。……もちろん、誰にだって、多少の派閥色はある。それは人情の然《しか》らしむるところ、当然なことさ。ただ、それが余りに露骨だと、敵をつくる。二十年先の派閥争いをいまから準備しておくようなことになっては困るからね」

と打ち明けた。

その他にも条件はあるのだが、大木たち重役候補生の経営訓練は、ある貧乏寺で始まった。

「要するに、スケールの大きい人間になってほしい。一か月でそれを要求するのは無理かも知れんが、少くとも大物ムードだけは身につけて帰ってほしい」

訓話を社長はこう結んだ。

起床は午前六時三十一分。

端数で示すのが、時間厳守のコツなのだという。そして、坐禅《ざぜん》を一時間。その後、作戦要務令の一節を声を合わせて朗読する。

「指揮ノ基礎ヲナスモノハ、実ニ指揮官ノ決心ナリ。故ニ指揮官ノ決心ハ、堅確ニシテ、常ニ鞏固《きようこ》ナル意志ヲ以テ之ヲ遂行セザルベカラズ。決心動揺スレバ指揮自ラ錯乱シ、部下従イテ遅疑ス」

このあたりまでは大木も驚かなかった。

しかし、次の紙片を渡されて仰天する。

左記の文句をくり返し口ずさむこと

「自分ハ大物デアル」

「自分は大物である。自分は大物である」

世話役が唱え始めて、

「まさか」

「ほんとにやるんですか」

と笑ったり、当惑したりしていたメンバーも、

「そうだ。社命だよ、これは」

と言われて、一斉に呟《つぶや》き出す。

それは不思議にお経のリズムに合致していた。読経の声と太鼓のとどろきつきである。

一日目の日程が終わって感想を求められ、大木が、

「あの朗唱をこれから毎日やるんですか」

と尋ねる。その答がこうだった。

「一日に五百回唱えてもらう。といっても、時間にすれば、十分間だ。ああいう雰囲気でやれば、気分ものるし、効果も大きいと思うな」

別のメンバーが、

「いくら大物ムードといっても、いかにも子供っぽい思いつきですね」

と首をかしげると、世話役は、

「とんでもない。あれは、有名な経営学者の鴨井先生の御指示に従ったのだ。日本でははじめてかも知れぬが、アメリカではすでに実行して効果を上げてるんだそうだ。決して単なる思いつきや逆コースじゃない。

自己催眠と自己暗示とか、新しい学問的裏づけのあるやり方なんだ」

と否定した。

そして、大物ムード漬けで会社に戻ると、役員応接室を改造した豪華な総管理室が待っていた。毛足の深い絨毯《じゅうたん》をはじめ、すべてが高級品。

突然、壁がうなり出して、ベートーベンの交響曲第三番「英雄」が流れる。大物ムード・ミュージックである。

落ちつかない大木たちに、社長が入って来て、等身大の鏡を見ながら、こう言った。

「ときどきこの鏡に向って容貌風采《ようぼうふうさい》を映して見たまえ。大物には大物の顔というものがある。それは放っておいてできるものでなく、また一朝一夕にできるものでもない。時間をかけて、自分でつくり出さなくちゃいかん。きみたちも、鏡に向って、自分にふさわしい大物の表情を研究してみることだ。それを繰り返して行く中に、そういう顔になる。道があるから歩くのでなく、歩いている中に道ができる――それと同じ原理だ」

しかし、この訓練に疑問をぶつける者が現れる。大木や鴨井の同級生の鮒田だった。

「憲法では個人の信教の自由を保障しています。いかに社員教育といっても、その自由を侵害することは許されないはずですよ。信教の自由には、信じない自由も含まれているのですからね」

こう言われて大木は、

「いや、禅寺はただ宿舎に借りただけだ。現にお経ひとつ読まされたわけじゃない」

と答える。

「それでは、いま受けて居られる教育はどうです。アリストテレスの哲学とか何とかいわば高級な一般教養ばかりつめこまれて、おかしいと思いませんか」

畳みかける鮒田は、さらに「三井（炭鉱）美唄《びばい》で起った江ノ島講習事件についての札幌地裁判決」を挙げる。

「事件そのものの説明は略します。判決はこういうことをいっているんです。会社の業務命令権は、技術教育など職務内容に直結する講習については有効であるが、一般の教養教育の場合には及ばないと。つまり、あなたたちにアリストテレスの哲学を勉強するように命令する権利は、会社には全然ないわけなんです。職務内容に直結していない帝王学的な勉強をさせることは、業務命令権の乱用であり、見方によっては、重役の背任行為とさえいえます」

憲法がほとんど守られていない〝憲法番外地〟の日本の会社では、これが憲法違反だとは思いもよらなかっただろう。

大西巨人が『神聖喜劇』で描いた軍隊は、喜劇的なことがそれと指摘されずに行われていた。城山はその延長を会社に見たのだった。神聖がつくかどうかはわからないが、嘆息するしかない喜劇である。

そして、『重役養成計画』では、重役と重役《おも》に分けられることになる。

重役は、重役風を吹かすのが仕事であり、社内的には何の権限もない。重役病患者や大物ムード陶酔者の中から順次登用し、いわば冠婚葬祭用である。ただし、名声と富は両立せず、給与は初任給並みにダウンする。

これに対し、主要な部長・工場長などから成る重役《おも》は重役風を吹かすこともなく、ただ経営という仕事に生甲斐《いきがい》を見出す。

山岡荘八の『徳川家康《いえやす》』とか、司馬遼太郎《りょうたろう》の『坂の上の雲』などを、重要な経営学の教科書として挙げる経営者もいるが、この『重役養成計画』で諷刺《ふうし》されている喜劇と大して変わらない。自覚せざる、あるいは自覚されざる喜劇は日本の会社を舞台としてこれからも続いていくのだろう。

これは『神聖喜劇』を体験した城山でなければ書き得ない作品だった。

城山は『猛烈社員を排す』所収のエッセイ「わたしの場合」で「貧寒たる号令派」を批判し、次のように書いている。

〈先日、息子の小学校へ運動会を見にいった。

子供たちのにぎやかな歓声、ゆれる小旗、はじけるクス玉。その向こうを東海道線の列車がゆっくり走っていく。窓からは、こぼれんばかりの乗客の顔。一瞬だが、運動会のたのしさに誘いこまれていく顔つきだ。

花火が上がり、昼食。

「生徒のみなさんにご連絡します……」

やさしい先生の声。

そうした光景の中に浸っていて、わたしは不覚にも涙が出そうになった。

たのしそうだなあ。これが、ほんとうの人間の生活というものだなあ。

なるほど、わたしたちの少年期にも運動会はあった。しかし、こうしたたのしさや、やさしさのあふれたふんいきとは、まるで別のものであった。

先生のヒステリックな怒号と罵声《ばせい》。運動会まで在郷軍人服がいばっていた。子供たちはおどおどして、ただしかられまいとつとめ、親たちもちりぢりし、人間の集いという感じはなかった〉

これは城山だけの感じではなく、同年の友人もしみじみと、

「戦争が終わるまで、たのしいという思い出はひとつもなかったな」

と言ったという。

「いま思い出しても、なにひとつ胸のふくらむ記憶はない。つまらぬ半生を送らされたものである。あのころ号令をかけた連中、いや、号令をかけよと号令した連中の首根っこをつかんで『人生を返せ』とゆさぶってやりたい」

と城山の怒りは爆発する。

前記のエッセイ集の「新入社員について」で、城山は「社員教育雑感」を述べる。それは次のように自らの体験を呼びさますのである。

「根性とか愛社精神とかは、たたきこんではいるものではない。

わたしは十七のとき海軍にはいり、軍人精神注入棒というやつで追い回された。おかげで動物的な敏しょうさは身についた。海軍精神も少しは身についたと思ったが、一朝にして、それがはげ落ちた。

イモの葉っぱばかりで少年兵たちがふらふらしているのに、士官室には白いパンがかびのはえたまま捨てられてあったからである。志願して行っただけにいっぱしの愛国少年であったつもりだが、それ以後はもういけなかった。精神教育がきびしければきびしいほど、何が海軍精神だと思った。

上級者が尊敬するに足る生活さえ送っていたら、こん棒ひとつ振わず黙っていても、わたしたち少年兵は海軍精神の中におぼれこんでいったはずだ。考えてみれば、わたしが海軍にたいしていちばん熱烈であったのは、入隊する瞬間であり、教育課程が進むにつれ幻滅を重ねていった。

その論理からいえば、新入社員を迎えるたびに、しゃんとしなければならないのは、古参社員の方である。新入者の初心を前に粛然と姿勢を正すべきである。新入社員教育は、新入社員の入社ごとに、古参社員が受けるべきである。

新入社員に粗食を食わせ、終日板の間にすわらせておいて、社長が高級車できて一席ぶって、ついでに近くのゴルフ場へ回るなどということをやっていたのでは、完全な逆効果である」

いつになったら喜劇は終わるのだろうか。

つまずいた人に惹かれる

私は中曽根康弘《なかそねやすひろ》という人が好きではないが、城山はしばしば会っている。その書生っぽさに惹《ひ》かれるらしい。

ある時、城山が中曽根とゴルフをし、その後の食事の席で、

「城山さん、いま、どういう本がいいですか?」

と聞かれた。

それで、伊藤桂一《けいいち》の『静かなノモンハン』と大江健三郎の『新しい人よ眼ざめよ』をすすめたら、半月ぐらい後に葉書が来て、

『『静かなノモンハン』はとってもよかった。非常に感銘を受けた」

とあった。

それについて城山は私との対談『人間を読む旅』で、こう語っている。

「大江健三郎のほうは感想を書いてこない（笑）。ちょっとタイプが違うから、読んだか読まないかしらないけど。あの人の若さは、そういうところにあるんじゃないかな。ふつう総理はいちいち、何の本を読んだらいいかなんて聞くこともないし、聞いたからってメモすることもないし、まして感想書くこともないだろうと思う」

中曽根は城山の『男子の本懐』を二百冊買い、「中曽根康弘」とサインをして派閥のメンバーに配ったこともある。それを城山はメンバーの一人から聞いた。

しかし、そんな中曽根に対しても、城山は斬り込むべき時はズバリ斬り込む。中曽根が首相当時の「総理と語る」がそうだった。

城山が相手だったから見ていたのだが、城山がずいぶんと突っ込んだ質問をするので、横になっていた私は途中から起き上がり、座り直した。

少年兵として軍隊の非人間的精神主義を骨身にしみて体験し、「戦争という言葉はもう死語にしたい」と念ずる城山は、防衛という名の軍備拡張に走る中曽根に、あくまでも冷静に、次のように問うた。

「中曽根さんは士官として戦争を体験したが、同じ海軍でも、私は一兵卒だった。その私から見ると、自衛のためと言って防衛力が増強されるのは心配である。アルゼンチンはエグゾセを持ったから戦争したとも言われるが、どう考えるか」

ビデオがないので〝意訳〟だが、この質問に対して、中曽根の答えは答えになっていなかった。あるいは、この質問は「予定外」だったのかもしれない。この質問だけでなく、すべて、あらかじめ決められた質問に

沿ってやられたのではないのではないかと思ったのは、次に城山が、

「非核三原則をもっと積極的に主張し、たとえばサミットも、広島で開くことを考えてはどうか」

と迫ったからである。

これに対して中曽根は、

「いや、サミットはそういうエモーショナルな所で開くべきではない。それこそクールに北極ででも開いた方がいい」

などと言っていた。

ヒロシマ・サミットを「エモーショナル」の一言で片づけてしまう中曽根の感覚はあまりにお寒い。

それにしても、この「総理と語る」は、八百長めいた迎合対談が多い中で、近来まれに見る手ごたえのある内容だった。

城山は『中国・激動の世の生き方』(文春文庫)という「中国紀行」で周恩来が、あの超多忙の時間を割いて芝居を観に行くのを知って、「反射的に、わたしは、日本の政治家たちのことを思った」と書いている。

「赤坂や新橋の脂粉の漂う座敷で、来る夜も来る夜も、財界人など変わりばえせぬ顔を相手に、さしつ、さされつ。そうした夜から、日本のために、また政治家個人のために、いったい何が生れるだろうかと、鳥肌立つ思いである」

中曽根を相手にしながら、城山はかつてのこの思いを反芻《はんすう》していたのではないだろうか。

その時にコラムでこう書いたら、後で城山に、まさにそう思っていた、と言われたことがある。

私は、中曽根よりは同年の田中角栄に惹かれる。前記の対談で、大平正芳《まさよし》と宮沢喜一《きいち》の比較をしていて、

こんな話になった。

佐高　さっき怪力乱神といいましたが、それを避けてきた宮沢と、そんなに避けてこなかった大平、大平を支持した人として安岡正篤がいて、もうひとつ怪力乱神の化身というか、小型みたいな人に田中角栄がいますね。田中角栄は大平と盟友であり、宮沢を嫌ったということです。城山さんは田中角栄を批判されるし、私ももちろん田中の罪は大きいと思うのですが、どこか嫌いになれないところがあるんです（笑）。

城山　ただ、人間は別として、田中のやったことは大きく日本を損なったよね。経済政策もそうだし、金権の問題もそうだし、何をいったい日本に残したのか。田中の残したマイナスは大きいと思うよ。

城山に『賢人たちの世』（文春文庫）という作品がある。その文庫版の解説に私はこう書いた。

「指折り数えてみると、意外に数多く読んでいた。『総会屋錦城』に始まって、『賢人たちの世』まで。十冊を超える。ちょっとした驚きであった」

三井物産の審査マンで、『商社審査部25時』といった小説も書いている高任和夫は、『思想の科学』一九九二年九月号の、城山三郎についてのエッセイをこう書き出し、「一人の作家の小説を、普通の読書好きの男が、十冊も読むということは、実は稀《ま》れなこと」だとして、次のように続けている。

「経済小説というジャンルがあることも知らないときから城山を読んでいた。

特徴的なことはもう一つ、肩に力を入れ掌を固く握り締めて、さあ城山を読むぞ、と思って読んだことは無かったのではないか。城山の作品は、いつの間にかスルリと忍び込んできて、気が付くとこちらの生活に伴走するものとなっていた。

妙な作家である」

城山が「妙な作家」であるかどうかは知らないが、「伴走する作家」であることは確かだろう。

自らがビジネスマンでない私は、高任のような現役ビジネスマンが、「伴走する作家」の城山に、なぜ、あるいは、どう惹かれるのか、切実にはわからないところがある。だから、なおさら、高任の次の断定的指摘には強く頷《うなず》かされた。

「城山の作品には、隠し味としての苦味がある。

あの鶴見事故で石田（禮助）が取乱すのは人情味ある愛敬としても、城山は吝嗇家《りんしょくか》としての石田にもサラリと触れる。

しかし、ビジネスマンが吝嗇でない訳がないのである。だから、つい笑みを誘われ、逆に石田の人間像が何倍も膨らむ。手練《てだれ》の作家なのである。

城山のこの部分が、意図してギラリと刃光りしたのが『賢人たちの世』であろう。城山は余程、腹に据え兼ねたらしい」

たしかに、城山の作品には怒りがある。静かなる、しかし、消えることのないその怒りがニガリとなって城山作品は結晶化される。

『賢人たちの世』の場合は、椎名《しいな》悦三郎、前尾繁三郎《しげさぶろう》、そして、灘尾弘吉《なだおひろきち》の〝三賢人〟を少数派に追いやってしまう政界に対する怒りである。

この三人は、まさに〝政治屋〟ならぬ政治家だった。彼らはそろって選挙に弱かったが、それは地元に利益誘導しなかったということである。

ドンと言われながら、巨額の脱税が発覚して失脚した金丸信《かねまるしん》は、保利茂《ほりしげる》を政界の師とした。しかし、保利と金丸は、保利が選挙に弱く、金丸がそれに強かった点で、決定的に違う。保利は天下国家を語った。

この作品の中に、「それでは前尾が前尾でなくなってしまう」という一節がある。前尾はもちろん、椎名も、灘尾も、「自分が自分でなくなってしまう」ことはやらなかった。逆に言えば、なくすことのできない自分を持っていたということである。しかし、それをギラギラと前面には出さなかった。

「灘尾をふくめ三人とも官僚出身だが、岸―佐藤という流れからは距離を置き、人事による操作や寝業師《ねわざし》的工作は苦手。能弁でなく、自分を吹聴《ふいちょう》することもない」

城山はこう書いているが、大臣になりたがらなかった点も共通していた。

池田勇人《はやと》総裁の下で自民党の幹事長を連続三期務めた後、大蔵大臣にと言われて、それを断り通した前尾の述懐がいい。

「私は昔は大蔵大臣になりたいと思った時代もあったが、大蔵大臣を断るようになったかと思うと、内心はなった以上に朗らかな気持であった」

このときまでに前尾は通産大臣を経験していた。

「大臣などは一回でよい。これからは無官の大夫こそ望ましいと思い、幹事長になったので大臣を作ることこそ男子の本懐と心得てきた。したがって、その後は大臣を断ることばかりやってきたのである」

自分がやったらうまくいくのではないかという思いを消しきれない人間にとって、「断る」ことはそれほど容易なことではない。しかし、それを通す人間には、やはり、ある種の魅力と迫力がある。

椎名も前尾も灘尾も、自らの欲を「断つ」ことのできる人間だった。

その三人が集まって月に一度ほど話をする。何を話したのか、まわりの政治家は気にしたのではないかという城山の問いに、灘尾は、

「欲のある連中は、そうかも知れんが」

と、さらりと言ったという。

この作品は、城山が官房長官から、賢人会議のメンバーになってくれ、と言われて、「柄にもないこと」と、それを断る話から始まる。

三賢人だけでなく、作者もまた「断りの人」なのである。それが「断らない」三木武夫《たけお》に対する痛撃となって表れる。椎名裁定で自民党総裁、すなわち首相にと言われた三木は、ためらうことなく、その椅子についた。

はしゃぎ過ぎと思われるまでに張り切る三木に自民党副総裁としての椎名、総務会長としての灘尾、そして、衆議院議長になっていた前尾は冷ややかな視線を向ける。

しかし、三賢人の会はつづけても、それについて三人とも、ほとんど発言しなかった。「ふつうの話」とか、「バカ話さ」といった「答にならぬ答」を繰り返すばかり。

城山はそれをこう書いている。

「三人にそのような申し合わせがあったというより、もともと三人そろってそういう人柄であった。いまやマスコミに乗るチャンス。不用意でも、また不用意めかした発言でもいい、あっと言わせる話を漏らして

注目を浴びよう――などという気は、さらさらない。

むしろ、それとは逆である。マスコミに乗るのではなく、マスコミから一歩でも二歩でも距離を置きたい。もともと能弁ではないし、また本当のことしか話せない。といって、いま本当のことをしゃべれば、どんな風に受けとられるか、どんな風に利用されるかわからず、人騒がせになるのは、不本意である。われわれはたいした人間ではなく、また、いつものことだが、たいした話をしたわけでもない。とり上げるようなことは何もない――と。

三木がマスコミ好きであり、マスコミへのサービス、そしてマスコミの利用を忘れぬのとは、対照的な三人であった」

たしかに、そうなのだと思う。しかし、党人派の三木と違って、キャリアの官僚出身の三人には、マスコミの後にある大衆から距離を置く孤高の意識があったのではないか。

城山は、日経連会長だった桜田武《たけし》の、次の言葉を引いている。

「福田（赳夫《たけお》）にしろ、大平（正芳）にしろ、椎名にしろ、みな役人だろ。タバになってかかっても三木にゃかなわん。政治家としてのキャリアは三木の三分の一だからなァ」

私も三木は、人間としてはあまり好きになれない。しかし、同じく政治のプロの田中角栄に対抗するには、三木のアクの強さが必要だったのではないか。

「原敬《たかし》はアタマ数で政治をするが、おれはちがう」

伯父の後藤新平のこの言葉を椎名は終生おぼえていて、同じ思いで政治の道を歩いたという。ならばなぜ、椎名は「アタマ数で政治をする」田中角栄への親近感を隠そうとしなかったのか。

この作品が出るのと同じころに、私は『正言は反のごとし』と題して、松村謙三と河野謙三という奇《く》しくも同じ名前の二人の政治家のことを書いた。いずれも、いわゆる党人派だが、官僚出身の三人を書いた城山との違いを思ったものである。

また、二人の組み合わせというか、綾取《あやと》りだけでも苦労したのに、三人を鮮やかに交錯させた城山との力量の違いも思い知らされた。

親しい友人でもある物産マンの高任の文章で始めたこの解説を、やはり、高任のその文章で結ぼう。

「多分、城山は、定型に囚《とら》われまいと心に決めて、作品を書き続けているのだろう。そのためには、何よりも丹念な取材である——。

そして、取材を続ければ続けるほど、人間という存在の多面性が見えてくる。長所もあれば短所もある。好きなところ、嫌いなところ、まだら模様に混じり合っている。

だから、城山の描く男たちは、さまざまな光を放ち、なおかつ何層かの陰やら影を持ち、隠し味あり苦味あり、いずれも一筋縄ではゆかない」

前記の対談で、私は城山に、党人派の政治家でこの人は書きたいと思ったことはないか、と尋ねた。

すると城山は「いままではない」と答え、たとえば松村謙三は「立派な人だと思うけど、ちょっと入り口がないみたいなところがある」と続けた。

それに対し、椎名悦三郎には入り口があるというのである。

「ウーン」と唸《うな》った私への解説のような城山発言に続けて、私とのヤリトリを引こう。

城山　おもしろいし。椎名は、安保でアメリカは日本の番犬になると言って、「あ、まちがえました、番犬さまです」と言いなおした。ああいうところが人を食っているといえば人を食っているけど、おもしろいでしょう。スッと入っていけるところがある。しかし、松村謙三なんて非常に立派で、入り口がすぐ見つからないところがあるんです。

ぼくはいつか中曽根さんに、三人の賢人を書いてだれがいちばんおもしろかった？　と聞かれたことがある。ぼくは椎名だと答えた。椎名は仙人みたいなところがある。灘尾という人は詩人だとぼくは書いたけど、詩人的。前尾さんは学者でしょう。みんなそれぞれ風格があって、そこから入っていけるところがある。単にパーフェクトな官僚というのではない。そういうふうに個性があるというところから入っていける。だからパーフェクトな官僚出身の政治家にはあまり興味がないですね。

佐高　たとえば佐橋滋《さはししげる》にしても、広田弘毅にしても、『男子の本懐』も、官僚出身者が多いですね。

城山　みんな官僚として一度つまずく人ですよ。浜口雄幸《おさち》は秘書課長を殴ったとかなんとかで左遷につぐ左遷でしょう。佐橋さんは自分で言っているように異色官僚でしょう。そういうふうにズレているところがあるからおもしろい。いかにも官僚らしいという人にはあまり興味がない。

ここまで解説されながら、なお、私は城山に、官僚の中の乱調的な人ではなくて、いきなり乱調という人は書こうと思わないのかと尋ねた。

「いきなり乱調ねえ、そこまでは手に負えないから。佐高さんなら手に負えるだろうけれども……」

と城山は苦笑し、

「そうすると、田中角栄をどうしても書かなければならないとなった場合には、すごく短くなっちゃうわけですか」

と言うと、

「そうだろうね（笑）。あまり書くことがない」

と答えた。

「でも、角栄にももちろん迷いとか、挫折《ざせつ》とか、たくさんありますよね」

と、さらに未練気に私が続けると、

「いろいろ苦労したり、いいところもあるけれども、角栄を書くなら、ほかに書きたい人がいるということだろうね」

と城山は再び苦笑した。

城山は、その筆名から西郷隆盛《たかもり》に傾倒しているように思われるかもしれないが、城山というところに住んでいたから、そうつけたので、決して西郷型ではない。むしろ、大久保利通《としみち》を評価する。城山は「情報人間」と「倫理人間」というタイプ分けをし、情報を遮断して飛んでしまう倫理人間より、情報人間を高く評価するのである。

城山　西郷、大久保ということでいえばね。やっぱり「仕事師」という尺度はあると思う。どっちが仕事をしたか、ということでは、やっぱり大久保だよ。

佐高　つまり、動機で人を見ない、ということでしょう。日本人というのはやたら動機で見るから。それから死んだ人に点数が高い（笑）。とくに非運の死なんていうと四十点も五十点も下駄《げた》をはかせるというところがありますね（笑）。このへんの動機というか、志というか、城山さんはつまりその人の「青春」ではあまり測らないですものね。

城山　青春って一時的なものだものね。

佐高　それは、ご自身の青春体験が投影されているんですか。

城山　ぼくは青春なんて何もないものね（笑）。

佐高　何もないものをふくらませて書く人もいるじゃないですか。

城山　ほんとにぼくは何もないよ。青い空だけだよ。

意外に思われるかもしれないが、城山は石田三成《みつなり》について書いている。城山は愛知の生まれなので、織田《おだ》信長《のぶなが》、豊臣《とよとみ》秀吉、徳川家康という三英傑の話を小さい時から聞かされた。講堂にはその三人の大きな額が掛けられ、明けても暮れても三英傑だったのである。

城山はとくに名古屋の出身なので、秀吉、秀吉で育った。その豊臣家のために最後まで尽くしたのは石田であり、城山にすれば石田は「きわめてクールな官僚、才人みたいなところがあって、なおかつ負けるに決まっている戦いを挑んでいく」し、捕まって殺される場面で柿をすすめられ、柿は体をこわすからといって食べなかったという逸話もあって、そうしたところに惹かれたという。

城山が惹かれる人間にはどこかクールさがある。それは青春時にパッションの嘘を身にしみて知らされたからかもしれない。

「横光利一は田舎者です」

私がフリーになって最初の、いわばマスコミデビュー作は『夕刊フジ』連載の「実と虚のドラマ——経済小説のモデルたち」である。一九八二年九月二十日にスタートしたその連載の第一回目に私は城山三郎の『官僚たちの夏』（新潮文庫）を取り上げ、次のように書いた。

「コンニチワ　ミスター・カザコシ」

元通産次官で現余暇開発センター理事長の佐橋滋《さはししげる》に会ったとき、エズラ・F・ヴォーゲルはこう言った。『ジャパン・アズ・ナンバーワン』を書いたヴォーゲルである。彼もまた、城山三郎の『官僚たちの夏』を読んでいたのだ。

小説を書き終えた後で、城山はモデルの佐橋と対談しているが、小説を書く場合、城山は原則としてモデルには会わない。小説の人物は自分がつくった人間であり、そこへ実在の人物が入ってくると、せっかく創造したイメージがこわされてしまうからだ。

「取材の過程でお会いしなくてよかったと思った。（もしお会いしていたら）私がふくらませた主人公のイメージが、強烈な個性にねじふせられたろうからだ」（『週刊朝日』昭和四十九年十二月六日号）。

城山は「剛速球一本やりの佐橋流」は現在でも通用するかどうか、ちょっと疑問が残る、とも言っている

が、それについて佐橋自身は、

「オレは香車《きょうしゃ》のように、まっすぐ進むコマではない。もっと複雑に動けるコマだ」

と苦笑する。

しかし佐橋は、この小説をときどき読み返すという。中でも、次のシーンは鮮明な写真のように瞼《まぶた》にやきついている。

〈風越はその（須藤の）前につめ寄り、大声で浴びせかけた。

「大臣、それでも、あなたは実力者なんですか」

次官室の空気は、動きを止めた。次官も局長も、はらはらして二人を見守る。須藤は、大きな眼で、じろりと風越を見上げた。爆発寸前の目の色であったが、それでも、須藤はふみとどまった。〉

佐橋自身の著書『異色官僚』にもはっきりと書かれているこのシーンを、佐橋はつい昨日のことのように思い出すことができる。

佐橋は当時、企業局長で、須藤のモデルの実力通産大臣は佐藤栄作だった。産業公害を防ぐために工場立地の計画化を図る新政策に、予算折衝の段階で、佐藤があっさりと降りてしまったので、佐橋がフンマンをぶちまけたのである。

ようやく踏みとどまった須藤こと佐藤が、

「……そんなに怒るな。その代り、他で少しイロをつけさせた」

と、なだめたのに対し、

「あの予算に代りも何もありませんよ」

と、風越はあくまでもニベもない。「味方まで沈めてしまう」と中山素平（日本興業銀行元会長）に言われた、当時の佐橋の面目躍如である。

こうした「強気」は、大臣は行きずりの雇われだが、自分たち官僚にとっては、通産省は生き死にの場所なんだ、という強烈な自負心から来るのだろう。「風越信吾」こと佐橋は、辞表をフトコロに呑《の》んで全力投球した。

「おれは、余力を温存しておくような生き方は、好まん。男はいつでも、仕事に全力を出して生きるべきなんだ」

「余力を残して」ＩＪＰＣプロジェクトから身を引いた山下英明（元通産次官、のちに三井物産副社長）を通産時代から佐橋は好きでなかった。

当時は気づかなかったが、城山は佐橋の徹底した平和主義にも惹《ひ》かれていたのだろう。佐橋の立場での非武装平和の主張は、政財界人を仰天させた。「経済がわかり、産業がわかり、軍需産業の何たるかがわかる」佐橋がそれを唱えたことに彼らは衝撃を受けたのである。親しかった財界人でさえ、「非武装論だけはいただけん」とそっぽを向いた。共感したのは前記の中山泰平ぐらいだったろう。しかし、佐橋は怯《ひる》まず、最期まで、「どうしてこんなわかりやすいことがわからんのか」と主張しつづけた。

「非武装は危険というけれども、それでは武装をしていれば安全かと反問すると、安全と言う人は誰もいません」

とその信念は揺らがなかったのである。

『夕刊フジ』の連載は作家とモデルの双方に会って、一作品について上中下の三回書くものだったが、次にその中と下も引こう。

会ってから書くか、書いてから会うか——。

どこかの出版社のコマーシャルめくが、城山三郎は原則として小説のモデルには会わないで書く。自分の夢をふくらませ、モデルにロマンを託すためには、会わないで書いたほうがいい、と思うからである。

『官僚たちの夏』の時も、風越信吾のモデルの佐橋には会わなかった。

この小説は、世界各国から自由化を迫られた池田（勇人）内閣時代に、日本経済の国際競争力を何とか早くつけようと腐心する通産官僚たちの動きを、〝ミスター・通産省〟の風越信吾を主人公にして描いたものである。

経済政策はどのようにして企画立案され、立法化にまで至るのか、その間の官僚たちの動きや、政治家、業界への根まわし等が、人事の紆余《うよ》曲折をふくめて非常に興味ぶかく書かれている。

池内信人として登場する池田勇人や、そのライバルの須藤恵作こと佐藤栄作、「眠ったように細い目をしている」堂原という代議士として登場する大平正芳や、「わかった、わかった」を連発する若い大蔵大臣の田河こと田中角栄等の「モデル絵解き」もなかなかにおもしろい。

鈴木善幸《ぜんこう》前首相はチラリとも出てこないが、宮沢喜一は「小柄で丸顔、小さなやさしい目をした」矢沢という若手の代議士として登場する。

こうした人物背景と時代背景の中で、風越は、フランスに行って官民協調の混合経済をみっちり勉強してきた牧順三（モデルは両角良彦《もろずみよしひこ》元通産次官、のちに電源開発総裁）を中心に「政府、産業界、金融界、それに、労働者と消費者といった各界代表が円卓を囲んで、在るべき経済の姿をオープンに討論し、目標を決めて、互いに努力と援助を約束し合う」姿を模索する。

その「理想」が大分それて「特定産業振興法」となったが、この国際競争力強化のための法案の実現に、通産省は一丸となって突進する。

しかし、スポンサーのないこの法案は、「行政指導そのものを法律にしてしまう」法案として、とくに金融界から警戒され、陽の目を見ることなく潰《つぶ》された。

小説では、早期の自由化を説く「国際派」の玉木と、それを時機尚早とする「民族派」の風越の対決が一つの大きな軸となっている。個人的な争いではなく政策的な対立なのだが、それはいつしか周囲の人間をも巻き込む感情的な確執ともなっていった。

玉木のモデルの今井善衛《ぜんえい》（元通産次官、のちに日本石油化学社長）は、いま、そのことについて一切語らない。

『官僚たちの夏』についてならノーコメントです」

と、インタビューも断られた。

城山は、単に風越を〝善人〟、ライバルの玉木を〝悪人〟として描くのではなく、業者に押しかけられ、夜遅くまで電話攻勢を受けても「日本経済のためには自由化が必要」とがんばる玉木こと今井の主張も一理あるものとして描くことによって、小説の彫りを深めているのだが、黙して語らぬ今井の姿に、対立と対決の根の深さをみることもできるだろう。

当時を振り返って、佐橋はいまこう語る。

「大体、特振法で考えたようになっているが、自動車がこれほど成長するとは思わなかった。当時、日本の自動車は乳母車にエンジンをつけたようなもの、と言われて国内市場の、うまくいけば半分、まずくとも三分の一はとりたいという程度だったんだからね。

コンピューターも、何とか足ぐらい突っ込んでおこうということで始めたんだよ」

とすれば、今井こと玉木の主張の方が正しかったのだろうか。

「あなたをよく知っている人には大体会いました」

佐橋滋は、作者の城山三郎にこう言われた。小説を書き終えた後の対談の席でである。だから、小説を書く前には会っていない。もっとも、佐橋は「城山さんに面会を申し込まれた」と言う。途中で城山の方が思いとどまったらしい。

それまで、ファンとして城山の小説をよく読んでいた佐橋は、自分がその小説のモデルとなるとは思ってもみなかった。くすぐったさのまじった好奇心とともに、佐橋は『週刊朝日』連載当時から、それを読んだ。

「オレはこんなに直線的な男ではないと思うが……」

と佐橋は、大きな福耳を振りながら言う。

この小説には、風越（佐橋）と玉木（今井）という同期生（昭和十二年入省）のほかに、庭野（三宅幸夫＝のちに日本鋼管副社長）と片山（山下英明＝のちに三井物産副社長）という同期生（同十八年入省）がライバルとして登場する。

〝木炭車〟と綽名《あだな》される庭野が「無定量・無際限」に仕事をするのに対し、片山はテニスやゴルフを楽しみながら、余力を残して仕事をする。この片山泰介こと山下英明の方が、のちに次官となったが、佐橋は、こうした軽くさばく山下英明流が気に入らない。

自らも何事に対しても全力投球するタイプだからである。佐橋はいつも、クビを覚悟で仕事をしてきた。そこに城山三郎も惚《ほ》れ込んだのだろう。

たとえば、これは小説には出ていないが、佐橋が重工業局の次長のとき、通産大臣の高碕達之助《たかさきたつのすけ》と衝突したことがある。

高橋は当時、東洋製罐《せいかん》の社長だった。

東洋製罐はアメリカの技術を導入し、独占的なシェアを誇っていたが、ある製鉄会社が別の技術導入を意図すると、佐橋はそれはいいことだとして、東洋製罐の競争会社をつくらせようとしたのだ。しかし、大臣が東洋製罐の社長なのだから通るはずがない。案の定、大臣も次官もダメだと言う。

佐橋は眼をむいた。

「それなら次官とも大臣とも決裂だ。おれはこれは何としてでもやる。それがどうしてもお気に召さないなら、おれの首を切れ。そのとき、おれはこういう理由で首を切られたと世間に公表する」

そこで次官は、「佐橋はどうしても言うことをきかない。首を切ったら、もっと大きな問題になる」と大臣に言って、結局、大臣も折れた。

「どうしてもこの筋を通さなければならないと思えば、新聞にでも公表して国民に判断してもらう」という、いわば〝民意を背景にした抵抗の原理〟を、佐橋は課長のころから持っていたのだ。現在の官僚たちは、そうした抵抗精神を持っているだろうか？

官僚には、とかく傲岸《ごうがん》な男が多いが、佐橋は違う。『官僚たちの夏』で、ノン・キャリアの登用を図る〝事件〟でもわかるように、人間を差別しない人物である。

大正二年、岐阜の写真屋の息子として生まれ、「写真屋になることをちっとも疑わない」ような少年だった佐橋は、もともと、エリートよりは庶民に近いのだ。

だから、佐橋の姉の清子は「ヒキもコネもない弟がどんなに辛い思いをしたかと思うと、それだけでやりきれなくなるので、滋のことを書いたものを読む気にはなれません」と言う。

佐橋はどこにも天下らなかった。

『官僚たちの夏』のモデルと作者は、いま、保土ヶ谷《ほどがや》のゴルフ場のロッカーが隣り合わせで、ごくまれにヒョッコリ会う。

城山は戦争をはさんだ一時期、ひそかに横光利一《よこみつりいち》の『旅愁』を愛読していたという。

「軍国主義をたたきこまれ、戦後はそれに裏切られ、荒《すさ》み切っていた身に、『旅愁』は次元のちがううらやましい世界を垣間見《かいまみ》させ、とりわけチロルをさまようあたりの美しい描写には、心の濡《ぬ》れる思いがした」のだった。

同じこの地球にそうした夢のような土地があるのかと、息をつめる思いでくり返し読み、戦後、海外旅行が自由になると、ただささすらうために三度もチロルを訪ねた。

「ある日の小林秀雄《ひでお》さん」（角川春樹事務所刊、城山著『嵐の中の生きがい』所収）に城山はそう書き、戦後しばらくして、ゴルフで一緒になった小林に横光の評価を尋ねたという。

それに対して小林は、

「あの人は田舎者です」

と一言で答え、

「横光の本質は、田舎者の律儀さですよ。それであの人は、花開いた。ところが、ひらひらしたところや上っ面ばかり見て批判するので、つかまえられない」

と続けた。

「あたたかなひびき」の感じられるその小林の言葉が城山はうれしかったというが、私は城山にも同じ「田舎者の律儀さ」を感じる。それによって城山も「花開いた」と言えるのではないか。そして佐橋もまた「田舎者」だった。

横光論にこだわったのは、城山もその開拓者の一人といわれる経済小説の分野において横光は重要な位置を占めると私が思うからである。

ちなみに、同じ年の吉村昭《よしむらあきら》との対談で城山は、梶井基次郎《かじいもとじろう》が好きで「夏目漱石《そうせき》のよさがわからない」ところが自分たちは似ている、と語っている。

そんな前提を置いた上で、私が『夕刊フジ』の連載の最後に書いた「経済小説はなぜ読まれるか」を引こう。

「漱石は金が欲しくて書いた作品が、今から思ふと一番良いと言つたといふ。このやうな逆説も口にすれば今なほ汚くなるのは止むを得ないが、日本文学もいよいよ金銭のことを書かねば近代小説とは言ひ難くなった」

〝小説の神様〟と言われた横光利一は、昭和十年に発表した『家族会議』の「作者自身の言葉」にこう書いた。そして、「ヨーロッパの知性とは金銭を見詰めてしまった後の知性」であるのに、「日本の知識階級の知性は利息の計算を知らぬ知性である」と喝破した。

株の世界を扱ったこの作品は、その意図に反して成功した試みとは言い難いが、確かに横光の指摘する通りだろう。

学者や芸術家のような、漱石の言う〝道楽的職業〟は別として、製造業にしてもサービス業にしても、ビジネスは普通、他人のためにモノを造ったり売ったりする「他人本位」の仕事である。そして否応《いやおう》なくビジネスマンは金銭を見詰めさせられる。しかし、横光の鋭い指摘の後も、日本の小説の世界には、作家が自分の私生活を描く私小説に代表されるように、「自己本位」の道楽的職業生活者しか登場しなかった。

道楽的職業でないビジネスは、他人のためにモノを造ったり売ったりするのだから、どうしても「自己を曲げる」ということが出てくる。そして、「会社」という組織の中で虫の好かない奴とも協力して仕事をやらなければならない現代のビジネスマンは、二重に自己を曲げざるをえない。

しかし、こうした屈折を、これまでの、いわゆる純文学作家たちは完全に見落としていた。「売れないのが純文学で、売れるのが大衆文学か」と梶山季之《かじやまとしゆき》は皮肉ったそうだが、いわゆる純文学は〝他人本位の屈折〟を経たことのない作家たちのギルド的文壇文学だったのである。

もちろん、金銭に背を向け、反俗的姿勢をとることによって、鋭く「現実」を批判したいくつかの純文学作品の功績を否定するつもりはない。ただ、醜悪な現実に背を向けて、ひたすら自己の内面を掘り下げる態度がマンネリ化し、いわばラッキョウの皮むきに似た作業になったとは言えるだろう。多くの作品が「社会」から離れ、「現実」を映すことがなくなってしまったのである。

そこに、現実のビジネス社会を反映した経済小説が流行する素地があった。

昭和三十二年に「輸出」で『文學界』新人賞を受け、経済小説のパイオニアとなった城山三郎は、当時、

「日本の小説は、どうも、経済社会の外で書かれているような気がするんです。小説が人間の生きかたを問うものであるとすれば、この経済界でどう生きるか、また、どういう関わりあいかたをしていくかということは、非常に大きな問題であるはずなのに、それらをはずれたところで小説が書かれていることに対する不満がありました」

と述べている。

城山が読者から聞いたところによると、商社マンを主人公にした城山の『毎日が日曜日』（新潮文庫）をテレビでやったとき、旦那《だんな》と一緒にテレビを見ていた奥さんが、黙ってビールを持ってきて注《つ》いでくれたことがあったという。飲んでいるのを取られたことはあっても、持って来てくれたのは初めてだったとか。「あなたも大変なんですね」というわけだろう。

内と外で休みなく熾烈《しれつ》な戦いが繰り広げられる企業社会は、よかれあしかれ、女が主人公とはなりにくい「男の世界」である。そこに働くビジネスマンの「男はつらいよ」というタメイキ、あるいは怨歌《えんか》として経済小説はあるのかもしれない。それとも、強くなった女たちへの、男たちのひそかな復讐《ふくしゅう》として経済小説は読まれているのだろうか。

ところで、城山は『官僚たちの夏』について、私との対談『人間を読む旅』でこんな述懐をしている。

「佐橋さんとはぼくは不思議な縁があるんですよ。佐橋さんは東濃の出身で八高、東大法科を経て戦中は岐阜の歩兵連隊の大隊長付主計をしていたんですが、同じ師団にうちの叔父《おじ》がいて、つきあいがあった。それで、『官僚たちの夏』が出たあと話す機会があったらしいんだけれど、その時、『官僚たちの夏』について、インタビューを受けたこともないのに、しっかりと素材を集めている、と言ったそうです。まるで覆面に切りつけられた感じだったが、きみの甥《おい》だったのか、と大笑い。佐橋さんは知らなかったわけです。ぼくも、自分の叔父がそんな関係にあるとは知らない。話していくうちに、何かその本の話題が出たんでしょうね」

佐橋は幹部候補生として軍隊に行ったから階級はすぐ上がった。しかし、最初の数ヵ月は二等兵だったので、歯の根も合わなくなるほど殴られた。東大同期の碩学《せきがく》、丸山真男《まさお》も同様の体験をしたのである。

ところが、その少し後の中曽根康弘たちは違った。短期現役制度、いわゆる短現なので、そんなに殴られていない。殴られ方も期間も佐橋たちとはまったく違っていた。そこに佐橋や丸山の徹底した平和主義と中曽根のタカ派志向が分かれる理由があった。

情報に振りまわされないために

個人情報保護法という名の権力者疑惑隠し法に反対して奮迅の働きをした城山は、『現代』二〇〇三年六月号の斎藤貴男《たかお》との対談で、

「（監視が進む一方、個人情報保護法でわれわれの取材や発表が制限されるなど）言論も不自由になってきましたが、

城山さんはどういう気構えでこの時代を迎えられますか」

という斎藤の問いかけに、

「私はもう年寄りだからねえ」

と笑いつつ、次のように答えている。

「ただ言えるのは、そういう規制と関係なしに書きたいことを書く、調べたいことを調べる。法律があるからといって引っ込んじゃったんじゃあ、絶対物書きとして悔いが残ります。書き手の気構えとしては、後ろ手に縛られてもいいから、とにかく法律なんて関係なしに調べて、関係なしに書く。やるだけのことはやらなきゃね」

静かにこう語るだけに凄《すご》みが増す。

同じく、この法案反対で城山と対談したジャーナリストの魚住昭《うおずみあきら》は、城山を「魅力的な老人」とし、「あれだけの地位と名声を得ていながら、ちっとも偉そうにしない。気取らない。そして権力にもへつらわない」と称賛している。

斎藤と共著の『いったい、この国はどうなってしまったのか！』（NHK出版）所収のコラムで魚住はそう書いているのだが、城山に会ったら、政治的な発言を滅多にしない城山がなぜ、これほどまで反対するのか、魚住は聞いてみたいと思っていた。

「僕らのようなフリーライターが反対するのは当たり前です。法案が通れば取材が難しくなるし、下手をすれば刑務所に入れられるんですから。でも、城山さんのような大家に実害が及ぶとは思えない。なぜそうまで反対するんですか」

魚住がそう切り出すと、城山はまったく予想外のことを言い出した。

「終戦の日に見上げた空がとても高かったんです。あんなに高い空ははじめてだった」

それまでの空がどんなに低く、陰うつな雲が垂れこめていたかを実感させる城山のこの述懐は魚住の心にずしんと響いたという。

城山は二〇〇二年の一月に那覇《なは》市で開かれた個人情報保護法の反対集会に次のようなメッセージを寄せている。

「先の戦争では、大きな犠牲が払われました。とくに、この沖縄の陸と海に於《お》いて。そうした犠牲の上で、戦後辛うじて得たものが、さまざまな自由でした。それら自由の中で絶対に失ってはならぬのが、言論の自由です。言論の自由を失えば、他の自由のすべてが吹きとばされ、再び戦争へと向かいかねません。個人情報保護法は、その大事な大事な自由を潰《つぶ》そうというとんでもない法律です。先の戦争での大きな犠牲をせせら笑うような悪魔の法律です。悪魔を叩《たた》きのめして、この沖縄から、この日本から追い出そうではありませんか」

そんな城山の情報観、情報哲学はどんなものなのか。

情報について考えようとするとき、すぐに浮かび上がってくる〝ある光景〟がある。それは私が大学生の頃、高校時代の恩師といっていい人のところに何度か遊びに行ったときのことである。いつも書斎に通され、深更まで雑談をしたのだが、師が背にしている書棚の本が、行く度に鮮明に〝見えて〟きた。

「アッ、この本もあるのか」

あるいは、

「この著者にはこんな本もあるのか」

と、行く度に書棚が違って見えてきたのである。

つまり、私が少しずつ勉強していくにつれ、〝見え方〟が違ってきたのだ。最初の頃は、ただ本が並んでいるな、ぐらいにしか思わなかった。それが、たとえばE・H・カーを知り、シュテファン・ツワイクを知ると、ツワイクには『マリー・アントワネット』のほかに『ロマン・ロラン』があることも知る。あるいは、ジョン・ガンサーという人がいて、さまざまな内幕ものを書いていることも知った。

以来、私は、こちらに見る眼がなければ、「見れども見えず」なんだな、ということを痛感している。ただ、その〝眼〟は、やはり手当たり次第に〝見る〟ことを通して養われてくる。

そう思っている私にとって、城山の「新聞の読み方」は、半分賛成、半分不賛成のものだった。

「城山さんは、新聞とか雑誌を日常的にどう読んでいますか」

という私の問いに、城山はこう答えたのである。

「それを尋ねられると弱いんですが、新聞は原則として夕方まで読まないようにしているんです。新聞を読むと腹が立つことが多くて仕事の邪魔になるから。テレビの番組表にサッと目を通したりしますが、読むのは夕食のときに夕刊と一緒にですね。それも五種類ぐらいをパーッと見るだけです。関心のあるところだけしか、丁寧には読みません。

僕は、早い情報よりも正確な情報を取るべきだと思うんです。新聞の場合、早いことは確かだけれども、誤報の場合もありますし、実際に調べてみたら、全然違う理由によるものだったということがよくあるでしょう。そういう情報に振りまわされて腹を立てたり悩んだりしても、損をするだけですからね。情報は、ある程度時間を置けば正しいものになっていく。スピードじゃないと思うんですよ。僕が作家だからということもありますが、情報はできるだけ正確なものを取るべきで、あわてて取ることはないと思います」

城山には、米騒動のときに焼打ちされた「鈴木商店」の番頭、金子直吉《なおきち》を主人公にした『鼠』（文春文庫）という作品がある。これは、あくどく米の買占めをやったとされる「鈴木商店」が本当にそれをやったのか、『米騒動の研究』という本に引かれた証言者たちを追って、彼らが「新聞がしきりに書いてましたから」などと、新たな〝証言〟をするのを織り込んだ作品である。いわば新聞の「誤報」を追及した作品だ。

「普通の人には応用できないかもしれないけれども、僕は早いことはちっともいいことじゃないと思う」と城山は言うが、「早さよりも正確さを」が「城山情報学」の第一原則である。もちろん、その裏には特攻に〝志願〟させられた城山自身の手痛い少年兵体験がある。

私は、学生時代、新聞のスクラップをよくやった。最初は、政治、経済、文化とか種類も多かったが、雑誌の編集をやるようになってから、それが「人間」という一つの項目に収斂《しゅうれん》され、それも十冊ほどやって、いつのまにかやらなくなった。

それからは、たとえば「城山三郎」とか、「佐橋滋」とか、固有名詞別に袋をつくって、それに切抜きを入れている。

城山はスクラップなどはしないのか。

「しないわけではないんです。すると言えばするでしょうね。今日も、朝は新聞を読まないから、電車の中で読もうと思って、朝日新聞を持ってきた。そうしたら、三浦朱門さんの〝四世同堂〟という連載コラムがあって、興味深いことが書いてある。フランスの修道院で勉強していたある日本人神父がノミに悩まされて、〈なんとかならないでしょうか、これでは死んでしまいます〉と言ったら、修道院長が、〈死んだら困るのですか、あなたは〉と意外そうに聞き返したというんですね。これは切り抜いてポケットに入れました。家に帰ったらスクラップにする。

死生観とまでは言わないにしても、文学にとって生きるとか死ぬとかいうのは、やはり大事な問題だから、そういうことのファイリングの中へ入れますね。ただ、ファイルしても、そのまま使わないでいることが多い。十年ぐらいたったらパーッと捨てることが多いんですが、いずれにしろ、こういう気にかかるものは取っておいてファイリングします。まず、未整理のところに入れておいて、いつか暇があったときに、それを開けて整理する。すぐ整理する場合と、面倒くさいから、まず未整理のところに入れておく場合と両方ありますがね。未整理のものをいつ整理するかはまったく気まぐれで、整理するときはやはり何割か落ちますね」

城山の『わたしの情報日記』に、

〈二週間近い旅を終わって帰宅。留守中の郵便物と新聞が、いくつもの小山になっている。かつては強迫感をおぼえて、片っ端から目を通したものだが、このごろは手紙類こそ読むが、あとは小山のままにしておく。

あわてて読んで、ふり回されることはない。放っておいて、くさるものはくさらせる。情報氾濫《はんらん》の社会であれば、「省く」ことを心がけないと、身を亡ぼす〉

とある。「心をこめて書かれた記事は、時間が経てば経つほど、くさり行く記事群の中で荒野の星のように光を増して行く」からである。

「情報は腐らせよ」が、「城山情報学」の第二原則だろう。

それで、城山は、送られてくる雑誌も積んでおき、あとで読むことが多い。

「新聞よりは週刊誌、週刊誌よりは月刊誌のほうが、情報は整理されて、少しでも正確なものに近づいているわけでしょう。だから、そういう段階で読んだほうがいいし、そういうものと突き合わせて読む必要がありますね。自分なりに少しでも正確に裏が取れるような読み方をしないといけないと思います。幸いなことに、いろいろな雑誌を送ってもらいますから、週刊誌の記事でも突き合わせができる。そうやって読むと、一つの解釈で振り回されることはないですね」

これが城山式雑誌の読み方である。

では、テレビなどについてはどうなのか。

「テレビではニュースが嫌いなんですよ。ニュースになると席を立つ。やはり振り回されるでしょう。ただ、神奈川テレビの夜十一時からやっている英語のニュースは、割に見ますね。フィルムなんかは『アサヒイブニングニュース』から来ているって言ってましたが、日本のことを外国のようにクールに報道するんです。それで、あまり解釈が入らない。英語はよくわからないけど、画面を見ていれば、だいたい何が起こったかわかるでしょう。あれはまず、世界のニュースから始まって日本のニュースに入るので、センセーショナルに報道することはない。グローバルな視点で報道し、それを見ていると、ああイスラエルではまだこんなことをやっているのか、中米では、今、こういうことが起こっているのか、といったことがわかる。そして日本では、ということになるわけです。だから、精神衛生上、非常にいいし、バランスもとれていると思いますね。外国人が見ることを想定しているんでしょうが、グローバルな視点で日本の出来事も捉《とら》えています」

その他、城山はNHK教育テレビの美術番組とか、「市民大学」の歴史の番組等を見る。

そして、こう付け加えた。日本人はすぐ、「あっ、知らないんですか」と言うけれども、知らないことはちっとも恥ではないのであって、フランスでは、ある事件なら事件について意見が言えないのが恥とされる。情報を知っているかどうかよりも、それについて意見が言えるかどうかが大切なのではないか、と。

「城山情報学」の第三原則は、情報はヨコに比較して、グローバルな視点で捉えよ、ということになるだろう。さらに、タテに歴史の中で捉えることを第四原則として挙げることもできる。

次に、人を通じての情報だが、城山はそんなに頻繁に人と会うことはしない。極端なときには、一週間も散歩以外は外出しないこともある。〈女房にしか会わない〉日を続けることもあるのだ。ただその場合も、活字を通して「古今東西の人と会う」し、ゴルフや会合に出かけて行ったときには多くの人と会う。元三井物産社長の水上《みずかみ》達三（通称、隼《はやぶさ》の達《たつ》）とゴルフをしたときも、情報に関連して〝ある発見〟をした。ゴルフを終えて食事に誘われ、水上と一緒に車に乗っていたら、水上が、

「あっ、ここは一四一円か」

と言う。

「何ですか」

と聞くと、

「いや、ガソリンの値段ですよ」

と言うのである。

ガソリンの値段は石油の値段だから、それがどう動くかは興味がある。東京のある所で最近見た一番安い値段は一三六円だったとか。

こう語る〝隼の達〟に、城山は、

「商社のトップになるような人は、現役を退いても、こういう生き方をするのかと思ってびっくりしました。情報というのは、新聞とかだけからでなく、取れるんですね」

と感嘆する。

その城山に、人を通じての情報というのは、この人はこういうことに興味を持っているのか、あるいは、こういう動きをしているのかというふうに、その人への理解を深めるということで、また人間に返っていくようにも思いますが、と尋ねると、

「そう、本当はそっちのほうが先なんですよね。その人間に興味があるから付き合っているうちに、ポッと興味深い話が出てきたりする。僕らは人間に興味があるから付き合っているし、なにも情報を取ろうと思って付き合っているのではない。結果的にいろいろなことを知るということですね。

それに、これは原安三郎さんから聞いたことですが、原さんが日曜日ごとに、郷里の先輩の雨宮敬次郎のところに話を聴きに行っていたら、あるとき〈君は僕のところへ来て話を聴くのはいいけど、君自身は何も話を持ってこないじゃないか〉と言われたというんですね。それでショックを受けて勉強して、自分の知っている世界のいろいろな話を持って行ったと言っていましたが、情報をもらおう、もらおうと思っていたら、もらえませんね」

と城山は答えた。

言われてみると、私も、取材に行ってノートしているときではなく、終わって立ち上がりかけたときなどに、フッと〝いい話〟を聴くことがある。

『夕刊フジ』の連載で、城山の『官僚たちの夏』のモデル、佐橋滋に会ったときも、それではと立ち上がって、佐橋の事務所の入口まで歩くとき、

「最近、城山さんと会いますか」

と尋ねたら、

「たまに会うね。保土ヶ谷のゴルフ場のロッカーが隣り合わせだから」

と言われた。

「城山情報学」の第五原則というより、基本原則は「情報は人から出て人に返る」ということである。

ところで、城山が小説を書く場合、どういう手順で取材をし、情報を集めるのか。

「それはケース・バイ・ケースですね。活字になっているものは新聞を含めて、できるだけ集める。それから、これはと思うところへ取材に行く。そして、取材の過程で、もっと取材の輪を広げていく。別に奇手妙手はありません。

『勇者は語らず』の場合は、本田技研の副社長だった西田通弘《みちひろ》さんの特別セミナーにも通いました。一回二時間ぐらいで十回だったと思いますが、そのセミナーに出させてもらって勉強した。

ただ、いろいろ取材しても、小説の中にそのまま生かされる部分は少ないですね。立ち会っている新潮社の人がびっくりしていましたが、あるとき、下請けの社長さんから三時間ぐらい話を聞いて、使ったのはたった一つのセリフだった、と」

つまり、捨てる部分のほうが多いのである。しかし、三時間の話が背後になければ、一つのセリフも浮かび上がってこない、とも言える。

「情報というのは、そういうものなんじゃないですか。百拾って百役に立つ情報なんていうものはない。百集めて十役に立てばいいほうでしょう。僕は割に取材に人を使わないんです。依頼された人は、取材者が聞いてきてくれということしか聞いてこない。ところが、雑談の中で言ったセリフが面白かったりすることがあるわけです。だから、やっぱり自分で取材に行かないとね。効率的じゃないけど、小説にとってはそういうセリフのほうが大事ですから」

城山は、こう語る。

城山は、アメリカに行ったときにシリコンバレーの内情にくわしい人から、彼の地の情報戦争の凄《すさ》まじさを聞いた。シリコンバレーでは、情報が非常にカネになる。A社にいた人間がA社を辞め、B社に自分を高く売りつけて入る。ひどいのになると、A、B、C、Dといくつも会社を替わって、「俺はすべての会社から情報が入るぞ」と言って、自分を売り込むのもいる。また、そうしたことを斡旋《あっせん》するブローカーもいるというのである。そのため、シリコンバレーは百鬼夜行で内部崩壊しかかっていると聞いた。

これについて城山は次のように言う。

「こうなると、情報というのは両刃《もろは》の剣《つるぎ》で、敵も切るが味方も切るわけです。だから、情報の漏れないシステムをつくらなければならない。カネで動かないシステムをつくるということですね。僕の訳した『シンボリック・マネジャー』（新潮社）によれば、シリコンバレーでも強い会社は金曜日にビア・パーティーをやったりしている。社員が全員集まって社長を囲んで、ワアワアしゃべる。そういう一種の精神的絆《きずな》を持っていると、情報を他に売らないわけです。そうした精神的絆のない会社は、バタバタ倒れている。

それでは精神的絆とは何かというと、企業の個性、価値、理念だ。それをはっきりさせ、精神的な絆でしっかり結ばれなければならないというのが『シンボリック・マネジャー』のいいたいことですね。

ただ、その場合も、企業の価値理念はこうだと、社長が大号令を発する形ではダメなので、この時代には、情報がいろいろな形で流れ込むようにしなければならない。それには、いろいろな状況の〝英雄〟を設定して、その動きを通して、企業の価値や理念を伝達させることを考えなければならない。

言葉で伝える場合でも、説教師《プリーチャー》みたいな伝え方をする役職者もいるし、コソコソと耳打ちするような形で伝えるマネジャーもいる。耳打ち役、ささやき役と、いろいろな形でのマネジャーがいて、初めて情報というものが浸透していく。

日本みたいに精神主義で大社長やワンマン社長が号令を発するのは間違いですね。会社のマネジャーがインフォーマルな情報の伝達者になって、会社の精神を浸透させていかなければならない。会社の精神をシンボライズするマネジャーにならなければならないというのが『シンボリック・マネジャー』のテーマで、そういうシンボルみたいなもの、あるいはシグナルみたいなものをどうつくっていくかが、これからは非常に大事ですね。シリコンバレーの話を聞いて、しみじみそう思いました」

城山のこの話を聞いて、私は日本ナレッジインダストリ社長の西尾出《いずる》を思い出した。城山よりちょっと上の西尾はすでに亡くなったが、コンピューター業界の草分けで三井物産出身の西尾は、情報産業は情けに報いる産業だと喝破したのである。

革命児を描く

城山について、思い出してはクスリとしてしまうエピソードがある。城山自身が、英米文学者で詩人の加島祥造との対談で披露しているものである。

あるとき城山は高松に行き、飛行機で帰ろうとした。しかし、嵐のような雨になり、飛行機は飛ばないかもしれないという。

それでタクシーの運転手に、

「困ったな。明日結婚式に出るんだけれども、飛行機は大丈夫かな」

と聞くと、

「なんとかこれなら飛ぶでしょう」

と答える。

「駄目なら駄目で、行かなくてもいいけど」

と城山が続けたら、運転手が、

「じゃ、お友だちが結婚なさるんですか」

と問い返した。

「いや、娘が結婚するんだよ」

と答える城山に、運転手が、

「それは絶対行かなきゃ駄目ですよ」

と語調を強めた。

「娘の結婚だから、親が出なくてはいけない、というのも、決まっているわけじゃない。行けなければ行けないでいいんだ」

と城山は返したけれども、そんな城山の言葉に運転手が耳を傾ける様子はなかった。

『「気骨」について』(新潮社)所収のこの対談で、城山はこのエピソードを紹介した後で、冠婚葬祭というのは面倒臭い、と述懐している。

しかし、娘の結婚についてこう言い切る父親も少ないだろう。城山には、身内の人間とそれ以外の人間に区別をつけない傾向がある。同等に見るようなところがあるのである。

決して娘の結婚を軽んじているわけではなくて、式にそれほどの意味があるのか、と思ってしまうのである。

城山が家族のように大事にした人間に日本信販の創業者、山田光成がいる。山田を私は城山に紹介してもらい、そう長くはない年月を、濃密なつきあいをさせてもらった。山田の頼みなら、城山は嫌いな講演も黙って引き受けていたのである。

つい数年前も、城山は山田の孫娘の結婚式に出席した。私にも招待状が来て、城山は出席しないだろうと思い、電話をかけたら出席すると言うので、あわてて私も出席したことがある。

城山と私のある種の結節点にいる山田が亡くなった時、私は次のような追悼文を書いた。それは城山をもクローズアップさせているように思うので、次に引こう。

その日、日本海は荒れていた。

「風雨強かるべし」——私は何度もこう呟《つぶや》きながら、酒田から新潟に向かう汽車の窓から、逆巻く日本海の波浪を眺めていた。

日本信販の創業者、山田光成の死を知ったのは、一九八七年三月二十五日の朝である。

講演のため酒田へ帰っていた私は、新聞を見ていた父からそれを知らされた。前日の二十四日、肺炎のため死去、とあった。

移りゆく窓外の景色は、昼なのに雷鳴までとどろき、夜を思わせるような暗さである。

その年に入ってからだったか、山田から電話があり、

「女房をはじめ、いろいろお迎えが来てるんだよ」

とのことだった。

二年前に亡くなった奥さんたちが呼びに来ているということだろう。

しかし、私はそのとき、声を励まして、

「そんな！　山田さん、私は山田さんの足にしがみついても、行かせませんよ」

と言った。

すると、二、三日してまた電話があり、

「サタカさんのあの言葉を頼りにがんばってるよ」

と言ってくれた。

それだけに、ちょっと東京を離れて、山田の両足を抱きしめる手がゆるんだ隙に逝《い》かれてしまったような、

遣《や》る瀬なさ、口惜しさが後から後から湧いて来る。

「もう、会えないんだ」

そう思うと、こらえようとしても熱いものがあふれて来た。それをぬぐわずに、空と海の区別がなくなったような日本海を私は見つめていた。

山田に初めて会ってから、まだ五年にもなっていない。そんな短いつきあいなのに、山田は私にこれほどの喪失感を与える親密さを示してくれた。この空虚感をどうしてくれるのか、と私は日本海に向かって叫んでいた。

山田に私を紹介してくれたのは、城山三郎である。

私がフリーになってはじめて『夕刊フジ』に連載した「実と虚のドラマ――経済小説のモデルたち」の取材で、私は城山の『風雲に乗る』のモデルとして山田を訪ねた。

それは、同紙の一九八二年十一月三日から五日まで三回に分けて載っている。

一部を引くと――

〈「城山は変わった男でね。わしを小説に書く素振りを見せないで書いたんだよ。あれは変わり者だね」

開口一番、こう言う山田に、私は挨拶《あいさつ》に困った。

もちろん、山田は名古屋の繁華街にかつてあった八重小学校の、二十年後輩の城山に親しみをこめてそう言ったのだが、「変わり者」ということばでは山田の方がずっと上だろう。

「大ドリーマー（夢見る人）」と言われる山田は、他の誰もが不可能と思ってあきらめるような夢を見つづけてきた。いまでこそ、消費者ローンは住宅ローンや自動車ローンを含めれば五十兆円という大マーケットに成長したが、山田が夢を実現しようと動き出したとき、まともに相手にしてくれる人は皆無に近かった。それを山田は「勤続三年、妻子あり」の男は信用できる、と説きつづけた。〉

この、いまでいうコピーをもじって、城山が『京都新聞』に連載する時につけた小説のタイトルが「勤続十年」であった。

城山が何も言わないために、山田は最初、自分がモデルになっている小説が書かれていることを知らなかったのである。

そして、一九六五年のある日、日本信販の京都支店長から、

「これは山田社長のことじゃありませんか」

と切りぬきが送られてきて、初めてそれを知った。

連載開始から一ヵ月経ったころということであるが、それで山田は、もう大分親しくなっていた城山に電話をかけた。

「君はわしのことを書いたのか」

「ええ」

「バカなことをすんなよな」

こう書いても、最後の言葉にこもる独特の含羞《はじらい》はおそらく伝わらないだろう。伝えようがないということを、私は身をよじるような歯がゆさで残念に思う。私の文章を、山田は「若いのに老成した文章だ」といった意味のことを言ってくれたそうだが、千万言を費やしても山田の魅力は伝えることができない。

この間、私は城山に、山田に会えるなら、「向こう」に行って来たいような気持ちだ、

と手紙を書いた。

城山はその後の電話で、

「本当にそうだね」

と言っていたが、もう、あのユーモアに満ちた語り口やしぐさに接することができないのかと思うと、山田を彼岸に連れ去った死神に猛烈に腹立たしさを覚える。

あるとき、山田は、

「サタカさんにいいものを見せてあげる」

と秘蔵の浮世絵を貸してくれた。

もちろん、〝映倫カット〟になるような艶《つや》っぽいものである。

こっそりとそれを堪能して返す時、私は山田に、

「城山さんには、これは見せたんですか」

と聞いた。

すると山田は、

「城山君にはオンナはわからん」

と真面目な顔で言った。

私は、一瞬目を白黒させて、喜んでいいのか、哀しんでいいのか、複雑な気持ちになった。

自分が人並みにスケベなことを否定はしないが、山田からは、よほど「好き者」に見えたのであろうか。

白昼、広い応接室で顔を寄せ合って、ヒソヒソとよからぬ話をしていて、ノックをしてさっと入って来た

秘書の女性を見て、二人とも黙ってしまったこともある。

そんな時、山田は威厳を取り戻すようにして、

「呼ぶまで来るな」

などと言ったこともあった。

二十年以上、山田の秘書をしているその女性も、自分が入って来たら、二人が顔を見合わせて黙っているのだから、ヘンに思ったにちがいない。

いまだから白状すれば、独身の彼女には聞かせられないような話をしていたのである。

もちろん、よからぬ話ばかりしていたわけではない。

私が山田の若々しさに一番びっくりしたのは、恐る恐る謹呈した過激な拙著『佐高信の斬人斬書』（島津書房）を、山田は「これはおもしろい」と高く評価し、五十冊も買ってくれて、親しい人に配ったことである。

「信用の井戸を掘った人」である山田は、また、怠惰な常識を強烈に破壊する人でもあった。

私が紹介した、おそらく山田の最も若い友人だったであろう漫画家の杉浦日向子《ひなこ》は、山田は目下の人にも何のへだたりもなく接してくれる人でした、と言っていた。

城山を私に紹介してくれたのは、亡くなった伊藤肇であったが、城山はこの間、山田の葬儀の後で、

「山田さんは、いまごろ、伊藤さんと私たちのことを話し合っているでしょう」

と言っていた。

拙著『出会いの人間学』（彩古書房）所収の、山田光成追悼文である。

城山と私の対談『人間を読む旅』では、城山は山田について、こう語っている。

「資産家で、いま（名古屋の）栄町に丸栄というデパートがあるけれども、その土地を全部もっていたんです。その親父さんはそこに大旅館をもっていたんだけれど、そこが失火で燃えて、火事になったときに、道路に床几《しょうぎ》をもっていって、そこで酒飲みながら燃えるのを見ていたという。その息子が、跡地だのなんだのを全部売っちゃって、日本信販を創業するんです。いかにも親父の血を継いだ、生まれながらの風雲児です」

山田が説きつづけた「勤続三年、妻子あり」を、では城山は、なぜ、「勤続十年」にしたのか？

「私は城山君に尋ねたこともないし、尋ねようとも思わないが、語呂《ごろ》がよかったんじゃないか」

と山田は言った。

しかし、実はそうではなく、城山は「三年ではちょっとあぶない」と思ったのである。

「だから、山田さんの方が人間を信用しているんでしょう。僕の方が信用していないんですよ」

城山はこう語り、山田は大変なロマンチストだ、と付け加えた。

『風雲に乗る』に、鬼と呼ばれる「変わった高利貸し」が出てくる。名前は大西武憲である。その人の名誉のために「大西」で通すが、この小説の中に「黄ばんだ裸電球の下で、夏冬兼用のくたびれた絽《ろ》の着物を着た」大西が半紙に、

「形影　相弔

大西武憲　四十七歳」

と一気に筆を走らせる場面がある。

「形影相弔う」とは、影法師が慰めてくれるほかは誰も慰め手がいない、自分はひとりぼっちの人生を歩んで行く、という意味だが、この場面は本当はこうだった。

小説と同じく「大西」は漢文と歴史の先生で貯蓄が好き。利子の計算に明け暮れながら、

「わしはこれが趣味なんや」

と言って質素、倹約に徹していた。

山田はそれをケチンボと批判しつつも、何か惹《ひ》かれるものがあって、借金のためだけでなく通っていた。忘れもしない昭和七年七月七日、七夕の夕に山田が「大西」宅を訪ねると、「大西」は電灯もつけずに書を書いていた。

「電気ぐらいつけなさいよ」

と言って、ヒョッと見ると、

「楽気世運

昭和七年七月七日　大西武憲　四十七歳」

とある。

「楽気世運」は、七が重なる「ラッキーセブン」である。野球に引っかけたこのユーモアに山田はビックリした。それまでは「高利貸しの我利我利亡者」と見ていたからだ。そのとき、山田は二十五歳。

後年、山田は「大西」をとてもなつかしく思い、日本信販にああいう人がいてくれたらな、と思ったという。「大西」もいまは亡くなったが、その息子たちは東大を出ている。

「痩《や》せて小柄。そして、少々猫背の男。頬は削《そ》げ、眼ばかり光っている」というのが、城山のモディファ

イした大西像だ。

山田によれば大西は、元金は返せなくても、金利さえ持って行けばスマイリングな金貸しだった。

山田は四歳の時に父に死なれ、その後、名古屋のメインストリートはすべて山田家のもの、というような大資産をアッという間に失っている。

「財産があったから、なくなったときはよけい、みじめだった」

と山田は述懐する。

親戚《しんせき》や知人がハゲタカのように、それに群がるのを見ながら、山田は何を考えたか。それを尋ねると、

「母の唱えていたお経を口ずさんでいましたね。釈尊の、衆生《しゅじょう》を救え、です。私がここまで来れたのも、私個人の力によるものではなくて、天の力によるものです」

と山田は答えた。

その後も、軍隊体験などの辛酸を経ながら、山田は強力な人間信頼に基づく消費者信用産業を興す。

戦後の復興は産業優先一本槍《やり》で、大衆は見捨てられていた。買いたいものがあってもカネがない。カネを借りたくても、財産がないので、どこも相手にしてくれない。しかし見方を変えれば、大衆には家族や友人、そして勤務先に保証された〝信用〟という財産があるではないか。これをカタに信用販売する制度をつくれば、と思い立った山田青年によって、昭和二十六年に資本金一千万円、従業員十人で設立された日本信販は、いまや、東証一部上場の大企業に成長した。

山田は「非常識なくらい自分の部下を信用する」と語る。「法律貧しければ人を殺す」と、行政に対しては激越な言葉を吐く山田は、部下と大衆への信頼に賭《か》けて生きてきたのだ。あるとき山田はポツンと、

「新興宗教の教祖になりたかった」

と言った。

「ゲップ？　あ、あんたはラムネ屋さんか。ラムネ屋さんに政府が出資するなんて、考えられんことだな」

山田は大蔵省（現財務省）に月賦金融の必要性を説きに訪ねて、こう軽くあしらわれたことがある。

そんな山田が日本信販をここまで成長させたのは、まさに「人間信用教」の教祖だからだった。

後で山田から聞いたのだが、日本信販があるトラブルを起こした時、あるグループが城山にまで抗議したことがあった。それに対して城山は、山田に何も伝えることなく、一人で誠実に対応したという。城山三郎とはそんな人なのである。

城山は一九八〇年から八一年にかけて新潮社から出した十四巻の全集に『風雲に乗る』を入れなかった。ダイエーの創業者、中内切《いさお》がモデルの『価格破壊』も入っていない。

「特徴のある編集をやっていこうということで落としたんですが、ああいうイキのいいのが入った巻が一、二冊あってもよかったですね。経済小説、歴史小説、ユーモア小説というように分けたけれども、経済小説も歴史を踏まえたものが主になって、バイタリティのあるものが落ちてしまった」

当時、城山はちょっと残念そうにこう語っていた。

中内と山田は、共に「革命」を成し遂げた。中内が「流通革命」で、山田が「信用革命」である。壮絶な戦争体験を持っている点も共通しているが、中内は靖国《やすくに》神社に足を向けない。戦争へ行って死んだ友人が大勢いるのに、

「おめおめと生きて帰った人間がどうして行かれるか。うしろめたくてよう行かれん」

という気持ちなのだ。

兵隊にとられて、フィリピンで死線をさまよった中内は、戦場では、鼠も蛇も蜥蜴《とかげ》も食べたと言い、

「何もなくなると、靴の革まで食べたよ。雨水に浸しておいて、やわらかくなったのを噛《か》むんだ」

と付け加えた。

一九二二年生まれで、二十一歳の時、応召した中内は、だから、ことさら防衛費の突出には神経を尖《とが》らせ、『週刊現代』の一九八二年一月三十日号の対談でも、時の蔵相渡辺美智雄《みちお》に、

「日本の防衛費は対GNP一％未満だというけれど、額においては世界有数の軍事力になる。東南アジア諸国はこれを非常な脅威と感じているわけです。日本という国は、自衛権はあるにしても戦争は放棄したんです。財政は危機に瀕《ひん》しているんだし、国民としては渡辺大臣にバッサバッサと切っていただきたいと思ってるわけですよ」

と直言している。

中内は、「かつての日本の陸海軍みたいに軍艦や飛行機をだんだん増やしていくうち、いっぺん戦争をやってみようか、ということになる」のを恐れているのだ。

身体中、弾丸のあとだらけで、雨の日には腕と大腿部《だいたいぶ》の傷がうずく中内は、

「明治生まれの人間が戦争を計画して、大正生まれのわれわれがそれを一銭五厘の旗の下でやらされた」

と言う。

中内より五歳下で、少年兵として戦争を体験した城山は、中内のそうした戦争観にも共鳴したのだろう。

中内は、スーパーを平和産業として捉《とら》えているのであり、「よい品を安く」という明快なモットーの裏に

は、モノのなかった焼けあとのイメージがある。

「生産者主権」ではない「消費者主権」の社会をめざして、松下電器や花王石鹸《せっけん》（現花王）などの大メーカーに果敢に挑戦した中内の、向こう見ずともいえる軌跡を、城山は『価格破壊』に活写した。

城山は「著者のことば」に、

「すべてのものが腐るなら、その腐る前に高速回転させなければならぬ。私は、この小説の中で、独特の信念をもち、名も地位も金もノレンもないままにスーパーを足がかりに、既成の経済界に挑んでいく男を描いた」

と書いている。

その後、革命は挫折《ざせつ》したかに見えるが、日本信販とダイエーの現状は別として、山田光成と中内㓛の「革命」を描いた城山作品の意味は大きい。

受難の背景

「課長って、目立つだけに危険な椅子よ。平社員のときと比べれば問題にならないわ。もちろん部長だって重役だって危険な椅子だわ。でも彼らの椅子はがんじょうよ。ちょっとやそっとのことでは、こわれはしない。ところが、平社員から一歩抜け出ただけの椅子、係長とか課長とかはもっとも弱い椅子よ。危険であると同時に、もろい椅子なの。汚職事件が起きるたびに、きまって自殺するのは……」

城山の『危険な椅子』（角川文庫）の一節である。

ある化繊会社で、やっと課長に昇任した乗村の妻に、学校時代の同級生は意地悪く、こうぶつける。しかも、この「渉外連絡課長」という椅子は、外国人バイヤーに女を抱かせたり、闇ドルを取り扱うのが主な仕事だった。「屈辱的な、男としては口に出せない」モンキイ・ビジネスである。

この小説の終わり近くで城山は、ある作中人物に、

「専務といい社長といっても、彼もまた日南財閥の一使用人にすぎず、使用人としての悲運を味わわされたわけだ。経営手腕が抜群だとか、技術が優秀だとか、使用人であること以外に格段のとりえでもあれば別だが、ただ一介のサラリーマン社長であれば、使用人の悲哀をまぬがれるわけにはいかない。社長も課長と同じに危険な椅子ということだね。危険な椅子が無数に積み重なり、互いに重なり合うことによって、一見、絶対に安全に見えるのがサラリーマンの社会なのかもしれない」

と言わせているが、こうしたモンキイ・ビジネス的仕事は断れないものなのか。

「外国為替《かわせ》管理法違反」で逮捕された乗村の妻、真起子と、渉外連絡課員の光野は、次のような会話を交わす。

「奥さんには申しわけないいんですが、こうなることはわれわれも覚悟していました」

「危ないとわかっていることをなぜなさるんです?」

「会社が、もうかると判断したからです」

「でも犯罪になるんでしょう?」

「そうです。われわれも反対の意見はのべました。だが命令されれば、われわれサラリーマンは従うほかはありませんからね」

「命令した人はだれですの？」

「会社です」

「会社のだれですの？」

こう問いつめられて光野は、社長派対専務派の派閥争いと、人事課長の陰謀を話すのだが、「社命」はもちろん、モンキイ・ビジネスの内容まで特定はしていない。だからこそ、多くの「事件」で、課長や課長補佐が自殺したりすることになるのである。あるミドルは、

「社命がこわいのは、具体的な仕事について、それを命ずといって社長印や社印が押してあったりするのではないということです」

と言っている。それで、たとえば密輸が発覚したりすれば、トップは、そんなことは命じていない、ということになってしまう。

そうしたミドル残酷社会の日本の企業風土について、私は十年余り前、『朝日新聞』に連載した「新・会社考」に、こう書いたことがある（朝日文庫『佐高信の新・会社考』所収）。

〈決して自殺をすすめるわけではないが、日本の大手企業の社長は自殺しない。

アメリカのコンチネンタル航空のフェルドマン会長が一九八一年に自殺した。ビジネス上の失敗がその原因だったが、このように、ビッグビジネスのトップが自殺することはアメリカでは少なくない。

しかし、日本で汚職や倒産などの責任を負って、大手の銀行や鉄鋼会社のトップが自殺することはない。

かわりに、部長や課長などのミドルが自殺する。

七九年にＫＤＤ密輸汚職事件が発覚した。元社長の板野学氏や元社長室長が業務上横領の罪に問われ、

九一年三月に東京高裁で二審判決が出たが、収賄罪の郵政省元幹部職員を含めて、板野氏以外は一審で執行猶予付きの懲役刑を受け、それに服したのに対し、板野氏だけがまだ争っている。

この蔭《かげ》で、これまで事件にかかわった二人のKDD社員が自殺したことは、もう忘れられた感じである。

よく、アメリカの会社はトップダウンで日本の会社は社員の意向をくみあげるボトムアップだと言われる。しかし、それはうまくいった場合のことで、何か問題が起こったら、トップは「オレはそんなことは命じてないよ」ということが実際に通るのが日本の会社である。

上司から命ぜられて動くのでは出世はおぼつかない。上司の意をくみ、先まわりして動くから、都合が悪くなったら上司は責任を逃れられる。部下は結果的に勝手にやったということになり、追いつめられて自殺する。

板野氏の現在と、自殺した二人の部下の姿が、それを象徴的に物語っている。

自分が命じたのだから、責任も自分がとるというトップダウンか、部下に存分に仕事をさせているように見えて、最後は逃れられるようになっているボトムアップか。単純にボトムアップがいいとは言えないことを「社長が自殺しない」日本の会社の現実が苛烈《かれつ》に教えている〉

このコラムは、板野から内容証明便で抗議を受けるというおまけがついたが、私はもちろん、撤回も修正もしなかった。

城山は〝足軽作家〟と形容されたほど、よく取材して、こうした現実を小説に書いた。

『ある倒産』（新潮文庫）所収の「ある倒産」も、「計画倒産」の話を通して、こちらはトップ的ミドルの悲哀を描いている。

ある重工業会社で閑職の部長のまま、定年を迎えようとしていた主人公が、すでに常務になっていた同級生のはからいで、系列会社の専務に送りこまれるところから、この小説は始まる。主人公は常務の〝好意〟に感謝するのだが、常務のねらいは、再建の望み薄いその系列会社の計画倒産に、主人公の誠実な人柄を利用しようというものだった。

「きみの赴任以来、下請けへの支払いはよくしてある。今後は三ヵ月以上の手形払いにするが、発注した分はよろこんで納めてくれるはずだ。そこで納入された部品や材料は、すべてうちの会社で押えてしまう」

「製品についても不動産関係と、同様だ。いまから抵当権の設定できるものは、すべて押えておく。その上で、適当な時期に内整理を発表する」

と常務は、その意図を明かす。

こうした「使命」を受けた主人公が、なお苦しい立場に追いこまれるのは、系列会社の創業者である老社長が、すぐれた人格者であり、主人公を信頼して、再建に奮闘しようとするからだった。遂にたまらなくなって、主人公は老社長に計画の一部を打明け、自分が代りに社長になって責任をとろうとする。

しかし、老社長はこれを斥《しりぞ》け、これまでは親会社の意向に黙々と従ってきたのに、

「倒産が避けられなければ、……せめて後指《うしろゆび》のさされぬ倒れ方を」

と、下請業者に計画倒産の話を漏らし、機械、部品、原材料、製品などを親会社より先に押さえられるようにし、従業員にも労働組合をつくらせるという〝反逆行動〟に出る。

「身をすてて従業員や下請業者を救うといった昂《たか》ぶった気持であった。その気持で、彼自身救われていた」

城山は老社長をこう描いている。

計画倒産の話を聞く前に、この老社長は、

「会社の方は……正直、わたしの手には負えなくなっている。若い人、新しい人にやってもらう他はない」「わたしとしては、それまで何とか皆さんに迷惑のかからぬように持ちこたえて行きたいと、ただそれだけです」

と主人公に語っていたのだが、創業社長で「わしの会社」意識をもたないこの老社長のような例は極めて少ない。ただ、中小企業のトップは、〝日本株式会社〟のミドルであり、この老社長のように親会社から切り捨てられる悲劇が常に待ち構えているのである。

城山の作品では、やはり、この系譜のものとして、「事故専務」（新潮文庫『総会屋錦城』所収）も忘れがたい。これは、交通事故の時だけ、タクシー会社の「専務」の肩書で見舞いや弔問にゆく仕事をもった五十男の悲しみを描いたものであり、短編ながら昭和三十年代の東京の凄《すさ》まじい「交通戦争」の断面を鮮やかに切りとった佳品である。

組織はその存続のために大義を振りかざし、個人の思いなどをはじきとばしていく。少年の日に国家という組織を信じて、手ひどいヤケドを負った城山は、つねに組織を疑い、大義に疑問を突きつけて、小説を書いてきた。

その城山に、デビューしたころ、

「この人は組織と人間というものを軽信している」

と見当違いの批評を投げつけた者がいた。

「ぼくは過信ならいいと思ったけど、軽信って言われたから、ちょっと腹が立った」

城山は『経済小説名作選』（集英社文庫）巻末の山田智彦《ともひこ》との対談で、こう怒っている。

およそ、「軽信」という言葉ほど、城山にふさわしくないものはない。純文学をやっていると自負する作家や評論家は、しばしば、こういう現実知らずの〝批評〟をするのである。

これまで城山が、いかに組織や組織を背負った人間たちから、作品を書く過程で石を投げつけられてきたか。

『エコノミスト』に連載した「小説日本銀行」（同名、角川文庫）は、日銀からの圧力によって編集長がとばされるという事態まで起きた。

「原稿では二倍の分量を書いていています。取材中、雑誌連載中の有形無形の圧力にも参りました」

と城山は、後輩作家の高杉良に述懐している。

『小説日本銀行』は、敗戦直後の荒廃から立ち直ろうとする日本を舞台に、政府から独立して金融の中立性を確保し、通貨価値を安定させて国民経済を守ろうとする日本銀行に働く若い日銀マンの奮闘と挫折《ざせつ》を描いている。

一万田尚登《いちまんだひさと》をモデルにしたと思われる大喜多総裁に、彼らは、通貨の膨張に激しく抵抗してヒトラーに死刑まで求刑されたドイツのライヒス・バンク総裁シャハトを擬すのだが、大蔵省を背に負う「あの男」と呼ばれる池田勇人（当時、蔵相）によって、その願いも押しつぶされる。

「馬力もなければ気魄も」なく、「王者の風格はあっても、それは眠れる獅子《しし》、いや、できそこないの石像にしかすぎない。そうした石像からは風格さえも消えさるであろう」と城山は日銀を酷評しながら、大蔵省については、それを虎にたとえ、「暴れまわる虎には野のにおい、風のにおいがついてまわる」と対比させている。

それでは、城山の『小説日本銀行』執筆の動機は何だったのか。城山はそれをこう語っている。

「日銀はエリート中のエリートが集まっている社会です。そういう中にあって生き甲斐《がい》というか、使命感というか、そういうものを喪ってしまった時に、エリート中のエリートはどうなるかということ……サラリーマンの極北の世界を描いてみたかった。これは〝組織と人間〟をとらえる場合の典型的なテーマですから。

それと、もう一つは経済的な問題で、日本ほど物価が無茶苦茶に上がる国はないのに、日本銀行は、一体、何をしているかという、ごく庶民的な感情がありますネ。その意味で、日本銀行で本業の、日銀本来の使命、中央銀行としての使命を貫こうとする男を設定した場合、どうなるかということですネ。そこにロマンを感じたのですが、そんな人は日銀にいない、といってやっつけられた。しかし、いたら何も書くことはない。いないからこそ書いたともいえるわけです」

作品に対する理不尽な石つぶては、さまざまな方向から投げられる。『役員室午後三時』（新潮文庫）については、モデルと目される鐘紡（現カネボウ）の伊藤淳二《じゅんじ》から投ぜられた。

佐藤正忠《せいちゅう》著『伊藤淳二の研究』（経済界）という礼讃《らいさん》本がある。その「はじめに」に、佐藤は、伊藤ほど「経営者として誤解と中傷の中からスタートした人物はいない」と書いている。

その原因となったのが城山の『役員室午後三時』で、佐藤によれば「その主人公は、労組を自分の味方にして、クーデターで社長の座を射止めていくというストーリーだが、これはまったくのフィクションである。私が会ってみた伊藤は、人間として大きくて、なんとも表現し難い魅力を感じる存在であった」とか。

それで佐藤が、伊藤に、
「あなたは、ずいぶん誤解されていますね」
と言ったら、伊藤は、
「城山さんの本ですか」
と笑ったという。

そして佐藤は〝徹底取材〟して前記の本を書いたのだが、「そこには、城山三郎の作品とは余りにもかけ離れた世界があり、人間・伊藤淳二がいた」として、城山に次のように注文をつけている。

「小説家が作品を創作するのは自由である。しかし、モデルとされる側の迷惑に対し、何かしら配慮をするのが小説家の作法ではなかろうか」

これを読んで、私は「問わず語り」という言葉を思い出した。城山は別に、この作品のモデルが伊藤だと吹聴《ふいちょう》しているわけではない。それを、こうまで力んで否定するのは、むしろ当たっている部分が少なくないからではないか。

鐘紡の社長を十六年間もやった伊藤を、私は佐藤のように「立派な人物」だとは思わないが、これまで、小説がモデルから名誉毀損《きそん》で訴えられた例はあっても、実際に会って書いた伝記や実録が訴えられたことはほとんどない。会って書く場合は、本人の「自己弁護」や「自己修飾」をそのまま取り入れることがあるからでもあろう。しかし、それは果たして「実像」なのか。

佐藤は城山に「モデルとされる側の迷惑に対し、何かしら配慮を」望んでいるが、もしそれがプライバシーとかを意味するのであれば、むしろ、伊藤が公人であることを否定するものと言わなければならない。

伊藤はその後、日本航空の会長になって、より厳しい批判にさらされた。そして、辞めることになったが、それは大いなる権力者となったからである。

経済小説のメルクマールとなった作品を、『経済白書』の助けを借りながら、その時代的背景の中で取り上げたことがある。「もはや『戦後』ではない」と謳《うた》った一九五六年の白書がとくに有名だが、翌五七年の白書で、「速すぎた拡大」を反省した日本経済は、五九年の白書では「速やかな景気回復」を遂げ、五九年から六一年まで三年つづきの「岩戸景気」を現出させる。そして、「六五年不況」を経て、いわゆる高度成長の道をまっしぐらということになるのだが、いま、こうした歴史の中に城山の作品を置き直してみると、詩人の感性をもつこの作家の鋭い目が、成長の影の部分を萌芽の段階で逸早《いちはや》く捉《とら》えていることに驚かされる。高度成長の中で浮かび上がってきた問題を、高度成長以前にすでにシャープに捉えているのである。

たとえば、全国総合開発計画、いわゆる旧全総が正式に閣議決定されてスタートしたのは一九六二年だが、城山はその二年前に、安保反対闘争に参加するかたわら、『黄金峡』（中公文庫）を発表した。

東北は会津の、奥深い山峡の村民が水力発電のためのダム建設をめぐる補償交渉の過程で大きく変わってゆく姿を描いたこの作品は、高度成長によって変貌《へんぼう》する日本人の姿を先取りして描いたものである。「金を使うことを知らぬ生活」「金に苦しめられたことのない生活」をしていた人をも、開発は激しく変えた。この作品を書くために何度も現地に足を運んだ城山は、当時、まだ三十歳を出たばかりだった。

これに続いて城山は、公害問題の原点といわれる足尾銅山鉱毒事件の田中正造を主人公に『辛酸』を発表する。田中は鉱毒防止に、文字通り、その職を投げうち、身体を張って闘った。

硫酸銅を含む鉱滓《こうさい》がそのまま流出するに任せた足尾銅山の渡良瀬川流域では「人のからだは毒に染み、孕《はら》めるものは流産し、育つも乳は不足なり、二つ三つまで育つとも、毒の障りに皆な斃《たお》れ」（鉱業歌）という悲惨な状況になり、「亡国」の鉱業停止を求めて、田中正造は寝食を忘れて闘いつづける。この小説に引用された田中の次の日記の言葉が、何よりもそれを雄弁に物語っているだろう。

「女房を呼ぶに、コレ〳〵で間に合はせたる事、星霜三十年。終《つい》に何時しか妻の名を忘れたるさへ知らず。衆議院議員の頃、或時議会解散の為に急用出来て、妻に端書を飛ばさんとせしが、宛名を書かんとして、ハタと忘れて茫然《ぼうぜん》たり。暫《し》ばし考へて、漸《よう》や《》く思ひ出して、田中かつ子と書きしが、独り笑って抱腹せり。国へ帰りし時、直に是《これ》を妻に語りしに、妻怫然《ふつぜん》として喜ばざる事久し」

一九五五年頃、四日市市史の編集執筆を依頼されて、城山はたびたび四日市へ出かけ、「生活が生産に追いまくられる町」の実態を目の当たりにし、田中正造に惹《ひ》かれるようになるのだが、第一部を田中の静的「死」、第二部を動的な「騒動」という構成で発表するつもりだった『辛酸』は、第一部のみが『中央公論』に掲載され、第二部は掲載中止になった。

城山自身も『私の創作ノート』（読売新聞社）に書いているように、安保闘争とその後の一連の事件の中で揺れた中央公論社の社内事情と、当時、ようやく問題になってきていた公害反対闘争を勇気づけるといったことが、掲載拒否の理由だったのかもしれない。

このため、第二部は書きおろしの形で、第一部と合わせて中央公論社から刊行されたが、初版は七千部。そして広告らしい広告もうたれず、そのまま絶版同然となった。

「ひっそりと出て、そして、そのまま身をかくすような出版であった。

それまでわたしの作品は、どれも初版一万部以上、中には三万部、四万部といったものも珍しくなかった。

『辛酸』はとくに心をこめて書き上げた作品だけに、掲載拒否に続くそうした刊行ぶりは、わたしにはショックであった」

と城山は書いている。そして、

「晩年の正造や残留民を思うと、わたしの作品の不遇など、とるに足りない。わたしの『辛酸』もまた、いささか辛酸を味わうべきであると、わたしは思うことにした」

と続けているのである。

しかし、部数こそ少なかったが、『辛酸』の反響は大きく、中央公論社版が十年の時をおいて再刊され、文庫版も潮文庫を最初に、中公文庫、角川文庫と出された。

『辛酸』も、ようやく不遇から脱して、よみがえったのである。

城山はこの作品について、「難産の本」だったから、とりわけ思い出深いと述懐している。

私が城山らしいと思うのは、田中正造が亡くなった後の農民の訴訟をきちんと書いていることである。城山によれば「非常に良心的な弁護士が家を犠牲にしてまで弁護に当たった」というのだが、城山は決して田中正造ひとりを英雄視して書いてはいない。

『大義』の著者の悲しい運命

澤地久枝《さわちひさえ》は城山三郎より「三歳だけ妹」である。若き日、彼女は「予科練（海軍飛行予科練習生）に女が志願できないのは口惜しい」と身もだえするように思ったこともあった。

「悠久の大義に生きるとか、忠君愛国、滅私奉公、殉国の思想を素直に受け入れ、熱中して」いた日々をごまかすことができなくて、戦後は茫然《ぼうぜん》とし、振り返りたくない恥の感覚を嚙《か》みしめつつ生きてきた。

澤地は、城山の『「気骨」について』所収の対談で、そう述懐している。

その澤地が一九五九年春、『婦人公論』の編集者として城山に「天皇制への対決」を書かせた。当時は現天皇（現上皇）の結婚が決まり、いわゆるミッチー・ブームに沸いていた。その年の初めに刊行された『大義の末』に感銘を受けて、澤地は城山にこのテーマでの執筆を頼む。同誌六月号に掲載されたそれには三十一歳の城山の若々しい写真が添えられている。

「四月十日をはさむ数日を、私は伊豆《いず》の山奥深くで過した。それは次の長篇の構想をまとめるためであったが、同時に御成婚の大騒ぎの渦から少しでも遠ざかっていたいという気持のためでもあった。新聞もテレビ・ラジオも届かないところへ行って、眼を閉じ耳をふさいでその数日をやり過ごしたい気分であった。センセーショナルな騒ぎを見聞きする自分がとてもみじめで、かわいそうに思えたのだ。そうした刺戟《しげき》から自分を遠ざけ、いたわってやりたいと思った」

城山はこう書き出しているが、ここで云う「自分」というのは「私ひとり」のことではなく、「天皇への帰依と対決――そのことに人生のもっとも大切なものをすりへらしてきたわれわれという意味をふくんでいる」と続けている。「われわれ」の中には、もちろん、戦後しばらく、「いかに愚かであり無知であったかを思って、屈辱感のなかに」沈んでいた澤地も入る。

「少年期から青年期にかけて尊皇一途《いちず》にたかめられ、捨身殉忠こそ唯一の生き行く道だと思いこんで」いた城山たちの、それは「世代の運命」だった。

「その道が敗戦でスポッととぎれてからの救いようのない混乱。私たちは、その中からもがくようにして、ようやく今日にたどりついてきた」

わずかに薄皮が張り始めた傷痕《きずあと》を再び剥《は》ぐかのような御成婚ブームは、城山たちをまた「天皇とは果して何であるのか」という生涯の問いに引き戻した。

『大義の末』には多くの読者から部厚い手紙が寄せられた。いずれも、「天皇」という観念と如何《いか》に取り組むかに青春の日々を費やしたものだった。

「青春は終っても、心の中の戦いは、いまだに終ってはいないのだ。無数の針をのみこんだように、あの戦争の日の記憶は心の中に残っている。私たちの精神的生命は、その記憶と間断なく闘うことですり切れてしまった。精神的には、もはや、ぬけがらになってしまったような気さえする。戦死者たちの屍《しかばね》の山、それにつづいて、私たち世代のぬけがらの山が累々と連なって見えてくる」

城山が子供心に覚えている「皇太子さまがお生まれなさった」の大騒ぎから、何事もなかったかのように御成婚の大騒ぎへ続いてしまうことに城山は違和感を消せない。

「若者たちの死も、私たちの生も、まるで存在しなかったかのように」祝いの大騒ぎに浮かれていいのか。

戦後まもなく、城山は一橋大学の学園祭に来た皇太子（現上皇）を見た。「供一人連れただけの少年皇太子の清純な像は、私の心に切迫した親愛感を与えた」という。

この時、学生たちの中には「何のいわれもないのに」と来校拒否の動きをする人たちもおり、それに反発する学生もいて、不穏な空気が漂った。

しかし、当時の学長、上原専禄《せんろく》の「何のいわれもなければ、学園が解放される一日、とくに皇太子に限って来校を拒むのはおかしい」という一言で収まった。

「前屈《まえかが》みの長身に白髪が美しかった」上原は、平和運動の担い手でもあり、「左右両派を納得させる」雰囲気を備えていた。

『嵐の中の生きがい』所収の「朝風を運ぶ人々」で、城山はそう書き、『大義の末』から、自らが書きとめたこのときの皇太子の姿を引く。

学長の白髪と対照的に「黒く陽焼けした少年」は「蛇腹のついた学生服がよく似合う稚《おさな》い顔」で「頬から顎《あご》にかけて多少女性的に見えるやわらかな線を眼が締めている。てらいも濁りも知らぬ褐色に澄み切った瞳《ひとみ》」をしていた。

そして、主人公、つまり城山は「無心な子供が生地そのままで与えてくれるような結晶した親愛感」に打たれる。

上原学長に、

「この学校に野球部は?」

と尋ね、

「他校の野球部のために置いてあります」

と言われて笑った皇太子は、大学を去る時、まばらな人垣に手をあげようとした。しかし、人垣の方にもとまどいがあり、反応がない。すると皇太子は「その手を痙攣《けいれん》でもするように小刻みにふるわせて」ひっこめ、「気の毒なほど間の悪そうな表情で」車の中へ入って行った。

ほぼ十年前のあの感動は「狂気のような世の騒ぎ方に、急速に冷却して行った」と城山は「天皇制への対決」に書く。「人間らしい存在、別格扱いされない存在に降りてきたはずの皇太子が、あっという間に、別格扱いに騒がれ出したのだ。人間的な結婚で、かえって非人間的にまつり上げられるという皇太子の不運。その不運への同情を吹き飛ばして、荒々しい御成婚ブームが走り出した」のだった。

御成婚を前に、東京では大規模な野犬狩りが行われる。城山の言うように、犬たちにとっては思いがけぬことだった。

「皇太子のために」という名分で張り切る〝殺犬者〟の姿を、犬たちは最後の瞬間まで、茶色のうるんだ眼でみつめていたにちがいない、と城山は続ける。その姿は戦争中の自分たちの姿を連想させた。自分たちは少なくとも、「天皇陛下のために死ななくてはならない」ということはわかっていたが、犬たちはそれも知らない。

「つまらぬ感傷はよせ、と叱られるかも知れない。このついでに、野犬が一掃されれば助かるという考え方である。だが、ちょっと待っていただきたい。子供が野犬に襲われて重傷を受けた事件があったときに、大規模な野犬狩りは行われたであろうか。子供の命のためには行われなかったことが、皇太子の馬車馬のためなら行われる」

こう怒った城山は、さらに、「天皇家をかついで」御成婚恩赦をたくらんだ者たちに、その矛先を向ける。「法の眼も、国民の眼も及ばぬスーパー・ヒューマンなものとしての天皇家の利用」である。

皇太子婚約のニュースに接して、城山は眼もとが熱くなるほど嬉《うれ》しくなった。「自分たちの苦しみは無駄ではなかった、皇太子は変り、そして天皇家の柵《さく》も開かれた」と思ったのだ。

「少年皇太子の清純な像」の延長線上に慶祝の念を抱いたのだが、それだけにこの「利用」には我慢ならなかった。三十一歳の城山は次のように厳しく指弾する。

「御成婚ブームそのものが、今日の政治の腐敗への国民の糾弾の眼をカモフラージュしたことは事実である。戦闘機汚職・賠償汚職をめぐる政治権力者への不評も、御成婚ブームのにぎやかさの前に、影の薄れた感じである。これら後《うしろ》めたい政治権力者の一群こそ、今度の皇太子劇の興行師であり、宮内庁はその演出者に過ぎぬという見方がある。その当否は別としても、政治の不人気が、このブームにすり代えられたことは否定できない。

恩赦は、政治家にとって天皇家の利用価値がいかに大きいかを如実に示してくれた。利用されるもの、かつがれるものとしての天皇制は象徴としての政治的無色の看板を逆用して、ますます政治的な役割を果すように強いられるであろう。天皇家が、政治の悪を絶えずかばうような形でかつがれ出すならば、それは天皇家自らの自殺行為となるであろう。御成婚を祝うと称する政治家たちは、一方で、こうして天皇家の自殺行為を推し進めている。皇太子夫妻の将来の幸福は、こうしたところから突き崩されて行く危険性がある」

容易には伝わりにくい天皇家の日常を、独特の位置から描いた「小説」がある。藤島泰輔《たいすけ》の『孤獨の人』(読売新聞社)である。扉に、「心からなる敬意と友情をもってこの書をクラスメート皇太子殿下に捧《ささ》ぐ」とあるように、これは現天皇の学習院時代の〝御学友〟である藤島が一九五六年に発表した作品で、藤島は「あとがき」に「ぼくはこの作品が題材《モチーフ》だけの興味で読まれ、評価されることを最も怖れている」と書いたが、『朝日新聞』が社会面のトップで、

「皇太子に青春を……」

と報じ、センセーションを巻き起こした。学習院の先輩の三島由紀夫は序文で、この『孤獨の人』は「存

在論的孤獨の人なのではなく、ただ制度によつて孤獨なのである」から、「この少年の孤獨をただ人間的に救濟するといふ企ては、はじめから矛盾を含んでゐる」と書いている。

一九九四年六月十五日付の『朝日』に「天皇陛下の元家庭教師のバイニング夫人」の記事が載った。同紙アメリカ総局長、船橋洋一との会見記で、それによると、敗戦直後の一九四六年から五十年にかけて、当時皇太子だった天皇の家庭教師を務めたエリザベス・バイニングは九十二歳になるが健在で、天皇の訪米を「だれよりも心にかけ、見守っている」という。「リンカーンの伝記をともに読み、ガンジーの思想を語り、国連と日本国憲法に世界平和の夢を託した」彼女は、皇太子にとって、アメリカおよび世界への窓だった。

学習院高等科時代のことを書いた『孤獨の人』に、バイニングは「ミセス・ベントン」として登場する。

彼女は中等科の英語のクラスで「英語を体で覚えてもらおう」と、生徒にイングリッシュ・ネームをつけた。

皇太子の名はジミー。

「ケシカランとか、そういう反対はなかった。おおらかな時代だった」

とバイニングは船橋に語っているが、『孤獨の人』では、御学友の一人が、

「生まれた時の名前があらあ。それもつい一年半前までは鬼畜米英だったオナゴにそう呼ばれて《Yes,sir》もないものだ」

と反発する。

現天皇と国粋主義の右翼の間には、この「皇太子教育」を遠因として、ゆきちがいがある、といわれる。

それはともかく、学習院のそのクラスにおいて「宮」（しばしば、「あいつ」と表現される）に近いかどうかがク

ラスを支配するカギとなり、「親衛派」に抜擢《ばってき》されるかどうかをめぐって、烈《はげ》しい嫉妬《しっと》の火花が散る。ただし、表面はお上品であるだけに、それは陰湿なものとなる。

あるとき、宮を促して、二人のクラスメートが無断外出というか、脱出を図る。

「——私のことも考えて下さい」

あわてて取りすがる「中老の実直そうな警衛」を尻目《しりめ》に、三人は目白駅から山手線《やまのて》に乗り込んだ。

そして銀座へ出てレストランに入る。目立たない場所に席をとって宮は《自由》を味わっていたが、まもなく支配人がやって来て、それは跡形もなく消え失《う》せる。

「宮はすでに武装していた。その表情はまったく《皇太子》の装いに戻っていた。それは《無表情》というのが最も該当する表情なのだ。固く、冷い《神》の表情が卑しい《民》の口上にときどき頷《うなず》きを与えているのだ」

ところで学習院の中等科の入学調書には「爵位」という欄があったらしい。それをもつ貴族たちは、戦争中も「下品な」戦争に積極的に参加はしなかった。そのことについて、御学友の息子が父親に次のような侮蔑《ぶべつ》の言葉を投げつける。

「可哀そうなのは軍人さんさ。勝っても敗けてもあんた方に軽蔑されるんだ。あんた方はどっちに転んでも、自分達が生きのびることは確信していたんだ。軍人がうまいものを喰《く》っている、と悪口をいっていたが、それは軍人の大部分が土百姓の出であるくせに、あんた達と同じものを喰っているのが口惜しかっただけなんだ。(中略) 金とか名前の上にあぐらをかいて、口では偉そうにいいながら、何時の時代でも自分の得になること以外何一つしようとはしないんだ。いつの時代も一番うまく立廻《まわ》っているのだ」

但し、「軍人さん」も〝貴族〟をめざす者とそうでない者に分かれる。城山ももちろん「そうでない者」であり、『大義』の著者の杉本五郎も「そうでない者」だった。

激越に悠久の大義を説いた『大義』は当時十万部も出たベストセラーだが、城山は「天皇制への対決」を書いた頃に、この忠君愛国の書にところどころ伏字の箇所があることを知る。

『大義』はそもそも、四人の息子への遺書として書き始められ、最後の四通は戦場で書かれたという。『昭和を読む』(読売新聞社)所収の一文で城山は、そう紹介し、「天皇」「生活原則」「第一等の人物」などのテーマ別に二十通の手紙から成る、と指摘する。

「吾児孫の以《もっ》て依るべき大道を直指す。名利何んするものぞ、地位何物ぞ、断じて名聞利慾《りよく》の奴となる勿《なか》れ。士道、義より大なるはなく、義は君臣を以て最大となす。出処進退総《す》べて大義を本とせよ。大義を以て胸間に掛在せずんば、児孫と称することを許さず」

これを「緒言」とする『大義』には「現在大陸に出ている軍隊は皇軍ではない。奪略・暴行・侵略をほしいままにする軍隊は、皇軍でなく侵略軍である」という意味の文言があった。それゆえに伏字とされ、さらには杉本は中国の最前線の激戦地に飛ばされて戦死することになる。

城山の言う如く「彼の思いがあまりにも純粋であり、当時の権力者をも容赦せず、また軍部の腐敗や軍紀の緩みなども手きびしく批判した箇所」を含むからだった。

「第一等の人物」の中で杉本は「一途に高位顕官たらずんば、財家を以て畢生《ひっせい》の願望となし、自利、利己の極致を把行して洒々落々《しゃしゃらくらく》、百官亦《また》聖賢の行履《あんり》説話をなして賢者の風を形づくれども、実は大義を顧みざること土芥《どかい》の如く、昼は名利に耽《ふけ》り、夜は愛着に酔ふ。外、持戒を表して大人の装をなせども、内、貪慾《どんよく》を抱いて常に密犯をなす」と喝破した。それが煙《けむ》たくなかった「高位顕官」は稀《まれ》だろう。

杉本は一九〇〇（明治三十三）年、広島に生まれた。出世コースである陸大受験を何度も勧められたが、「中隊長という地位が私の気持に一番よく叶《かな》っている。これ以上の地位につきたくない」といって拒否した。兵とともに在り、兵と生死を共にしたい、と願ったのである。貧しい兵の家庭には、限られた給料の中から送金を欠かさなかった、ともいわれる。

『大義』には、杉本が参禅に通った仏通寺の管長、山崎益洲《やまざきえきじゅう》の「杉本五郎を語る」という長い文章がついている。老師の山崎によれば、杉本の大尉という位は「少佐の次の大尉でなく、中尉の上の大尉でない」というものだった。つまり、中隊長としても、他と比較することのできない「絶対の中隊長」であり、「永遠の中隊長」だったということである。

広島の師団で中隊長のままとどまったことについては、杉本に「現在の中央の状況では自分が精神を打ち込むことが出来ない。理想を実現することは困難だ」という思いがあった。

また、仏通寺で修行成就するまで参禅したいと念じて、毎週末、「大演習があっても何があった時でも知らん顔して」通い続けたという。

広島から夜汽車で本郷へ。いつも、ぼろぼろの着物姿で、一度は裏返しのまま乗って車中の客に笑われたこともあったとか。

本郷駅に着くのは夜中の二時か三時で、そこから約二里の夜道を歩いて寺へ向かう。その日課が出征までの九年間続いたのだった。寺では雲水《うんすい》とまったく同じ生活をし、みんなに親しまれた。

二・二六事件の三日後には、その前に犠牲となったかつての上司の永田鉄山の法要を自ら主催し、二・二六事件を「皇軍の恥」と批判して物議を醸している。

そんな杉本への風当たりは強く、一九三七（昭和十二）年には少佐に昇進したが、そのまま激戦地へ送られた。死を覚悟した杉本は、妻へこう書き送っている。

「八月十七日を初戦として、十日間昼夜の区別なく、食べるものはリンゴのみ。食なく、飲料なし、危かりしこと五度、今は基地に未《いま》だに生きて次の戦闘の準備をしてゐる。十七日戦闘中、雲の形が正忠とお前によく似て居たが、変ったことはなかったか、子供を頼むぞ、軍人になれなかったら教育家にせよ、以て国家に貢献せよ」

これは九月一日付の手紙だが、戦死の二日前の九月十二日付の手紙では、正、二郎、三郎、そして正忠という四人の子供を気遣いながら、こう書いている。

「正の入学試験に付ては、戸原にも頼んである。然《しか》し無理をさすな、落第したら一年延ばせ、幼年学校入学は粟尾さんに頼め、犬の狂犬病の予防をして置け、三郎の夢をよく見る、丈夫なのか、正忠は池に注意。健在を祈る。滋養を採れ」

杉本は岸壁を登って、号令をかけながら敵陣へ突撃し、手榴弾《しゅりゅうだん》を浴びて倒れたが、再び立って号令をかけた。そして、壮絶な戦死をとげる。享年三十八。

『大義』を信じて海軍へ身を投じた少年の城山は「杉本五郎中佐など、どこにも居なかった」と書く。

「およそ杉本とは程遠いというか、無縁の亡者たち。もちろんりっぱな人も中には居たであろうが、わたしの接したのは、いま思い出しても腹の立つような、唾棄《だき》すべき代物ばかりであった」

杉本自身が国家に裏切られたことを城山は知らず、まして、杉本の遺児が広島の原爆孤児収容所に入ったかもしれないなどということは知る由もなかった。

「天皇制への対決」で城山は「御成婚を無邪気に祝っている人たちに、私はこの杉本中佐を見舞った悲運を告げずにはいられない。中佐と同じ悲しみを、いつかわが身に、また、わが子の上にもたらすことのないように」と書く。そして、あるサークルで『大義の末』が話題になった時、一人の女性が「大義」という言葉が薄気味悪いという感想をもらしたのに胸打たれる。

大義を信じて戦場に赴いたのは男性だった。残される女性たちは、愛する夫や子供たちを引っぱって行くこの不気味な名目に底知れぬ不気味さを感じたのである。

城山は「昭和の子供よ、ぼくたちは」という歌が身ぶるいするほど嫌いだという。昭和の子供の大群を「まるでおとなしい羊の群のように鞭《むち》打って柵の中へ追いこんで行った歌に思われて」全身で嫌悪するのだが、城山は逃れようもなく「昭和の子供」である。城山の作品はすべて「昭和」という時代との格闘の中から生まれた。

おわりに

城山三郎はどういう人間を書こうとするのか。その問いに示唆的な答えとなるのが『部長の大晩年』(朝日文庫)である。青春時代に消えない精神の火傷《やけど》を負った城山は、その人がその後、どんな人生を送り、どんな晩年を迎えたのかに強烈な関心を抱くようになった。熱き血の青春のみを描く作家が多い中で、埋《うず》み火の晩年に目を注ぐ城山はその点、異色である。

奇《く》しくも、同じ昭和二年生まれの私の好きな作家が、それぞれ、俳人の伝記もしくは伝記小説を書いている。藤沢周平が小林一茶（『一茶』文春文庫）、吉村昭が尾崎放哉（『海も暮れきる』講談社文庫）、そして、城山が永田耕衣（『部長の大晩年』）である。

私は城山が『週刊朝日』に『部長の大晩年』を連載し始めた時、その取り合わせがいささかならず意外だった。

読後も、その違和感が消せないまま、あるとき、前記の組み合わせの妙に触れつつ、なぜかと問うたのである。

すると城山は、

「山頭火よりは放哉のほうがいい」

と言いながら、

「ある意味では放哉の人生って完結しているんだよね」

と答えた。それで私は、

「四十二歳で死んじゃっていますしね」

と相槌《あいづち》を打ち、

「あまり完結したのは興味ないんですね」

と問いかけると、城山は、

「入っていけないもの。どこかに入り口がない人というのは書けないね」

と言った。

「一般的に放哉と永田耕衣でどちらに入り口があるかといったら、放哉のほうじゃないですか」

未練がましく私が食い下がると城山は、

「たとえば耕衣は、定年になって辞めて、ああ、つまらん仕事が終わったななんて思うでしょう。放哉だったらその前に辞めちゃっているわけだからね。定年になってホッとすると同時に、いままでつらい仕事だったなあ、いやな人生だったなあ、と思うのが入りやすいじゃないの」

と答えてくれたが、納得できたわけではない。

ただ、完結しない人生に城山が惹《ひ》かれるということはわかった。

行けど行けど一頭の牛に他ならず
コーヒー店永遠に在り秋の雨
烈日の老を看るべし眺むべし

難解とされる耕衣のこうした句と人生をたどって、城山は『部長の大晩年』を書いた。

耕衣は散歩の途中に「雑草」に目をとめ、カヤツリ草《ぐさ》、スベリヒユ、チカラシバなどの名をもつそれらが「除《の》け者にされながら、よくがんばっている」と親しみを持つようになったというが、城山はこれからも、あまり注目を浴びぬ、「除《の》け者にされ」がちな人たちの「完結しない人生」を描いていくだろう。

それは、城山自身が完結や完成を求めぬ人間だからである。

二〇〇四年六月五日

佐高 信

［解題］

城山三郎の核にあるもの

ここに、二〇〇一年四月二十九日の日付で城山から届いた手紙がある。個人情報保護法という名の権力者疑惑隠し法案に反対する呼びかけ人になってほしい、と私が依頼の手紙を出したことへの返事だった。

「情報の法案の件、全く気づかずおどろきました。私もメンバーに加えて頂き、できることをしてみなくてはと思います。多年、実際の行動には参加しないでいましたが、これを閣議決定した内閣が史上最低なら、これを通過可決する議員は『史上最兇の議員たち』ということになるでしょうから」

そして追伸に、とりあえず、官邸宛に小泉（純一郎）首相へ速達便でアピールした、とあった。

それを読んで私はすぐに城山に電話をかけ、その速達便の写しはないかと、尋ねた。それがあれば、城山がそんなアピールを送ったとニュースになると思ったからである。しかし、城山は、写しはない、と少し申しわけなさそうに言った。その時点では、城山作品の愛読者だという小泉を城山は信じていたから、直ぐにという気持ちが先行してそんな配慮は浮かばなかったのだろう。裏切られるとは思わなかったのだ。この時、城山は交友のあった中曽根康弘や宮澤喜一にも会って反対を訴えている。

昭和二年生まれの城山は三年生まれの土井たか子との対談で、

「僕たちの世代は、自由にまともなことが言えない恐ろしさを身にしみて知っています。言論の自由を奪うことは、まさに諸悪の根源」

と断言し、こう嘆いている。

「戦争を体験していないのは仕方ないにせよ、今の若い政治家は、戦争体験を知ろうとしないし、わかろうともしません。戦争中、国民がどれだけ痛い思いをして、なぜそうなったのか、まったく知ろうともしないで政治に携わろうとする。これは非常に危険だといわざるをえません」

その「若い政治家」の一人が自民党代議士の村上誠一郎だった。村上は二〇〇二年五月七日に開かれた自民党の「個人情報保護法案に関するPRチーム」の会合で、

「城山のような理性派が（法案反対を）言うと、国民は馬鹿だとは言わないが、そのまま信じてしまう。総理や賛成した議員の名前を刻んだ『言論の死』の碑を建てると言っている。きちんと抗議すべきだ。法案の内容を言わないで、こうした発言をすること自体が言論の統制だ。マスコミが反対すればするほどいい法案なんだから自信をもってやるべきだ」

と発言し、

「城山はボケているから、こういうことを言うんだ」

と繰り返した。城山は二〇〇二年七月号の『文藝春秋』で「私をボケと罵った自民党議員へ」と反論し、

「この人は自民党の副幹事長のようですが、どの一言をとっても、ほとんど間違いだらけです。『ボケている』と言われましたが、これは私が尊敬する哲学者の久野収さんのセリフだけれど、腹が立つことが多くてボケている暇などありません。そもそも、理性派というのは醒めているということでしょうが、私は戦前や戦中のことも知る普通の人間です。だからこそこの法案に怒りがこみ上げてくるのです」

と批判した。

城山は『小説日本銀行』を書いた時に、連載した『エコノミスト』誌の編集長と副編集長が日銀の圧力によって飛ばされた体験などに触れながら、個人情報保護法案ができたら、たとえば自民党幹事長（当時）の山崎拓に、

「すみません。あなたの女性問題を取材していいですか」

と尋ねなければならなくなる、と皮肉っている。また、この法案の担当大臣の竹中平蔵に対しても、

「竹中さんはもともと学者でしょう。学者が言うのであれば、口当たりが柔ら

かいだろうし、それにもともとはデータ取扱い法案だというので、この法案の担当大臣に起用されたのだと思いますが、私にはそういうことに喜んで使われている学者という存在が理解できませんね。本来なら、学者としての良心に則って、たとえ担当大臣であっても『廃案にしたほうがいい』と主張すべきじゃないですか。真理や真実を何より尊重すべきなのが学者でしょう。それとも、とっくに学者はやめたということでしょうか」

と痛烈である。

この発言に見られるように、城山は決して穏和なだけの作家ではない。「私をボケと罵った自民党議員へ」は、この年の文春読者賞を受賞しているが、その烈しさが読者の胸をうったのだろう。

城山に最後に会ったのは二〇〇六年十一月十九日である。『週刊金曜日』が主催した日比谷公会堂での憲法・教育基本法改悪阻止をめざす市民集会に出て来てもらって、私が戦時中の話をうかがった。

城山作品を愛読書に挙げる政財界人は多いが、彼らは城山が徹底した護憲派であることを知っているのだろうか。

私がお願いして呼びかけ人となった「憲法行脚の会」の講演で、城山は「戦争はすべてのものを失わせる。戦争で得たものは憲法だけだ」と強調した。

また、城山は勲章嫌いだった。「形式にこだわるには人生は短すぎる」という英国の作家スターンの言葉が好きだった城山は、少年兵として国家に裏切られたという思いもあって、勲章に拒否反応を示した。『粗にして野だが卑ではない』の石田禮助や『運を天に任すなんて』の中山素平等、勲章辞退者の伝記小説を書いたのも偶然ではない。

城山は詩人としてその文学活動をスタートさせ、俗に経済小説といわれるものを書いた。

直木賞を受けたのは「総会屋錦城」である。闇の世界をも知って、明るい世界を描こうとしたのだが、主人公が何で生活の糧を得ているのかわからない私小説が長く主流の位置を占めてきた日本の文壇では、城山文学は残念ながら傍流視されてきた。正当な評価を受けてきたとは言いがたいのである。

そんなことを気にする風もなく、城山は書きたいもの、あるいは書くべきものを書き続けてきた。

城山とは何度も対談させてもらい、何冊かの本になっているが、城山は出版社が用意する帰りの車を断るのが常だった。城山が断るのに私が乗るわけにはいかない。電車の方が渋滞等で遅くならないし、歩いた方が健康のためにもいいからと言う城山と二人で、対談の後、いろいろな話をしながら帰ってきたのが忘れられない。何よりも城山はさわやかな人だった。厳しいところがその核にある鮮やかな人だった。

［初出について］

本稿は角川書店発行「本の旅人」（角川書店）二〇〇二年八月号～〇四年一月号に連載され、二〇〇四年、角川書店より『城山三郎の昭和』として単行本刊行、二〇〇七年四月、同書店より文庫版が刊行された。本書は文庫版を底本とし、タイトルを「城山三郎という生き方」に改めた。

鈴木朗夫（すずき・あきお）

一九三一年（昭和六）愛知県名古屋市生まれ。
一九五五年、東京大学経済学部卒業、同年、住友商事入社。
一九八七年十月二日、胃ガンのため逝去。

逆命利君を実践した男

鈴木朗夫

まえがき――ムッシュウと呼ばれた男

漢の劉向《りゅうこう》が編纂した『説苑《ぜいえん》』の中にこうある。

「命《めい》に従《したが》いて君《きみ》を利《り》する、之《これ》を順《じゅん》と為《な》し、命に従いて君を病《や》ましむる、之を諛《ゆ》と為し、命に逆《さか》らいて君を利する、之を忠《ちゅう》と謂《い》い、命に逆らいて君を病ましむる、之を乱《らん》と謂う」

「逆命利君《ぎゃくめいりくん》」は「命に逆らいて君を利する、之を忠と謂う」を略した言葉である。

住友の初代総理事、広瀬宰平《さいへい》が好んでこの言葉を使った。

住友商事の現会長、伊藤正もよくこれを口にするが、広瀬がなぜこの言葉を好んだかを忖度《そんたく》しながら、伊藤はこう語る。

「住友の当主がまだ象徴的な存在ではなかった頃のことですから、当主に苦言を呈しなければならないことも多かったんでしょうね。そうした時に、上からの命令に逆らっても、進言して住友家の利益を図るのが本当の忠だというわけです。何でもイエス・サー、イエス・サーのイエス・マンでは意味がない。命に逆らわざるをえない場合には、逆らっても、あえて正しいと思うことを言う。そして、君に利することこそ忠なんだということでしょう。つまり、このことは、立場をかえれば、部下から忠言を受けたら、きちんと傾聴しなければいけないということを意味している。

大体、下の者が上の者に『あなた、まちがってますよ』と、おもしろ半分で言えるものじゃないんです。それだけに、言われたら、上の者はありがたいと思って耳を傾けなければいけないんですよ」

伊藤の言うイエス・マンが「君を病ましむる」へつらいの徒、つまり「諛者」だが、そうではない「逆命利君」を文字通り実践したのが故鈴木朗夫《あきお》だった。この部下の直言を、伊藤はまた、ガッチリと受けとめたのである。

「下から上にものが言えず、何でもイエス、イエスじゃ、コミュニケーションがダメになり、風通しが悪くなります。商社のように、情報をよりどころに業務をこなさなくてはならない企業は、とりわけ風通しが大事なんですね。上に立つ者が気をつけなければならないのは、忠言をありがたく受け入れる雰囲気をつくること。つまり、上に逆らって言ってくれる関係にしなければいけないということですね」

こう語る伊藤は、およそ無趣味の仕事人間である。それに反して鈴木は、ジャン・コクトーに心酔し、コクトーが死んだ時には一週間、黒いネクタイで出社したという変った教養人だった。仕事は抜群にできたが、ワーカホリックの日本人を軽蔑していた鈴木と、「伊藤さんは教養が足りない」とまで言われながら、そうズケズケ言う鈴木を引き上げていった伊藤。この二人の間にどんなドラマがあったのか。これから私はそれを追跡していきたい。

ちなみに、フランスにあこがれていた鈴木は、自分を「ムッシュウ」と呼ばせていたという。

逆命利君を実践した男　鈴木朗夫

目次

帰らざる人

その日、東京には激しい雨が降っていた。杉並区永福の和田堀廟所の境内をもその雨が洗っていた。昭和六十二（一九八七）年十月六日のことである。

正午過ぎから始まった鈴木朗夫《あきお》の葬儀につめかけた人たちは、はねあげる雨に喪服の裾を濡らしながら、沈黙の列をつくっていた。

二日の夜、胃ガンのため五十六歳で亡くなった鈴木は、住友商事の常務で業務本部長だったが、社葬を申し入れた住商に対して、鈴木家側は丁重にこれを断り、葬儀は鈴木家葬として営まれていた。

しかし、最初に弔辞を読んだのは社長（当時）の伊藤正である。がっしりとした体格の長身を霊前に運んだ伊藤は、やや甲高い声で鈴木にこう呼びかけた。

「早く良くなってほしい。そして元気な笑顔を見せてほしい」という私達の必死の願いも空しく、君は五十六歳の若さでとうとう黄泉《よみ》の国へ旅立たれました。この悲しい知らせに接し、まさに足元が崩れる思いが致しました。こうして花に囲まれたお写真の前に立ちますと、ああ君は本当に逝《い》ってしまったのかと、新たな悲しみがこみ上げ、これをせき止めることができません。

およそ涙もろさとは縁遠い伊藤が、もうここで声をつまらせていた。伊藤は弔辞など読まずに、ただ男泣きに泣きたい心境だったに違いない。〝戦友〟ともいうべき伊藤と鈴木の関係を考えれば、まさにそうだった。しかし、いまは弔辞を読まなければならない。気を取り直して伊藤は続ける。

君が今年の一月末、身体の不調を訴えられ入院された時、私達は、常々ボディビルで身体を鍛えられていた君が、と心から驚いたのでありますが、君の持前の闘志と御夫人の献身的な看護によって、必ずや君は病魔を駆逐し、近いうちに戦列に復帰されるであろうと信じて疑わなかったのであります。

その君が八ヶ月に及ぶ治療の甲斐もなく、とうとう帰らざる客となられました。

なくなられる数日前まで一日も早く第一線へ復帰して、あれもやらねば、これもやらねばと、病床で切歯扼腕していた君だけに、誰にもまして君自身の無念さはいかばかりであったかと思いますと、私達は胸のはりさける思いに打たれるのであります。

伊藤の弔辞は、ここから鈴木の生いたちをたどる。鈴木は昭和六（一九三一）年一月二十九日、名古屋に生まれ、旧制の愛知一中、第八高校を経て東大経済学部へ進んだ。そして、昭和三十（一九五五）年、卒業と同時に住商入社。

商社マンになったのは、陶磁器の製造輸出をし、外国人バイヤーもしばしば訪れた家業の影響だった。住商に入って五年後に、鈴木は伊藤と運命的な出会いをする。再び、伊藤の弔辞を引こう。

私が君と初めて出会いましたのは、昭和三十五年の四月でありました。当時私は、鉄鋼貿易課のなりたての課長をしており、そこへ色の黒い精悍な、日本人離れのした風貌の青年が、海外業務課から移って来ました。それが鈴木君でありました。その時君は二十九歳でした。

そして私の部下となって、鋼材の輸出の仕事を始めたのであります。

君は若い頃から異彩を放っていました。凡そサラリーマン的でない人間で、自分は会社に時間を売っているのではない、仕事を売っているのだと言って、出社時間も必ずしも正確でなく、いささか私を手古ずらせたものですが、君の持つ企画力、折衝力、語学力は抜群のものであり、短期間のうちに鋼材輸出のすばらしい担当者として鉄鋼メーカーの人々からも絶大なる信用を受けられ、住商に鈴木ありとの名声をかちとられたのであります。


のちに詳述するが、「凡そサラリーマン的でない」鈴木に、伊藤が手古ずったのは、「いささか」などというものではなかった。

しかし、伊藤は鈴木のその才を買い、鋼材貿易部門では以後十一年間、一緒に仕事をすることになる。それを振り返りながら、伊藤は鈴木が「かけがえの無い片腕」だったゆえんを次のように語る。


君がまだ若く、烈々たる闘志をみなぎらせながら、世界中をかけ巡っていたころのことを思い浮かべますと、走馬灯のように様々な思い出がよみがえり、万感胸にせまるのであります。

この十一年間は、君が私にとってかけがえの無い片腕となって活躍してくれた時代でありました。君は昭和四十六（一九七一）年から開発本部、燃料本部で商社マンとしての幅を一層広げられ、そして四十八年十二月から五年半にわたり、ニューヨークで勤務されました。

丁度この時期、私は米国住友商事の社長をしており、再び君とともに仕事をすることになったのでありますが、ここでも君は私の片腕として、米国住商の組織づくり、人づくりに、そして業容の拡大に、八面六臂《はちめんろっぴ》の活躍をしてくれました。ニューヨークにおいても、君は若い頃と同じように私に遠慮なく文句をつけ、説教を垂れてくれました。

君の私に対する苦言、直言は、二人が東京へ帰ってからも、そして私が社長になりましてからも続きましたが、私は君の苦言、忠言をどんなに有り難いと思って聞いていたことでしょう。

人間には絶えず苦言を呈してくれる人物が必要だと思うのでありますが、その意味におきましても、君は私にとって得難い部下というより得難い友人でありました。本当に有り難うございました。あの真情溢れる忠告がもう聞けなくなると思いますと、一層の淋しさと悲しさがこみ上げて来るのであります。

伊藤の弔辞は、終るかと思うとまた続き、まさに永遠に旅立つ鈴木を引きとめるかのように長かった。このとき、伊藤は鈴木と二人だけで対話をしている気持だったのではないだろうか。日頃の照れを捨て、伊藤は鈴木に真率《しんそつ》に語りかけている。

君はよく「滅私奉公とか愛社精神という言葉は嫌いだ。会社のために忠誠を尽すとか、一身を犠牲にするなんてナンセンスだ」と口癖のように言っていましたが、その実君ほど会社を愛し、仕事に情熱を燃やし、当社のために全力投球し続けた人は他にいなかったといっても過言ではないと思うのであります。

君は仕事が終ったあと、若い人をつかまえて議論を闘わせることが好きでした。大好物のピースをくゆらせ、ブランデーを舐めながら、君達にはこういう住友マンになってほしい、そして、こういう商社にしてほしい、と熱っぽく語っている場面を私もよく目撃しました。

そして、仕事を離れての芸術談義やおしゃれ談義になると、いよいよ身が入り、鈴木哲学や鈴木美学をとうとうと弁じ、若い人を煙にまくのがお得意のようでした。

伊藤は「在りし日の君の声や笑顔や涙を思い返」すと「失ったもののあまりの大きさに只茫然とし、痛恨の極みという以外に表現の言葉を知らない」と述べ、遺族の心中を思うと、「ただただ断腸の思いにひたるのみであります」と言いながら、それこそ、声をふりしぼって、長い弔辞の結びに向かう。

鈴木君、君は沢山の宿題を残したまま旅立つことがどんなにか心残りだったでしょう。しかし鈴木君、君が住友商事に残したものは、測り知れない程偉大であります。

そして、何よりも永年にわたり、君の人格に触れ、君の薫陶を受け、そして君を敬愛し、ムッシュウ、ムッシュウと君を慕ってくれた若い後輩達が数多く当社にいることを、君は大いなる誇りと思って下さい。君が当社に残した遺産ともいうべき多数の若者達は必ずや君の志を受け継ぎ、君が蒔いてくれた種子を懸命に育て、花を咲かせてくれるものと、私は信じているのであります。

「鈴木君、さようなら」でピリオドを打つ時、伊藤の胸に去来したものは何だったか。

伊藤と鈴木は出会いの時から肝胆相照らしたわけではない。むしろ、最初はまったく異質の人間として、ガツンとぶつかりあった。

「会社が背広を着て歩いている」ような伊藤と、会社がイヤでイヤでたまらない鈴木が、スムーズにコンビを組めるはずがないのである。鈴木にとって伊藤は、最も嫌いなタイプの男だった。口ぐせに、「あの野郎、あの野郎」と言っていたという話もある。

それを知るそう多くはない人間も、鈴木を送る葬儀の列にいた。伊藤の弔辞を聞きながら、彼らは何を思ったか。伊藤も鈴木も、出会いの時から、それぞれに変わっていったのである。そして、他人の嫉妬を買うほどの緊密な関係になった。

伊藤の弔辞が終っても、雨は止むことなく地面を叩いていた。キューバやフィリピンの駐日大使夫妻が参列しているのも鈴木らしい。

早逝者が羨まれる唯一の点は、あるいは、その人にとってのベストメンバーが弔辞を読むということかもしれない。長命者の場合は必ずしもそうはならないだろう。

鈴木朗夫の葬儀で、伊藤の次に弔辞を読んだのは、首相の海部俊樹だった。

海部が鈴木と最初に出会ったのは昭和二十一（一九四六）年の夏、愛知県の弁論大会の会場である。海部が東海中学の代表として、鈴木は愛知一中の代表として、覇を競い合い、家も近かったので、以後、急速に交流を深めていった。

海部によれば、当時、鈴木には「豚児」というニックネームがあり、それを気に入っていた鈴木は、その印鑑をつくり、賀状などに、

「余の青春のライバルよ

余は汝の成功を心より祈っている」

と書いて、豚児の判を押し、海部に送ってよこした。

「豚児と呼んでいた頃から四十年を越える友情」に心から有難うと言いながら、海部は、弔辞を、「豚児さようなら」と結んでいる。

五十代半ばにして四十年来の友を送らねばならなかった海部の弔辞には、雄弁家として声名高い響きはなく、沈痛さがあふれていた。

この海部との縁で、鈴木が三木武夫にレクチュアしたことがある。第一次オイル・ショックのころだが、たまたま、鈴木がイラクのバグダッドにいて、特使としてやって来た三木に、日本が困るから油を売ってくれと言っては絶対にダメです、アジアの発展途上国は日本を頼っており、日本が中近東の油をもらえなかったら、そういう国々が大変な窮地に陥るということを強調しなさい、と教えたのである。

アジアの途上国の経済を発展させるために、日本に油を出していただきたいという三木の要請は、同じ途上国である産油国の首脳たちの琴線をかきならした。

海部からその話を聞いた伊藤は、いつも鈴木が自分にやるように、こう言いなさいとレクチュアしたんだな、と苦笑いした。

この時の印象が強かったのか、のちに三木は鈴木に、代議士に出ないかという誘いをかけている。鈴木は「代議士に出るより、住友商事にいるほうがいい」と簡単に断っているが、それほど鈴木のレクチュアは要点をついていた。

弔辞を読みながら、もちろん海部はこのことを思い出していただろう。

そして最後の弔辞が、東大時代以来の親しい友人、白倉伸也《しらくらしんや》である。現在、日立金属機材の社長をつとめる白倉は、昭和二十六（一九五一）年九月に駒場の教室で初めて、鈴木に会った。四月に入学して、ドイツ語の試験を翌日に控えた九月になって初めて会ったのは、ともにあまり大学に行かなかったからである。

奇《く》しくも白倉は、しばらく会っていない鈴木夫婦を誘ってゴルフでもやろうと、十一月の日程表を見ていた時に、死の知らせを受けた。

「君が病気と戦い苦しんでいた時に僕は何もして上げられなかったこと、食いしん坊の君が物を食べられない病気にかかってしまったこと、仕事にいよいよ脂がのってきたときに戦列を離れなければならなかった君の口惜しさ等々、一瞬の内にいろいろな感情が僕の神経をズタズタに切り裂いてしまいました」

白倉は大袈裟な表現を好む人ではない。その白倉が万感の思いをこめて、弔辞でこう言わずにはいられなかった。

スタイリストで、一生を演技しつづけて終ったように見られる鈴木を知る者にとって、白倉の弔辞で、「えっ」と思った箇所があった。

「会社に入ってしばらくして君はスランプに陥り、会社に行きたくなくなって、僕の家で十日間ぐらいブラブラしていたことがあったけれど」というところである。

「会社に行きたくなくなって」に驚いたのではない。「スランプ」という言葉と、「ブラブラしていた」に「おやっ」と思ったのだ。

その間の事情を、白倉はいま、こう明かす。

白倉が結婚してまもない三十三歳のころだった。目黒の柿の木坂から両親の住む茅ケ崎に引っ越した白倉を手伝った鈴木は、そのまま白倉の家でブラブラし始める。

白倉の両親が鈴木を自分の子どものようにかわいがって、鈴木はしょっちゅう入りびたっていたので、新婚家庭と地続きの両親の家にまた逗留《とうりゅう》し始めた。

海岸を散歩したり、本を読んだり、とにかくボーッとしている。食事をさせるのは新妻の白倉夫人。

誰も「会社へ行かなくていいの？」とは訊かなかった。

「大体あれは会社へ行くのがイヤな男なんだよ」と、いま白倉は笑う。

当時、日立金属へ勤めていた白倉が、朝、

「一緒に行こうや」

と誘うと、鈴木は、

「いや、俺はもうちょっとしてから」

などと言って、そのままになる。

鈴木は白倉の二つ歳上で、誕生日は同じ一月二十九日だった。入社まもない二十代の人間のブラブラ休みではない。三十五歳の男のブラ休である。

それだけに、白倉の弔辞の次の指摘は、伊藤との関係を考えるうえで大きな意味をもつ。

「ニューヨークの頃、我々は早く仕事をやめて自由に自分の時間を過したい、永くても六十までが限度だね、と良く話をしていたのだけれど、東京に僕が帰ってから見た君は、まさに住友商事のキイパーソンとしての自信に溢れた人間に変っていたよ。

僕は君には言わなかったけれど、これでは鈴木君は死ぬまで住商の大黒柱として働かざるを得なくなると感じたことだった。そして、その通りになってしまった」

男の美学

白倉によれば、アメリカで一緒だったころの鈴木と、二、三年遅れて白倉が帰って来て会った鈴木とは、まるっきり違っていた。

「会社は月給をこれしかくれないんだから、この程度の仕事をしてりゃいいんだ」とか、「とにかく、いい加減に仕事をして、会社は早くやめるんだ」といったことを絶えず言っていた鈴木が、会社の話ばかりをするようになっていたのである。

それまでは、お互いに会社の話などしなかった。それが、住商のここがいけないから、こう直さなければならないんだとか、商社が生き残るにはこうしなければならないんだとか、白倉がアッケにとられるようなことを真顔で話す。

熱っぽく語る鈴木を見て白倉は、あの鈴木がこうまで変わってしまったのか。こいつも会社の虜になって、死ぬまで住商で働くな、と複雑な思いが胸の中を吹き抜けた。

その変化は取締役になってから顕著になったが、白倉が、

「おまえも宗旨替えしたな」

と冷やかすと、

「いやいや、そうじゃないよ」

と言いながら、しばらくは、会社なんてと、かつてのような調子に戻る。しかし、すぐにまた、住商改革の話になるのだった。

取締役業務本部長になり、会社全体が見えてきたのかもしれない。伊藤が意識的に鈴木をそういうポストにつけたということもある。自分が判断をしなければならないポジションにつくことによって、あの鈴木が大きな変化をとげたのである。

「それまでは、僕らはもっとジェネラルな話をした。日本全体のね。日本の産業界はどうなきゃいかんとか、世界の中の日本人はどうなきゃいかんとか、絶えずそういう話ばかりしてきたわけです。住商のスの字も話したことはない。それが、住商、住商になっちゃったんだよ」

鈴木にはよかったんじゃないか、と付言しながら、白倉はこう語る。

とにかく、五十過ぎまで働くなんてのは愚の骨頂だ。今は生活に困るから働かなければならないけれども、早く、働かなくてもいいようにして、会社を辞めてのんびりやろうや、と鈴木と白倉は盛んに言い合っていたのだ。

五十でダメなら五十五だ、何しろ早く辞めて一緒に遊ぼうや、と語り合っていた鈴木の変化は白倉を愕然とさせるほどのものだった。

亡くなる半年前の、一九八七（昭和六十二）年四月一日付の鈴木の「親愛なる伊藤正様」宛ての長い手紙がそれを裏づける。

「拝啓

此の度は私の一生の不覚ともいうべき突然の且つ長期の病気欠勤で、多くの人達に御心配をかけると共に、時期が時期であるだけに甚大な御迷惑をお掛けしました。唯々面目ない、不甲斐ない、申訳けない気持で一杯であります」

この書き出しに、生還を期し難い病いであることを自覚している様子はない。几帳面さと奔放さが同居した感じの字で、鈴木は「私が痛恨の闘病生活を余儀なくされている間に冬が終り春を迎えました」と続ける。「時期が時期であるだけに」というのは、伊藤が「住友商事百年の中興の祖としての重い仕事を全う」する手助けをするために、鈴木がその青写真を書かんとしている時だったことを指す。

「企業のエグゼクティブを含む所謂《いわゆる》リーダーと呼ばれる人々が具備すべき第一の条件は、気力と体力に充ち溢れた颯爽たる健康体であるというのが私の持論であり、私達の共通の知人を例に挙げるならば、USXのトム・マーシャル氏などは望まれるエグゼクティブ像のひとつの典型であると思います。

そういう意味で、去年の九月、ニューヨークのプラザ・ホテル玄関で、つやつやした顔のマーシャルが胸を張り、背筋を伸ばし、脚を軍隊風にぴったりと揃え、朗々たる音声であいさつしながら貴方を抱きかかえるようにして迎えた姿は象徴的でありました」

こう書いた後、鈴木は、そのとき伊藤が元気がなかったので、「これはいかん、おおいにいかんという思いを強めた」と苦言を呈している。

「知力と体力が、ことを行わんとするものの車の両輪であるならば、健康はまさに車がその上を走るレールでありましょう。そして健康こそが全人格的な余裕の源泉でありましょう。（中略）

私自身が突然の災厄に見舞われて甚だ不本意な状態にあるだけに、健康の二文字には実感以上の切実なものがこもるのであります。

唯単に丈夫でありたいという実利的な欲求以前に、〝健康〟は、一回限りの人生の〝かくあるべし〟を決める男の美学の首尾一貫と深くかかわるものであり、男の美学は、それ自体が如何に頑強完璧なものであっても、〝生涯健康に恵まれていたら〟という仮定の上に成り立っている訳であります。

鉄道や飛行機が、常識的に予想される荷重の倍近くの負荷に耐えられるような安全係数をもって作られ、稼働しているのと同様、此処で謂う健康とは単に〝病気でない〟というだけでは駄目であり、倍近くの無理に耐えられる強靱でなければなりません。

男の美学を重んずる私は、美学実践の根幹となる健康と強靱には人一倍意を用い、年来の鍛練で得た肉体に全幅の信を置いていたものであります」

横書きで、一字一字カッキリと力強く書かれている。しかし、太い万年筆を使っているためか、鋭さだけではない丸みもある。これは、やはり、鈴木の生涯のマニフェストなのだろう。ただ一人の読者である伊藤に向けて発せられたこの宣言は、奇しくも、白倉をはじめ、鈴木の「変化」に違和感を抱いていた親しい友人への〝心情吐露〟ともなっている。

独得の男の美学から健康を論じた鈴木は、次に「精神構造」の告白をする。それにしても、鈴木はこのとき死期を悟ってはいなかったのか……。

「私は御承知の通り精神構造においては所謂会社人間の範疇《はんちゅう》には属しませんが、やはり男ですから人生の基本設計の主軸には当然職業というものを据え、それなりのかくあるべしのシナリオが三十歳台の後半から四十歳台の前半にかけて出来上がったと思います。

私を住友商事という企業に惹きつけ、コミットさせたのは、ふたりの人の識見と人格であったと思います。ひとりは大先輩の津田（久、現名誉会長）さんであり、もうひとりは先輩であると同時に青春時代の苦楽を共にした盟友でもある伊藤さんであります。

男が生涯を通じてビジネスにコミットする以上、其処に厳しい倫理と端正な哲学がなければ何の意味もないと思いました。多くの人達が思想を離れ、哲学でめしは食えないとうそぶく軽薄の時代に、哲学ある利潤を求めることはとても意義のあることであり、津田さんがそのような価値ある挑戦の場として、我々に住友商事を与えてくれたものと理解しました。

津田さんが教理の始祖であるならば、伊藤さんという人は忠実な伝道者であり真摯な求道者《ぐどうしゃ》であります。このふたつの稀有《けう》の人格を軸にした構図は明快であり、私がその構図の中に自分の半生の基本設計をはめこんだのは極く自然なことでありました」

サラリーマン社会を知らぬ者、そして、津田や伊藤を知らぬ者にとっては、この箇所は〝追従《ついしょう》〟と映るかもしれない。しかし、常務となってなお、社長の伊藤に「盟友」と明記できる人を私は多くは知らない。

鈴木のマニフェストは続く。

「日本の企業社会の文化、ひいては日本社会の風土の中で、自分が疑いもなく少数者であることを識っていますから、私が自らに与えた役割もいきおい自分の器量と性向と、限られた範囲の能力に応じたものでありました。

自分に適した役割とは……それは、伊藤夫人が女性特有の鑑識眼で多彩に表現されるように、気取って言えば副官、下世話風に言えば黒子、即物的に言えばトラブル・シューター、ダーティ・ハリー、いずれにしても〝役に立つバイプレイヤー〟というものであります」

伊藤夫人の鈴木観については後述したいが、一字の書き直しもなくakio suzukiとプリントされた鈴木用箋に書かれたこの手紙は十二枚にも及ぶ。

これはまさに、自らの五十六年の生涯を、簡潔にまとめたものである。

次に鈴木は「少数者固有の役割」を説き、クライマックスともいうべき「男の価値」に言及する。

「元来、既存の社会はそれを構成する多数者の文化の上に成り立っていますが、少数者は其処に異文化を紹介し、そうすることによって既存社会に刺激を与え、良き変化のきっかけを作ることを期待されます。多数者と少数者が夫々《それぞれ》の役割を心得、お互いに相乗的に機能する社会が、進歩する社会であり、企業亦《また》然りであると思います。

時あたかも未曾有の変化期で、世界中の知恵者が横一線に並んで洞察力と行動力を競い合う新創業者時代、自らたのむところある者にとって、自分のビジネスキャリアの中でかかる時期にめぐりあい腕をふるえることは、まさに男冥利《みょうり》につきるというべきであり、かくいう私もすくなからず期するところあり、年来あたためていた数本のプランをもって、今年のスタートを切るべく満を持していたものであります。

五十歳から六十歳までの十年間は、男が青年の色気と体力を持続しつつ、尚且つ大人の知恵をもって行動することが出来る充実の十年であるというのが私の持論であります。そして今、齢《よわい》五十六、いみじくも充実の十年の後節に入った訳であり、私は、自分が今迄まがりなりにも積み上げて来た経験と知恵は此の二〜三年間の企業決戦の中で使い切る為のものであり、過去三十年の助走は、これから三年間の跳躍があってこそ意味があり、美学にかなうと思いました」

ウムと唸らせられる説得力のある論旨展開である。「青年の色気」とか、「充実の十年の後節」とか、メリハリのきいた艶のある言葉をまじえて間然するところがない。

しかし、鈴木がまもなく人生の終焉《しゅうえん》を迎えなければならないことを知っている伊藤にとって、この文章を玩味する余裕はなかったと思われる。完成度高く迫ってくればくるほど、辛さは増したのではないか。

この手紙の前のほうで、鈴木は伊藤に「若い人達に囲まれて、ストレスや打算や追従とは無縁のうまい酒」を飲むことをすすめている。そして、こうつけくわえているのだが、鈴木の場合、それぞれの年齢を貫いて、「男の美学」という基準が一本通っていた。

「あの人達は知性、感性、品性いずれをとっても並々ならぬものあり、私の場合はあの人達と酒を汲み、あの人達の談論風発に耳を傾ける時、一番楽しく、又、啓発されるのです。そしてひとつ大事なことは、あの人達を〝若い連中〟と呼ぶことがすでに大変な間違いであり、彼等は決して若くはないということであります。今日現在でも、もっと上級で広汎な仕事をまかされて然るべきであり、又、充分にその責に耐える人達であります。

あの世代を枯れさせることなく動機づけ、且つすこしでも早く経営のフロントに参加させることが必須であると思うのであります」

やはり、これは「絶唱」と呼ぶしかないものだろう。この悲痛な歌声を伊藤はどう聞いたか。

病床にあって身動きできない分だけ、精神の昂揚は激化するかのように、「過去三十年の助走は、これから三年間の跳躍があってこそ」に続く次の一節は、息遣いの乱れやとまどいを含みながら、これ以上ないボリュームの高さで歌われる。

「男の価値はゆめゆめ自分で決めて売りこんだり押しつけたりするものではなく、他人が正当にきめてくれるものであり、〝あの時、彼がいたのでことなきを得た〟、〝彼が一緒だったから良い仕事が出来た〟程度の、男同士の飾りのないひとことの為に男はかなりの危険をもおかすものであります。

＊

生来の健康とあり余る体力にほとんど信仰に近いものを持っていた私は、災厄というものがかくも突然、悪意に充ちた形で襲いかかるとは夢想だにしませんでした。

災厄はひとりの男のささやかな人生のシナリオと美学を嘲《あざわら》うかの如く打ちこわし、その結果は醜態の一語に尽きるものでありました。

ひとから頼られてこそ男であり、ひとの倍の負荷に率先して耐えてこそ指揮官でありますが、この自他ともに許すタフ・ガイは一夜にして倒れ、子供ひとり抱き上げることさえかなわぬ屈辱の状態で日々を送る有様です。

〝勝負の年〟を呼号する社長メッセージにこたえて、塁を守り、兵をすすめ、又、大がかりな改造プランの原動力となるべきところ、肝心の時になってあっけなく脱落した醜態は、ひとり個人の不名誉であるにとどまらず、すこしでも私を当てにして下さった人達の期待をひとしく裏切り、足を引っ張る結果となったことは否定出来ず、この不面目がすくなからず私を苦しめます。

それよりも何よりも、私を落魄《らくはく》の気分にしたのは、結果としての貴方に対する裏切りであります。今迄の三十年はこれからの三年の為にあったと言いながら、私は貴方が自身の名誉と社運を賭けて事を興そうという大事な時に、何の役にも立たない病人になってしまった、いや役に立たないだけならまだしも、相当な責献をする筈のところを脱けてしまった訳だから、私は疑いもなく足を引っ張ってしまったという痛恨の念が私を無性に怒りっぽくし、病院でも自宅でも関係のない人達に当り散らします。

それは私のささやかな美学とも深くかかわります。自分の美学の構図の中で伊藤さんという人物との盟友関係を大事にして来たのは何故か、その男が好きだからその男の為に働くという男っぽい動機が第一ではあるが、それ以外に伊藤さんという盟友との関係の中に自分の美学を実現するという自己目的な動機がありますます。チェ・ゲバラという男が、カストロとキューバ革命の中に自己実現の意義を求めたように、土方歳三という剣士が近藤勇という大人物との盟友関係の中に生と死の美学を実践したようにです。

近藤勇が大作戦を展開する時に、右翼の隊を受け持った土方が決行の夜になって突然腹痛で倒れ、刀も抜けず馬にも乗れずでは、これは全くのぶちこわしであり、男の美学もくそもない訳であります。

この醜態、無様《ぶざま》、間抜け加減が私をほとんど自己嫌悪に近い気分にするのであります。滑走路を颯爽と助走しただけで、いざ離陸直前に故障して止まってしまった飛行機のぶざまであります。三十年のビジネスキャリアの挙句の果てがこの醜態かと、眠られぬ夜に何度も身の不運を呪ったものであります」

ジャン・コクトーと土方歳三が矛盾なく同居しうるものかどうか、コクトーから土方へ、美学のアクセントが微妙に移動したのかどうかについては、これから仔細に検証していきたいと思うが、長い手紙の結び近く、アレグロ（早く）フォルテッシモ（強く）で歌われたこの絶唱は、一転、アダージオでゆるやかに大団円に向かう。

「強者から弱者への暗転の経験は、しかし、私にとっては貴重なものではありました。健康と体力を、空気と同じ当然のものと思っていた私は、いきおい驕《おご》りと強者の論理に偏しがちで弱者をかえりみないきらいがあったものと思います。

ところが、入院してみると周囲は病人だらけで、若くして難病を得、懸命に闘っている人、明らかに貧困な生活の不安におびえながら度重なる手術と絶望的に闘っている人、重度の症状にほとんど打ちひしがれながらも、尚力をふりしぼっている老人……いずれも今迄の私が識らない弱者と呼ばれる人々です。そういう人達と一緒に不運という共通の経験を分かち合ったことは、大変な啓発でありました」

幾重にも無念にも、鈴木はこの「経験」を生かすことはできなかった。

緊密な〝哀しい歌〟のピリオドはこうである。

「ついつい冗長、それもくり言めいた饒舌が多くなり失礼致しました。心易《こころやす》だてに痛恨の現状をありのまま書いてみました。

匆々

鈴木朗夫拝」

ジャン・コクトー

ジャン・コクトーは一九六三（昭和三十八）年十月十一日、パリ郊外の自宅で心筋梗塞のため急死した。それから一週間、遠いアジアの国の一商社マンがその死を悼んで黒いネクタイを結んで出社した。鈴木朗夫こと
ムッシュウ鈴木である。当時、鈴木は三十二歳。それほどにコクトーに傾倒していた。

健康や健全とは無縁に、むしろ不摂生を友として七十三歳で亡くなったコクトーを、読者はどうイメージしているだろうか。

私の耳は貝の殻
海の響きをなつかしむ

堀口大学訳のこの人口に膾炙《かいしゃ》した詩片の作者としてか？　それとも、あの映画『美女と野獣』の監督としてか……。

作家の中村真一郎は東京創元社から出ている『ジャン・コクトー全集』第五巻の月報にこう書いている。

「私はコクトーが詩や小説や批評や映画やデッサンや陶芸やと、次々に別のジャンルに、ブランコ曲芸師のように、鮮やかに飛びついて、そしてそのどの領域でも、見事に新しい境地を開いてみせてくれたことに、いつも拍手を送って来た。

これも、わが国近代のような、この道ひと筋ふうの、武者修行まがいの芸術家の生き方への、道徳的尊敬の行き渡っている社会では、軽蔑されかねないやり方である。日本では、一生の間、雀の絵ばかり描いている画家が偉いということになっている。脇目もふらずに一芸を修めるのが、本物だということになっている。

しかし私は、こうした自己の可能性の凡ゆる部門に、勇敢に挑戦して行くコクトーの生き方が好きだ」

これはこのまま、鈴木朗夫の宣言としてもいい。しかし、そんな日本でも、文学や芸術の世界では、コクトーはそれほど危険の臭いを発しなかったとはいえ、旧態依然たる企業の世界でコクトーの旗を掲げることは、まさに自ら摩擦の種子を蒔くに等しい挑戦だった。

コクトーには、「ナルシスの墓」と題したこんな詩もある。

その正体を現わして
いまこの水に留《とどま》るは
世を欺いて生きたもの。
死があざけってやるために
いま裏がえしにして見せる
手袋の指同様に。

あるいは「平調曲」のIには、次のようなフレーズもある。

——死は自分には怖くもあるが、
　死の秋波《ながしめ》にはひかれもする、
それというのも聞えるからだ、死神の大きな声のささやきが、
　《わたしとのデートのことも忘れるな。》
《愚物らの去るに任せろ、居留守を使ってとじこもれ、
　こぼれる美酒も惜しむでない、

死んでしまった死骸なら惜しまず墓に入れさせろ、
　死神のこのわたしこそ詩人そなたの神聖の名だ。》
（堀口大学訳）

鈴木の死後、鈴木を慕う住商社員によって「コクトー会」がつくられ、時折り集まっては〝ムッシュウ〟の話をしている。

その一人の、広報室長・那須秀康が語る。

「鈴木さんは『美女と野獣』の主演俳優、ジャン・マレーが好きだった。ジャン・マレーはオレに似てるとか言ってね」

容貌も日本人離れしていた鈴木は、それだけでなく、時々は化粧もしていたし、香水もつけていた。相当なナルシシストで、とにかく他人の前に立った時から徹底的に演技しているのである。

那須は、鈴木が亡くなる前、手紙でオピウム（阿片）という香水を買って来てくれ、と頼まれた。小さい壜で一本三万円もする高い香水で、フランスで買えば少しは安いが、それを四、五本買って来た。

それをいつも鈴木は自分の部屋いっぱいにまき散らしていた。役員になって与えられた部屋を、鈴木は自分なりに改造し、アラブのハーレムのように黒く壁を塗りかえた部屋に安楽椅子を置いている。

那須がたまに入って行って声をかけると、

「おーっ」

と言って鈴木はまたオピウムをパーッとふりまき、そこへ座れと手で合図しながら、

「いや、疲れるよ、君。わしはもう孤立無援だよ」

などと言った。

那須が鈴木に深く惹かれたのは、鈴木が、いまの日本の社会のあり方への批判を全身でぶつけ、そして、亡くなってしまったからである。

その中で生きて「成功」しながらも、鈴木は、日本社会の非論理的なところや個人が確立していないところ、あるいは、うじうじとして卑屈なところに、全存在を賭けて「ノン」と言い続けた。その否定の一側面が〝化粧〟であり、〝遅刻〟であり、〝香水〟だったのだ。

鈴木の最後の住まいとなった渋谷のマンションを訪ねて、私はその黒く縁《ふち》どられた金箔の壁面を見ながら、この日本社会と隔離された空間を基地として、鈴木は出撃していったのだな、と思った。

鈴木は生涯、ヨーロッパに憧れ、ひと昔前のその生活スタイルを断乎として貫きつつ、最も日本的な企業社会の中枢に生きた。

那須によれば、鈴木はアメリカに駐在したけれども、アメリカは嫌いで、よく、こんな砂漠みたいなところ、と言っていたという。

「彼がなぜ商社マンになったかと言えば、結局、外国が好きだったからですよ。彼は少しでも日本から脱出したかった。外国を相手にビジネスをしている限りは、ある程度、日本から脱出していられるわけです。彼は外国人が好きで、日本人が嫌いだったんですよ。はっきり、口に出してそう言ってました」

こう語る那須が口惜しく思うのは、鈴木が自分の死をどう受けとめるかについて一言も発せずに逝ってしまったことである。

鈴木の、計算し尽くされたライフスタイルの中に、五十半ばにしてガンで死ぬというスケジュールはまったく入っていなかった。その予期せぬ出来事を知った時、あの鈴木がどう対処したのか。それによって鈴木の美学も試され、完結したと思うのだが、その〝落丁〟は遂に埋められることがなかった。

死の間際の伊藤宛ての手紙には、それを自覚したふしが見受けられないでもない。しかし、冷厳な事実として、それを鈴木が知らされたわけではなかった。

「結局、まだ死ないと思ったわけですよ。オレはこんなことで死なないと思った。けれども僕は、最後は彼が自分の死を真正面から見つめて、それに相対する時期があってほしかったと思うんですね。これはまったく僕の個人的な感想ですが、そこで彼は人間的にひとまわりもふたまわりも大きくなっただろうと思うんですよ。結局、彼の人生は青春のままに終わってしまったなという感じがして、そこのところが僕は残念ですね」

白髪の那須が頬を紅潮させて、鈴木美学の未完を惜しむ。その語調の強さに、私は逆に鈴木朗夫という男の絶対値の大きさを見た。

鈴木は入院後、伊藤とその夫人以外、ほとんど誰にも会っていない。痩せ衰えた自分の姿を見せたくないし、見られたくないという美意識によってだったが、会いたいと言ってそれが叶わなかった那須の手に、とうとう手渡せなかったオピウムが残された。

コクトーはカトリックへの〝改宗〟をめぐる騒ぎが一段落した後、

「なんと人間に許される自由が小さいことか！」

と歎声を発したという。

コクトーに心酔した鈴木を、残酷な死神は〝自由〟にはしてくれなかった。

ナルシストであるがゆえに、あるいは、究極の美を追求するがゆえに、鈴木はまた、現在の自分がいかに醜いか、完《まった》き美にいかに遠いかを知り、学生時代から、自分の血のつながった子どもなんかつくりたくない、と言いつづけてきた。

それは、もともと人類は早く滅亡すべきであり、子どもなどつくって再生産すべきではないという破滅的な哲学にも基づいていたし、人間の最も醜い姿は子どもを抱いてヤニ下がっている図だという美学にも裏打ちされていた。

のちに述べるが、結婚する際にも、子どもをつくらないことに同意させて、鈴木は結婚している。そして、それを最後まで貫き通した。

鈴木の好きだった三島由紀夫は子どもをつくり、最後には日本に回帰したが、鈴木は回帰しなかった。

母と叔母と

映画監督だった伊丹万作に、戦後まもなく発表した「戦争責任者の問題」というエッセイがある。

「騙《だま》されたということは不正者による被害を意味するが、しかし、騙されたものは正しいとは、古来いかなる辞書にも決して書いてはないのである。騙されたとさえ言えば、一切の責任から解放され、無条件で正義派になれるように勘違いしている人は、もう一度よく顔を洗い直さなければならぬ。しかも、騙された者必ずしも正しくないことを指摘するだけに止らず、私は更に進んで『騙されるということ自体がすでに一つの悪である』ことを主張したいのである」

「『騙されていた』と言う一語の持つ便利な効果に溺れて、一切の責任から解放された気で居る多くの人々の安易きわまる態度を見る時、私は日本国民の将来に対して暗たんたる不安を感ぜざるを得ない。『騙されていた』と言って平気でいられる国民なら、恐らく今後も何度でも騙されるだろう。いや、現在でもすでに別の嘘によって騙され始めているに違いないのである」

鈴木がこのエッセイを読んだかどうか、私は知らない。しかし、もし読んだとしたら、伊丹ほど「日本国民の将来」を憂えなかったにしても、根底において強く共感したのではないだろうか。

男でも女でも、鈴木は「弱者」が嫌いだった。とりわけ、自分の「弱さ」を棚に上げて被害者ぶる人間が嫌いだった。

人間は常に加害者たるべきだ、というのが鈴木の人生哲学だったからである。

女性に対しても、その強者の哲学で接し、

「オレのところに寄ってくる女は、片っ端から猛禽のごとく喰らうんだ」

と口ぐせのように言っていた。

食われてヒイヒイ泣くのは弱者であり、オレは強者だというわけである。

その鋭い嘴《くちばし》に、あるいは致命的な傷を負った女性もいたかもしれないが、とりわけ若い頃には、その女性遍歴は派手だった。

「いやあ、昨日も全然知らないのがアパートに来ちゃってね。来たら、いきなり脱ぎ始めるんだよ。そうなったら付き合わざるをえないだろう。おかげで朝まで一睡もできずだよ。目を見てくれ、真っ赤だろう」

鈴木の、こんな偽悪的な話を聞かされた者は少なくない。

寝不足の目を隠すためか、かけてきたサングラスをいじりながら、鈴木は続けた。

「まだ、あいつ、オレのベッドに寝ているよ」

上背はないが、彫りが深く、日本人離れした容貌の鈴木には、口説かなくても、女性が寄ってきた。たとえば、日航の飛行機に乗って、パイプ片手に英語の本などを読んでいれば、とても日本人とは思えない。

そして、スチュアーデスが、英語で話しかけると、鈴木はよどみなく英語で答えるのである。

ある時も、スチュアーデスが、てっきり東南アジアの財閥の御曹子か、アラブのプリンスと思ってしまったのを、そのまま利用して、最後までそれになりすまし、そのスチュアーデスとつきあった、と自慢げに話していた。

こんな話もある。

パリで地下鉄を待っていた時。向かい側のホームに立っていたパリジェンヌとパチッと目があってウィンクしたら、まんざらでもない風情を示す。それで急いで通路を駆けて行って、その女性をとらまえ、三日三晩、時を忘れてベッドで過ごしたという。

「こういうことがあるから、こたえられないよ」

鈴木はこう言って高笑いした。

自分でビジネスをこしらえ、二ヵ月でも三ヵ月でも、ヨーロッパに長期出張する。鈴木の能力をもってすれば、商談にそれほど時間はかからない。手早く仕事をすませた鈴木は、スペイン、フランスと遊びまわるのである。バイヤーはベルギーにいた。ここを基地として、ヨーロッパを股にかける。ベルギーに出張しているはずの鈴木がスペインにいたなどということはしょっちゅうだった。

「あれがオレの人生の華だったな」

五十を過ぎてから、往時を振り返って鈴木がこう言ったのを、那須は聞いている。

ただ、そうした放埓の只中で、鈴木はまた静謐をもこよなく愛した。

ベルギーとフランスに長く駐在していた那須のところに、鈴木が「ゆっくりとコニャックでも飲みながら、いい空気を吸える静かなところを探しておいてくれ」とテレックスを打ってくる。

観光とかは煩わしくてイヤだから、どこか、あまり人の来ないところでのんびりしたいという鈴木の希望を容れて、湖のほとりの小ぢんまりしたホテルを探しておくと、鈴木は一人でやって来て、たとえば、原っぱに寝ころがって、何時間も雲を見ていたり、一日中、静かに散歩したりする。

「ヨーロッパへ来ると、オレは解放されるんだ」

鈴木は那須に、しばしばそう言った。

やはり、離群性の強い詩人だったのだろう。

孤独癖の強い鈴木が女を「喰らった」のも、あるいは、ポーズだったのかもしれない。演技であり、化粧だったと見ることもできる。とっかえひっかえ女を漁り、いかにも強靭な体力を持っているかのように見せかけながら、実は鈴木は非力だった。ボディビルをして格好はつけていたけれども、力は弱く、ゴルフをやっても遠くへ飛ばすことはできなかったのである。

鈴木はよく、昨日、街でケンカをして勝ったとか言ったが、誰もそれを信用しなかった。小柄な身体で人一倍プライドが高い点でも、鈴木は三島由紀夫と相通ずるものを持っている。

それはまた、母親の絶対化と、そこから来る女性への理想の高さで共通するのである。

「あれはお母さんっ子でね。学生のころから、僕らにお母さんの自慢ばっかりしていたよ。親父さんのことは一言も言わないんだ」

前記の白倉が、こう回想する。

「とにかく、会うたびに、うちのおふくろは昔は美人だったんだぞ、と言う。きちっとしてて、おふくろに叱られると、オレは何にもできなくなるんだ、と盛んに言っていた」

そして、もう一人、鈴木の女性観を決定づけたのが、叔母の信子である。

白倉は、鈴木の結婚が遅くなった理由の一つに、母親姉妹の存在を挙げる。この二人に比べれば、すべての女性は並みだった。

ふしぎなことに、この信子が、鈴木が亡くなるわずか十日余り前に、やはりガンで亡くなっている。

晩婚で、子どものなかった叔母夫婦だが、夫の小成申祐《こなりしんすけ》は「妻が朗夫を連れていっちゃったみたいな気がする」と述懐する。この小成も白倉も口をそろえて語るほど、鈴木朗夫は叔母の信子によく似ていた。それは容貌だけでなく、性格もだった。小成は「亡妻と朗夫とはとりわけ濃い血の繋がりがあった」ように思うとまで書いている。

ここに、小成が亡妻を偲んで編んだ『信楽院紫空光華大姉』と『さよなら上高地』という小冊子がある。この中で小成は、亡妻を「オコちゃん」と呼んでいる。これは信子が幼時に自分のことをオコちゃんとしか呼べず、それが通り名になって、知り合ってからズーッと、そう呼んでいたからである。

二つの冊子の前者は、信子の死の床の手記であり、ほとんど同時進行的に、この叔母と甥の鈴木朗夫はガンと絶望的な闘いをしていたことになる。

七月七日の項に、小成は、「主税町の姉」つまり鈴木の母が、鈴木の兄の靖一郎に付き添われて見舞いに来た、と書いている。

小成によれば、信子は、知人はもとより、近親者でも病室に来ることを拒んでいた。この姉だけは別だったが、それでも、四、五十分すると、

「もう帰ってェ！」

と追い出すように急《せ》きたてたという。これもまったく鈴木と同じだった。

恥ずかしや醜き姿さらけ出し
神さえもねたみ給うかわが二人
金銀の想い出の珠こぼれ行く
愚かにも別れのあるを今知れり
我もはや幽明へだつ境なり
悲しみのひたひた寄せる死の枕

このころつくった信子の句である。

「誰の眼にも実際の年より二十歳位は若く見えたし、歩く姿勢もしゃんとして若々しかった」妻に倒れられ、次のような手記を寄せられた夫は、それをどう受けとめればいいのか……。

「いつまでもこんなにしていると、大事ないとしい貴方が疲れてしまう。こんな私でも生きている方がい

いとお思いですか？　苦しい。切ないの。オコちゃん、オコちゃんと呼ばれ、大切にされて、お互いに夫、妻という感じ方はなく、恋人同士で終始しました。人前でもそれが自然でしたね。貴方という人はこんな私を何故宝物のように？　申祐、申祐、許して下さい。リュウと二人、神仏の手で強い糸で結ばれて――リュウの本を早く見たいと思います。貴方の笑顔を見たいと思います。念じて居ります。でも何て苦しいのでしょう」

リュウとは、小成夫婦がかわいがっていた猫である。

信子は三月初めに仮入院した時から、枕もとに手帳とペンをおいて、さまざまなことを書きとめた。留守にしている家のなかのこと、ものを納い込んだ場所のことといった日常のことの他に、それは若き日の回想に及んだ。

小成と一緒に歩きまわった山々や、そこに咲いていた花の名前を書き、読んだ小説の題名を書き連ねては、独り、回想に浸っていた。

小説では、ロマン・ロランの『魅せられたる魂』『ジャン・クリストフ』、バルザックの『村の司祭』、トルストイの『戦争と平和』、ドストエフスキーの『白痴』、井上靖の『氷壁』、大佛次郎の『帰郷』などが挙げられている。

岡本かの子のことも書かれているが、

　力など望まで弱く美しく
　　生まれしままの男にてあれ

と歌ったかの子のような勁《つよ》い女は、オコちゃんにとっても憧れであり、そのまま、鈴木朗夫の女性像にも大きな影響を与えたに違いない。

数々の映画の題名も列挙されている。

『ラ・ルー』『火の山』『黒蘭の女』『アンナ・カレーニナ』『望郷』『白き処女地』『ジャン・バルジャン』『外人部隊』『たそがれの維納《ウインナ》』『幻の馬車』『舞踏会の手帖』『故郷』『禁じられた遊び』等々。

信子は若き日、与謝野晶子の次の詩を愛誦した。

五月はよい月　花の月
君を慕いて　はるばると
シベリヤを行き　ドイツ行き
花のパリーに　着いた月

そして銀婚式の年、一九七六年秋に夫妻で欧州旅行をする。きちんとした日程は組まず、一ヵ月ほどの自由な旅だった。

甥の朗夫のヨーロッパ熱を高めた信子が、初めてで最後の欧州旅行をしたのである。夫の小成申祐は「オコちゃんは戦前に行く筈だった欧州旅行に行けなかった」と書いているが、いま、その詮索はすまい。ただ、信子の簡潔なスケッチを引いておきたい。

「マッキンレーの氷の城、斜陽を浴びたその姿を息を呑んで見る。段々と海の色が拡がり、氷が薄くなって行く。その上に真綿のような雲がポッポと浮かぶ。

ああパリーだ。朝六時着。白いスカーフを首に巻いたスマートな黒人男性がいる。通関でボン・ジュール、マダームと声を掛けられ、カンボン通りのオテル・カスティーユへ。有名店が一杯ある。夕食。同宿の外国人客が全部メニューの一番上の肉料理を注文している。それが意外に美味しく、若いギャルソンも可愛いくて、いい雰囲気。

リボリ通り。美しい様式の石造建築の列。そこを行った囚われのマリー・アントワネット。その馬車が軋む音まで耳に響くようで、いつまでも立ちつくす。

チュイルリー公園のクレープ、グラース。植物園の静かなベンチ。モンマルトルの焼栗、へぼ画家、地下鉄。

ボージャンシー（ロアール河畔）。そぼ降る雨の夕方。私はある建物のポーチに雨を避け、申祐はあちこち宿を探して廻る。折りからのこの町の催しもので、宿はどこも一杯。その私達の前に車を停めた中年の男の人のあの優しい笑みはいつまでも忘れられない。その人がロアール河畔の僧院のオテルに連れて行ってくれた。

そのオテルにアラン・ドロンに似たギャルソン。河でとれた魚のスープ。

翌日ボージャンシー駅から初めてユーレイル・パスを使う。一等車に黒いコートを着込んだ品のよい中年婦人がいて、足を組んで本を読んでいた」

岡本かの子も与謝野晶子も、男にもてあそばれてヒイヒイ泣くような女ではない。むしろ、男を手玉に取るような勁さと、男の愚かさを包み込むようなあたたかさをもった女である。こうした懐の深い、たっぷりした女に信子は惹かれた。それは朗夫にも受けつがれ、朗夫は強くなろうとしない女には惹かれなかった。

自称スペイン特使

いまから二十余年前の昭和四十四年、住友商事の売上高は一兆円で、トップの三井物産が二兆三千五百億円、二位の三菱商事が住商の倍の二兆円だった。丸紅が一兆六千億円で、伊藤忠が一兆四千億円。住商は第五位である。

それからさらに十年前の昭和三十四年は、ちょうど伊藤正が大阪から東京に赴任してきた年だが、この年の夏の『エコノミスト』を伊藤はいまも持っている。「商社株の展望」という記事が載っていて、各商社の現在と今後が占ってあるからである。

当時の売上高トップは三菱商事で千九百八十四億円。以下、物産、丸紅、伊藤忠が一千億円台で続き、次いで東洋棉花、日綿が八百億円台。住商はそれより下の五百三十七億円である。三位の丸紅のほぼ三分の一。

鈴木朗夫は昭和三十年に東大を出て就職する時、この丸紅と住商、そして日本鋼管を受けている。日本鋼管はともかく、丸紅の試験はトップで通ったが、強く入社をすすめる丸紅幹部の説得を振り切って、鈴木は住商に入った。当時のランクとしては丸紅よりずっと下位の商社に入ったことになる。

鈴木が丸紅を振った話は、伊藤が後に丸紅の首脳の近くにいた人から聞いた。

それで、ある時、伊藤が、

「お前、丸紅受けとったんか」

と鈴木に聞いたら、

「いやあ、そうなんですよ」

と笑っていたという。

鈴木の長兄が住商を推したらしいが、鈴木が丸紅へ行っていたら、伊藤との出会いはなかったわけである。

伊藤は三十四年春に東京へ来て鋼材貿易の課長代理となり、翌年、課長となって鈴木を迎える。

前記の『エコノミスト』に、住商の仕事はほとんど住友金属等の身内に限られており、これからどれだけグループ以外の仕事ができるかが課題だ、と書かれていた頃だった。

もちろん、伊藤自身もそう思っていたし、伊藤は鈴木や課員とともに、住金以外の、八幡製鉄や富士製鉄(のちに合併して新日鉄となる)、あるいは日本鋼管への食い込みを図る。

しかし、それはなかなかに難儀なことだった。当時、たまたま、パキスタンの国鉄が貨車組み立て用の鉄鋼を買うために入札をやっていると聞き、その窓口の指定商社として、それを落札しようとする。

住商は、鉄そのものについてはパキスタン市場に実績というほどのものがなかったが、車輌部門には実績があった。それを手がかりに、伊藤と鈴木は日参する。

そして、ようやく認知され、しかし、住商だけにやらせるわけにはいかないということで、三菱商事と共に、鋼板メーカーの八幡、富士、川崎製鉄、日本鋼管の四社の窓口となって、このプロジェクトを推進する。

途中、さまざまなクレームがついたが、その都度、鈴木はメーカーの人を集めて会合し、一緒にいる伊藤が舌を巻くほど、うまく調整した。

メーカーによっては、「お前のところは住友金属のパイプでも売っていればいいんだ」と冷たく拒絶するところもある。いや、大部分がそうした雰囲気の中で、伊藤と鈴木は、住友グループ以外の仕事をふやそうとしたのである。

鈴木について、当時、伊藤は住金のある常務から、

「住商にはヘンなのがおる。ポケットに絹のハンカチなんか入れている」

と言われて、鈴木に注意したのを憶えている。

ワイシャツもすでにカラーだったが、それもやめといたほうがいいなと言ったら、鈴木は口をとがらして、

「私は白のワイシャツなんか持ってませんけど、ムリに買わないきませんかなぁ」

と伊藤の顔を見ていた。

ともあれ、伊藤は、役所より役所的といわれる鉄鋼業界へ必死に食い込んでいく。その尖兵となったのが鈴木だった。

パキスタンの次がインドネシアである。インドネシアの国鉄のレールのビジネスがあるから、これを何とかしよう、と二人は考えた。

鈴木はすでに、何かヘンな奴だけれども仕事は非常にできるという評判を業界でかちえていた。まだ、入社六、七年だったが、「住商に鈴木あり」という声は、キザな男だという噂とともにひろまっていたのである。

インドネシアの商談の際には、鈴木がインドネシアの運輸大臣まで連れて来た。日本のレール関係のメーカーは七、八社。それをまとめながら、向こうと折衝する。

八幡製鉄の担当者が、鈴木がインドネシアの人間といると、鈴木のほうがよほどインドネシア的だと言ったほど、鈴木は向こうの人間に親近感をもたれるエキゾチックな顔をしていたが、しかし、交渉はそれとは別で、なまなかなことでは進まなかった。

鈴木はとくに妙手奇手を使うわけではない。あくまでも正攻法だった。昭和四十四年から四十六年にかけては、鈴木がとりわけ愛したスペインとの商談をまとめる。

当時、スペインは工業化を急いでいたが、鋼材製品が払底し、冷延工程を増設したスペイン鉄鋼業自身が熱延鋼板の構造的不足に悩んでいた。

この需給ギャップを埋めるべく、鈴木は奔走する。住商の鋼材輸出の課長をしていた鈴木は、八幡、富士、川鉄、日本鋼管、住金の五社をまとめ、総量で二十万トン以上の鋼材を輸出したのである。

俗称UNESID《ウネシッド》オペレーションというこの大型商談は鈴木の小さいころからの夢を叶えるものだった。陶磁器の製造輸出をしていた鈴木の実家はヨーロッパを主たる市場としており、各国のバイヤーたちが夫人同伴でやって来た。

その中で、鈴木はとくにスペインに惹かれていく。

鈴木の表現を借りれば、「美人の奥さんの束ねた黒髪や色っぽい表情、手の甲を腰に当て、顎を突き出す仕草や、陽焼けした小父さんの皺の多い顔、哀しげな眼付きにとても親近感を持った」のである。

その憧れのスペインに鈴木がはじめて足を踏み入れたのは昭和三十六年だった。伊藤と出会った翌年である。

鈴木には、それが最初のスペインだとは、とても思えなかった。マドリードの下町に漂うニンニクや黒タバコの臭い、そして汚れた家並みにも、なぜか〝郷愁〟をそそられるのである。

それで、あまり商売にはならなくても、しばしば〝故国〟スペインを訪れ、多くの友人をつくった。

そして、四十四年の春、例によって鈴木がふらりとマドリードに立ち寄った時、その中のひとりが、「助けてくれ」と飛び込んで来た。

事情を聞いてみると、スペインには中小の需要家が散在し、みんなが材料不足に悩んでいるが、鋼材の輸入供給はひとにぎりのユダヤ系外商が牛耳っており、零細需要家の弱みにつけ込んで法外な値段と条件で取引を強要しているという。

日本の鋼材も入っているが、日本の大手鉄鋼メーカーにしてみれば、遠くスペインの小口需要にひとつひとつ応じているわけにはいかない。

それで、どうしても満船ベースで一括買いしてくれる外商に売ることになり、その外商はそれを小口に分け、高値で中小需要家に売るという構造になっていた。

そこへ、「住友で何とか助けてくれないか」と言われた鈴木は、ひと晩、頭をひねる。何とかして〝同胞〟の願いに応えることはできないか。

切々たる訴えに応ずる道を求めて知恵を絞り、スペイン側の公正な機関が集中買付けをするのがベストだという結論に達した。

それで早速、以前から顔見知りだったカルロス・ペレス・デブリシオに面会を求める。カルロスは工業省傘下の鉄鋼連盟（UNESID）の総裁だった。

これについてはカルロスも頭を痛めていたので、冒頭から真剣な話し合いとなり、鈴木は、UNESIDが全スペインの輸入需要を取りまとめて集中買付けをする方式は考えられないか、もし、それが考えられるのなら、自分が日本の鉄鋼メーカーが共同でそれに応ずるよう要請してもよい、と提案した。

するとカルロスは、

「それができるなら、これほどありがたい話はない」

と言って身を乗り出し、鈴木に、是非仲介の労をとってほしい、と頼んだ。

日本に飛んで帰った鈴木は、まず、八幡製鉄の輸出部長をしていた寺西信美を訪ね、いろいろ相談した後、大手鉄鋼メーカーの間を説いてまわった。

鈴木はその時、住商の担当課長というより「愛するスペインのために」頼んでいるスペインの特使という気持ちだったが、あまりの熱心さに、寺西や課長の江口祥からは、

「あなた、スペインに帰化したら」

と冷やかされたという。

結局、この商談はうまくまとまり、鈴木は「スペイン業界の救世主」として感謝されることになる。

鈴木を助けた当時の住商マドリード所長や所員と共に、鈴木はカルロスの別荘に招かれたが、たいへんなもてなしを受けて、「自称スペイン特使」の鈴木はその夜、さわやかな酔心地にひたったのである。

ビジネス・レターの風格

交渉においての鈴木の持論は「強い敵は尊敬される」だった。商社マンにありがちの、もみ手をしながら接近するスタイルを極度に嫌い、タフ・ネゴシエーターとして鈴木は終始した。

ヨーロッパやアラブの人間は、われわれのような農耕民族ではなく狩猟民族であり、彼らは、敵であっても、

なる。

「ウヌッ、おぬしやるな！」

という感じになれば、敬意を払う。

だから、ただ、ひたすらお願いするようなことをすれば、逆に、なめられて、最低の条件しか得られなくなる。

がんばるところはがんばって、相手に存在を認めさせるところから、ネゴシエーションは始まるというのが、鈴木の一貫したビジネス哲学だった。

鈴木に親炙《しんしゃ》した木村誠（住商化学品事業開発室長）によれば、鈴木はロジカルな説得を強調し、「雨が降れば天気は悪い」というようなことを言った。これは、日本人にとっては、何を言ってるんだということになるけれども、「風が吹けば桶屋が儲かる」式の三段論法は、ある意味ではヨーロッパ人やアラブ人には通じやすいのである。

鈴木の「敵」論には、「私は敵から容赦されることを欲しない」と言ったニーチェの影響も窺われる。

ところで、鈴木ムッシュウの弟子もしくは第一の側近を自任する木村だが、木村は住商を受けに来た時、東大法学部の専門課目をほとんど修得していなかった。当時の社長が驚いて、

「いったい、君は毎日何をしてるんですか」

と尋ねたら、木村は平然として、

「いや、私は毎日、日本棋院に行って碁を打っています」

と答えた。

すでに五段の強者である。おもしろいじゃないか、入れようという話になって入った変わり者だった。の

ちに韓国の駐在員になる時、住商が連絡するより先に、日本棋院から韓国の棋院に、「今度、日本棋院の木村が行く」という連絡が行ったという。

そんな木村が最初に配属されたのが、国内販売の物資部。そこで紙パルプを担当したが、鬱々として楽しまなかった。いろいろな事情があっておもしろくない。

会社に入って四年。ここでやめるか、それとも、どこか会社の中でおもしろいところはないか、調べようと思って人事へ行ったら、当時、鈴木のいた鋼材貿易第二課が目に止まった。会社一、残業が多い。いわゆる貿易部隊で、これはおもしろそうだと思い、そこへ行かせてくれ、と上司に頼んだ。

その、木村の直属の上司が、のちに社長になる植村光雄である。そのころ、植村は物資の副本部長だった。植村から伊藤へ、住商の社長の椅子はバトンタッチされたわけだが、それでは、これを持って伊藤という人のところへ行きなさい、と植村が親書を書いてくれた。昭和四十年晩夏のことである。

いま、木村は「若気の至り」と回顧するが、それで、大阪にいた木村は東京の伊藤に連絡をとろうとする。しかし、伊藤にはなかなかストレートにつながらない。

そのうち、鈴木という人が、

「私が話をうかがいます」

といって出てきた。

木村は経緯を話し、

「では、九月一日に赴任致します」

ということになった。

木村にとって、その電話が鈴木朗夫、すなわちムッシュウとの初接触である。

当時、大阪にまで、伊藤や鈴木の名前は伝わっていた。というのは、社長が津田久だったが、「鈴木朗夫OK、イコール伊藤正OK、イコール津田久OK」と信じられていたのである。それは一つの神話だった。

しかし、そうした神話が流れるほどに、鈴木・伊藤ライン、いや、伊藤・鈴木ラインは緊密化していた。津田と伊藤の間については章を改めて詳述する。

それにしても、鈴木はまだ入社十年目である。課長にもなっていなかったが、木村は鈴木と話しながら、

「ああ、この人があの鈴木さんか」

と思っていた。もちろん、鈴木の名前の知られ方には、サラリーマンらしからぬサラリーマンという部分も入っている。

さて、木村は当日、できたばかりの新幹線に乗って、大阪から東京に向かった。午前中に出発して昼ごろに着くつもりで乗車したのだが、折悪しく台風にぶつかり、名古屋でストップしてしまった。とても五時ごろまでには着きそうもない。

それで木村は名古屋から鈴木に電話をし、

「今日は遅くなりそうですので、八時とか九時とかに着いたら、明日出社します」

と言った。

ところが鈴木は、

「いや、こちらは一向に構いませんよ。八時でも九時でもやっていますから。とにかく東京へ着いたら電話を下さい」

と言う。木村は感覚の違いに驚きながら、九時ごろにようやく東京駅に着いたので、電話を入れた。

すると鈴木は、

「あ、いまみんなそろってますから」

という返事である。

当時、住商の鋼材貿易は現在の大手町の住友銀行が入っているビルの一階の、駐車場に入る坂の横にあった。その時間だし、木村は大阪から来たばかりなので、なかなか入口がわからない。坂の途中から中を見たら、誰かが窓を開けて、

「おう、こっちから入っていいよ」

と言った。それで、木村は転勤第一日、窓から入ったのである。

中に入ると、課長の衛藤甲子郎《こうしろう》以下、課員がみんなそろって仕事をしていて、課長代理だった鈴木にも紹介された。

鈴木はいきなり、

「あなたにこれを見てもらいますから」

とポーンとファイルを渡す。

「ええっ！」

と木村は声を出さんばかりに驚いた。木村は鋼材貿易のことは何にも知らないのである。それなのにすぐに仕事をさせるのかと思ったら、鈴木が木村の動揺を見すかしたようにニヤリと笑って、

「明日シンガポールからお客が来ます。あなたにも出てもらおうと思いますので、ファイルを読んでおい

て下さい」

と言った。出会い頭のカウンター・パンチみたいなものである。

着いた日にそれを喰らって、強烈な印象を受けている木村に、それから二、三日して、鈴木が、

「あなたは英語ができますか」

と尋ねた。

「いや、まあ、それはできると言えばできるし、ただ、そんなに貿易はやってないから、うまくはできないかもしれません」

と木村が答える。

すると鈴木が、かくかくの状況になっているので、相手に手紙を書かなければならない、それを書いて下さい、と言った。

それで木村が、一生懸命に辞書を引いたり、貿易英作文などを参照したりして、夕方までかかって、われながらそこそこかなと思えるレターを仕上げ、鈴木に出した。

鈴木はそれを見て、

「あなたはなかなか英語ができますね」

と言う。

木村がホッとして、

「それでは、これで出しますか」

と言ったら、鈴木の返事は、

「いや、あれは午前中に出しておきました」

木村がいささかムッとして、

「それはどういうことですか」

と詰問口調で言うと、鈴木は、

「いや、この程度のレターは五分間で書かないと仕事になりません。レター一本を一日かかって書いていたら、会社はつぶれます」

と答えた。ギャフンである。

ある意味で完全主義者の鈴木は、そこそこの文章でも、ベストを求めて添削した。

だから、赤ペンでいろいろに直しを入れられた木村は、伊藤正に、

「私はもう旺文社（の大学模試）を思い出します」

と、ぼやいたという。

貿易は口頭ではなく、すべて書類《レター》で確認する。その書類には住友商事としての風格がなければならない、というのが鈴木の口ぐせだった。レターは単に意図を伝えるだけではなく、そこに高い格調が必要だ、というのである。

その格調の高さは、イギリスのシェークスピア時代の作家が見たら、なるほどと肯定するようなものだが、アメリカ人は噴き出すだろう、と悪口を言う人もあった。

しかし、鈴木はそれに自信を持っていた。自信というより、確信といった方がいいかもしれない。書き出しにもこだわり、会社の英文の書き方のモデルのような紋切り型は嫌った。

たとえば、「辞書にこう書いてあります」と言っても、

「それは辞書が間違いです」

と却下するのである。

そして、鈴木の使う言葉はメリハリが利いており、鼻柱の強い木村をも、

「なるほど、これ以上にいい言い方はないな」

と納得させるものだった。

英語の候文《そうろうぶん》と評する人もいたけれども、とにかく鈴木流として確立され、対手《あいて》の信頼をかちえた。

ここに、鈴木流英文レターの書き方をわかりやすく例示したレポートがある。昭和五十六年三月四日に書かれたもので、横書きだが、「各位」に宛てて、まず、日本語での注意がある。

「外に向かっての名乗り上げ、相手に対する語りかけは、すべての商売の第一歩であり、基本です。そしてそれは、必ず、次のふたつの条件を充たしていなければなりません。

㈠ 相手に対する礼儀にかない、且つ、一流会社（当社）としての品格を保っていること。

㈡ 論旨が、誤解の余地なく明確であること。自分は「何について」語っているのか、「何をしたいのか」、「何が出来るのか」、相手に「何をして貰いたいのか」、そして、動機と目的は何か……

それらのことが、一通の手紙の中に的確に盛りこまれていること（一ヵ月前の手紙や、半月前のテレックスを掘り起こして refer しなければ趣旨が分からないような手紙は最低）。

原作者には悪いが、特にお許しを願って、二通の letter 見本を添付しますから、熟読してみて下さい。夫々の letter につき、Ⓐは原作 draft、Ⓑは私が直したものです。じっくりと見較べて貰えば、私の趣旨は、

Ⓐ

It was indeed a pleasure to meet you again after so long time since last on the occasion of your recent trip to Japan. I appreciated very much your sparing precious time to discuss the energy situation of your country.

Incidentally, soon after meeting with you, I have made my staff visit Japan National Oil Corporation (JNOC) to inquire how they think of oil shale development. As a result, it was found that they are planning to make a preliminary study on oil shale in People's Republic of China, Brazil and Australia, and that they place less importance on Thai oil shale for the following two reasons;

a. Reserves in place are smaller
b. Thai Government's strong control on development, making private hands less flexible

Therefore, with a view to keeping their eyes on Thai oil shale, we have no other way, at present, but to begin with providing to them the following basic data and information. So, we are much obliged if you would kindly collect and send them to us.

Ⓑ

It was indeed my great pleasure to meet you again after so long absence from each other on the occasion of your recent stay in Tokyo. I enjoyed the conversation with you and shared the interest in your ambitious plan of developing the oil shale resources in Thailand.

As we told you then, if there is a realistic possibility for us to collaborate with you in this issue, it would primarily depend on whether or not and how far Japan National Oil Corporation (JNOC) shows interest, because this type of project requires a huge amount of fund that could be raised in an encouraging way only when the governmental sector like JNOC becomes involved.

自ずから分かって貰えると思います。

（原作者の名誉のために言っておきますが、原作 draft は平均以上の水準のものであり、通常なら、恐らく無修正で発信される程のものです。私は敢えて、Aクラス draft を選んで、各位に見本を提供する次第）

此の種の勉強は簡単であり、将来必ず、各自の資産として役に立つものですから、意識的、集中的に polish up 方努力して下さい。

以上」

そして、タイの顧客に宛てたレターが付されている。その最初の部分だけを前ページに引いてみた。

タフ・ネゴシエーター

鈴木はまた、「ビジネスマンから見た〝国際化〟の問題」という長文のレポートを残している。これは出色の〝国際化〟論であり、しなやかな鈴木の知性と論理、そして、それによって組み立てられたビジネス戦略ともいうべきものが浮彫りされているので、ていねいにトレースしていこう。

鈴木はまず、「〝国際化〟……語義のはっきりしない用語」と題して、その背景を三つ挙げる。

一つは、「日本の特殊なカルチュアの一部を形成しているように思える」語義のはっきりしない言葉が多用される傾向。

○一体、我々は何をどうすれば〝国際化〟したことになるのか。

○何をしなければ〝国際化〟していないことになるのか。

鈴木はこう問いかけ、「〝国際化〟という抽象語でひとくくりにされているものを分解し、個々の側面について、何をどうした方がよいという具体的な議論にしないと意味がないし、生産的でない」として、こう書く。

「最近、新聞などで〝国際化〟という言葉を見る度に、私は幕末の〝開国〟や明治初期の〝文明開化〟と同じような語調を感じる。抽象語がスローガン的にひとり歩きしていることに危険を覚えるし、なにか国家を大改造したり民族固有の文化を否定するようなことにつながりかねない悲壮感さえ感じられて、つき合いにくい」

次に鈴木は、「世界を眺め廻して、そもそも〝国際化した国〟というものがあるのか」と設問し、あるとすれば実例を見せてほしいと言う。

アメリカは確かに世界をリードする世界国家だが、すこぶるドメスティック・マインドの強い面があり、その独善と押しつけは〝醜いアメリカ人〟とか、〝無知なアメリカ〟と呼ばれて、至るところで摩擦をひきおこしているではないか。

「最近の日米貿易インバランスをめぐる、政府間の対話におけるアメリカ側の語調や論理には、粗雑と独善と無礼が多く、お世辞にも立派な国際紳士とはいえない」と論難しながら、鈴木はこう註をつける。摩擦はなにも日本の専売特許ではなく、複数の国の間や異文化が接触するところには、摩擦があるのが正常であって、ない方がよほど気味が悪いのだ、と。

フランスはどうか。フランス文化は世界一と自惚れていて、フランス人にはフランス語しか話せない人が多い。その異端児的行動に、ヨーロッパでは、フランス人が出て来ると、「ああ、また会議が長くなるぞ」

と顔をしかめるのである。

「ことほど左様に夫々の国には夫々に独得なカルチュアがあり、癖や臭味があり、立ち居振舞いのスタイルがあり、お互いに摩擦をおこし、対決したり修復したりしながらつき合っている」という現実の中で、〝国際化〟という問題を考えるためには、「もうすこし上手にやれないものか」、「上手《うま》くやるにはどうしたらよいのか」という手法の問題に限定して考えるのが現実的だ、と鈴木は説く。

アメリカやフランスを例に挙げたが、世界の国々がそれぞれに「変った国」であるのに、日本がとりわけ変った奇妙な国だと世界から見られ、先進工業国と発展途上国の双方から強い反発を浴びせられていることは事実であり、いくら何でも下手糞すぎる、もうすこし上手くやれないのか、と「手法の問題に限定して」考えたほうがいい、というのである。

そう前提した上で鈴木は、「ビジネスマンの立場から見た国際化」を求めて、なぜ、いま日本がもろもろの摩擦の中心になっているのか、主な理由を三つ挙げる。

一つには、つい最近まで「下請の町工場」だった日本が、いつのまにか、「老舗の大企業」の欧米諸国をおびやかすほどになったのに、相変らず会社の雰囲気や経営手法はえげつなくて品がなく、商売のやり方もがつがつしていること。そのため、先進諸国は「貴方も我々と同列の大企業になったのだから、それなりのつき合い方をして下さいよ」と日本にマナーとルールの修得を求めている。「我々はちゃんと労働基準法に従ってやっているのに、貴方の会社は深夜残業はおろか休日返上でやっている。これでは不公平《アンフェア》ですよ」と注文をつけているのである。

また、アジアの発展途上国から見ると、製品を売り浴びせて資源を持って行く、あるいは、資源を持って行って製品を売り浴びせる日本のやり方は経済植民地主義に映る。日本は自分たちだけのユートピアをつくり、われわれは日本に収奪され奉仕するだけだという声が高くなることになる。

これに、日本は犠牲は一切払わず、自由貿易の果実だけを取ろうとしているというアメリカの苛立ちが加わって、「摩擦の中心」に日本がいるようなことになっている。

これに対して鈴木は、それらの批判や要求の中で「不条理のものと条理のものを峻別し、不条理に対しては厳しく対決して譲らず、条理に対しては虚心坦懐に対応することだ」とし、「〝一方で対決、他方で対応〟の上手な手法が、謂うところの〝国際化〟の中味である」と主張している。

そして具体的に、「先進工業国、発展途上国いずれに対しても、結果として日本からの歩み寄りの幅が大きくなることは避けられまいという現実論」を忘れるな、と説いている。

「産業革命以来の世界経済の主役は議論の余地なく欧州でありアメリカであったし、基軸となる文化は西欧キリスト教文化であった。日本はそのクラブへの新規参入者なのだから、既存のクラブ規約を新規メンバーの為に大幅に変えようというのは蕃行《ばんこう》であり、多数者への歩み寄りが必須である。又、発展途上国は日本に対して弱者の立場にある。強者が弱者に対してより多く譲らなければならないのは世の掟である」

ここには、ビジネスと文化を切り離さず、文化の中でビジネスを考える鈴木の精神が凝縮されてある。この、ある意味では当然すぎることが、日本の企業社会では当然ではなく、そこに鈴木が多大のエネルギーを割かなければならない不幸があった。

「〝在るべき姿〟と〝現実〟の間の絶望的な距たり」をそのシャープな感性で認識しつつ、鈴木は「ビジネスマンから見た〝国際化〟の要件と現実」を、次の六つの項目に沿って具体的にさぐっていく。

○国際人の要件
○自己主張
○妥協の仕方と妥協の歯止め
○コミュニケーション
○フェア、アンフェアの問題
○開かれた国

この六つだが、「国際人の要件」としては、まず第一に、国際語とされる外国語を駆使する能力を挙げ、これは、日本の文化が世界のマイノリティである以上避け難いこと、とする。それなのに、「日本人の外国語習得に関する怠惰は絶望的であり、絶望の度合いはしばしば槍玉に上るアメリカ人の輸出努力の欠如に匹敵するか、又はそれ以上」と鈴木は嘆く。

ただ、外国語を操ることは国際人の必要条件ではあっても十分条件ではなく、国際人であるためには何よりも先に日本人としてのアイデンティティを持ち、日本の文化と伝統を体現しなければならない。

「然る後異文化との接点である国際場裡を遊弋《ゆうよく》する人物でなければならない」と鈴木は書いているが、「遊弋する」という表現などなかなか出てくるものではない。

鈴木の文章はダイナミックでポレミックである。これは、「日本人としてのアイデンティティを捨てることが国際人となる要件であると錯覚する」のは愚かなことであり、「自国のアイデンティティを捨てたものは無国籍者であり亡命者であり迎合者にすぎない。誰からも尊敬されることはない」といった断じ方に明らかである。

日本人には「相手国の文化と伝統に敬意を払おうとせず、無神経に日本流を押し通す尊大の傾向」があり、「海外の至るところに日本人コロニィを作り、日本から送られるヴィデオテープを見、日本人同士の麻雀会、ゴルフ会、ピアノバー、カラオケに寧日《ねいじつ》ない人達を国際人とは呼べない」と、いわば「我なければ汝なし」の考えを押し出す。

とりわけ、外国人との交渉は見事だったという鈴木のネゴ哲学を知る上で興味深いのは、次の「自己主張」の項である。

「国際的ネゴシエーションは、例外なく自己主張のぶつけ合いからはじまり、論理の応酬が続く」とする鈴木は、「感性に訴え、足して二で割る式の日本式ネゴシエーションは世界でも珍しい独得のものであり、国際的ネゴシエーションの場に日本式で臨むことの愚は数々の失敗例で証明されている」として、最低限充たさなければならない条件を五つ挙げる。

○鮮明に自己主張する。自己主張は可能な限り相手の言葉（ボキャブラリィ）と論理を用いて行う。
○対決の場面では、理由（ジャスティフィケーション）なく譲歩することはしない。
○投げられたタマはホールドせず、即座の反論で投げ返す。
○妥協する場合は、情緒的な妥協でなく、必ず「論理ある妥協」「説明のつく妥協」をする。
○相手に「押しつけられた」「損をした」と思わせない。「良いディールをした」と思わせる。

この中で、とりわけ肝要なのは、「自己主張をするに当って、相手の言葉と論理を用いること」であり、貿易と植民地経営によって長年鍛えられてきたヨーロッパ人は比較的この手法にたけており、時には歯の浮くようなお世辞で相手を良い気分にしておいて、取るものはちゃっかりと取って行くしたたかさを持っている、と鈴木は指摘する。

ところが、日本人の自己主張はとみると、その欠如はほとんど天性のものかと思われるほど拙劣で、しばしば、「〝言ってみても仕様がないよ、どうせ理解するような相手じゃないですよ〟式」の逃げ口上を使う。これは臆病の告白にほかならず、相手が理解するかどうかはやってみなければわからない。

「相手が賢者ならば理解する筈である。相手が愚者ならば説得は更に容易な筈である。相手が強者であるならば、緒戦の先制攻撃で可能な限り対等の立場でネゴシエーションをスタートさせなければならない理屈である」と畳みかける鈴木の行文はレトリックも鮮やかで説得力がある。

また、場つなぎのつもりでか、〝承った、検討する〟〝分かった、善処する〟式に対応する日本人がいるが、これは自己主張の放棄を意味し、次はこちらから相応の妥協を申し出るという意思表示にほかならないという。

日本人は飢餓から抜け出すために「追いつき追い越せ」でガムシャラに走ってくる過程で、卑小な行商人スタイルを身につけた。その間に「どんな言葉や論理よりも雄弁な〝良質で安価な日本製品〟にすべてを語らせることに慣れてしまった」のである。

極端に言えば、〝日本人〟は商品のカタログと値段表を提示した後は〝是非買って下さい〟〝サインして下さい〟〝どうも有難う〟と言っていれば済んだ。

「日本人から論理が失われたのは、皮肉なことに、今こそ国際社会で論理を駆使しなければならない大国に成長するまでの過程においてであった」という鈴木の指摘は痛切であり、まさに「大国のステイタスと行動の卑小の間のギャップが国際社会であなどりを受け、ひんしゅくを買う原因となっている」いま、そこから抜け出すための、生きたモデルとしての鈴木が亡くなった意味は大きい。

交渉をスタティックにではなく、実践的にダイナミックに捉える鈴木の真骨頂は次の「妥協の仕方と歯止め」において、よりビビッドに表れる。

「ネゴシエーションは自己主張にはじまるとはいえ、ネゴシエーションに妥協と譲歩はつきものである。問題は、妥協が〝屈服〟という形でなされるか、それとも対等の間柄における〝論理ある譲歩〟〝名誉ある譲歩〟としてなされるかという点にある。同様に重要なことは、妥協に一定の歯止めがかかるか、それともひとつの妥協が次の妥協を招き、際限もなく押しまくられて、おしまいには降伏に近いところまで追い込まれるかということである。この違いは無限に大きい」

こう説く鈴木は、実例として具体的に第二次石油ショックの後の、産油国に対する日本勢と欧米勢の対応の違いを挙げる。

そのころ鈴木は、欧州のある石油精製会社の幹部と会う機会があったが、彼は会社経営に責任を負うビジネスマンとして、産油国の恫喝商法には妥協せざるをえないけれども、自分の妥協には一定の限度がある、と主張した。もし、相手が図に乗る余り、祖国と自分の名誉を傷つけるようなことがあったら、自分は交渉の席を蹴る。

国家と個人の名誉を犠牲にしてまで、妥協してまとめなければならないビジネスがあるとは思わないし、名誉を犠牲にして石油を得るよりは、暖房のない部屋でオーバーを着、ふるえながらでも耐えることを選ぶ、というのである。

実際に彼はそう感じて、一度、席を立った。しかし、商談は決裂しなかったという。彼の決然たる態度が歯止めの役割を果たし、相手も自分のやり過ぎを悟って譲歩して交渉は成立したのだった。その結果、彼は相手から、〝骨のある立派なネゴシエーター〟として尊敬され、かえって深い親交が生まれた。

ところが、同じころに悪戦苦闘していた日本のネゴシエーターたちは、譲歩に歯止めがなく、無条件降伏に近い屈辱的な形で契約を結んでいた。

「降伏した者は敗者であり、敗者は尊敬されることはない」のである。

「無理難題を吹っかけられながら反論もかなわず、怒って席を蹴ることもなく、困惑を微笑で隠して立ちすくむ日本人ネゴシエーターの姿は余りにも卑小である」と鈴木は書き、彼我の相違は「ビジネスマンとサラリーマンの相違であり、プライドを持って生きる者とプライドを捨てた者の相違である」と歯嚙みする思いで続ける。

こんな鈴木をさらに落胆させたのは、同じ日本の商社のある人間の、亡国の抜けがけ商法だった。日本勢の交渉態度と交渉技術に不安を抱いた鈴木が、この際、日本勢が語り合って、譲歩のボトム・ラインを設けたほうがいいと言ったら、それがそのまま交渉相手に筒抜けになっていたというのである。

つまり、その人間が、鈴木が談合をそそのかしているけれども、わが社はそれに乗らないから是非わが社を優先してほしいと〝御注進〟していたのだった。

「国民が此処まで卑小化した国が国際社会でどうやって正義や公正やルールを説けば良いのか、どうやって尊厳を保てば良いのか、私には意見はない」と鈴木は慨嘆している。

日本人が最も苦手な、あるいは、最も鈍感な「フェア、アンフェアの問題、又は共通のルールの問題」である。

もう二十年余りも前に、鈴木はヨーロッパでこの議論に巻き込まれた。当時、個人的に親しくしていた欧州共同体の役員に招かれて夕食を共にした時のことである。

落日の遅い夏の日の夕食を始めたのは午後十時半をまわっていた。たまたま、レストランの真向かいに日本の某大手企業のオフィスがあり、あたりのビルのオフィスはみんな退社して真っ暗なのに、そのオフィスだけが煌々《こうこう》と明かりをつけ、かなりの数の日本人社員が忙しそうに働いているのが見えた。

それを指差しながら、その役員は次のように鈴木に問いかけた。

「われわれヨーロッパ人には一定の生活のパターンがあり、それは〝市民〞として果たすべき義務に従って構成されている。すなわち市民たるものは三つの義務を応分に果たさねばならない。

一つは、職業人としての義務であり、それぞれの職業において契約上の責任を果たすことである。二つは家庭人としての義務であり、職業人としての義務を遂行したあとは家庭に帰って妻子と共に円満にして心豊かな家庭生活を営み、子女を訓育すること。三つには、それぞれの個人として地域社会（コミュニティ）と国家に奉仕する義務である。

これら三つの義務をバランス良く果たさないと、われわれは〝市民〞としての資格を失う。

ところが、真向かいのオフィスで働いているあの人たちは、どう見ても一つの義務しか果たしていないように見える。あの人たちは妻子、家庭をかえりみず、コミュニティに対する義務を放棄し、仕事だけに生活を捧げているのではないか。

ヨーロッパにも、市民としての義務を一部免除された人たちがいる。軍人と警察官と囚人である。しかし、あの人たちは、囚人ではあり得ない。警察官でもない筈だ。とすれば最も近いのは軍人であり、彼らが属する組織は軍隊に似たものであるに相違ない。

われわれは先に言った三つの義務を応分に果たしながら通常の生活を営む市民である。彼らは仕事のみに全生活を捧げる一種の軍人である。われわれが家庭人としての義務を果たしている間も、教会へ行っている間も、彼らはひたすら働いている。彼らはヨーロッパに来てヨーロッパのルールを無視しているが、これはアンフェアだと思う。

軍隊と市民が闘ったら軍隊が勝つことは明らかである。このような競争はアンフェアであり、アンフェアな競争の結果としての勝敗もアンフェアだと思うがどうか」

同感するところの多い鈴木は反論できなかった。日本人が〝勤勉のモノカルチュア〟の中に囲い込まれ、彼らから、会社もしくは仕事を取り上げたら何も残らないという会社人間、仕事人間になってしまったという状況は戦後四十年余り経ったいまも改善されていない。

「本来、仕事上の能力だけでなく、家庭人としての豊かさ、個人としての教養と情操に裏打ちされた重層的人格の形成があってこそ国際人として通用する訳であるが、昨今の日本のモノカルチュア人間群は、それ自体が国際摩擦の根元であり、カルチュアという栄養補給がないまま枯死してゆく運命にあるのではないか」と鈴木は憂えている。

私も先日、こんな話を聞いた。

アフリカにマラウィという国がある。南アフリカのタンザニア近くの小さな国だが、そこにいる日本人が雇っている現地人秘書が最初に覚えた日本語が、「とっても忙しい」と「とっても疲れた」だという。その秘書は「日本人はノー・サタデー、ノー・サンデーね」とも言ったとか。

「日本はゆっくり進むことは許されないと思い込んでいる国である」と喝破したのは、『第三の大国・日本』を書いたフランスのジャーナリスト、ロベール・ギランだが、しかし、鈴木が「日本人は本来このような奇型ではなかった」と付言しているように、日本人も最初から働きバチのワーカホリック、もしくはカイシャホリックだったわけではない。

いまから約百三十年前、江戸時代末期の日本に駐在したイギリスの初代駐日公使、ラザフォード・オールコックは、その著『大君の都』の中で、「日本は現世代の人間らしく急行列車に乗るぜいたくさを望む人びとのいる国ではなくて、明らかに時間というものが高価なものとは評価されていない。であるから、旅行であろうと、取り引きであろうと、他のいかなる仕事の処理であろうと、とにかく耐えがたいほどのろのろしている」と書いている。

いま、日本はイギリスを揶揄して〝英国病〟などというけれども、たかだか百年余り前には、日本自身が他ならぬ英国人にそう言われていたのである。

それが、明治以来の急速な「追いつき追い越せ」によって、逆に「耐えがたいほどせかせかした」国になってしまった。

欧米の主要国と比較すると、日本の労働者の年間労働時間は驚くほどに長い。アメリカやイギリスよりも二百時間、西ドイツやフランスより五百時間も長くなっているのである。

「経済大国」日本のこれが実態なのだ。私はこれまで何度も、日本は「会社は富んでいるけれども社員は貧しい」〝社富員貧〟の国だと書いてきたが、会社や国を富ませて日本人は何を得たのか。

鈴木は「日本人の第二の天性となってしまったモノカルチュアは（モノカルチュアはカルチュアではない）疑

いもなく日本の復興と成長を支えたが、今後の成熟化の世界の中では、それは国際国家、世界国家たらんとする日本国の足をひっぱることになると思う」と予測している。「かつて勇猛のモノカルチュアで強兵政策を突き進んだ日本帝国が、世界観と歴史観と地政学的なバランス感覚なきまま猪突猛進し、崩壊した歴史を思い出す」という鈴木の憂いは決して杞憂ではないだろう。

卓越した「現代世界論」

「開かれた国」であるために、日本人ひとりひとりが「自由豁達《かったつ》な精神」をもって自由な言論を展開することの必要性を、鈴木は機会あるごとに説いた。「こう言うと、日本ほど言論の自由な国はない筈であるという反論が返って来そうだが、私は必ずしもそうは思わない」という認識の下である。

「開かれた国」の例として、鈴木はアメリカを挙げる。鈴木がアメリカに駐在していた一九七〇年代の半ば、すでに日米の貿易摩擦の論議はかまびすしく、鈴木はいろいろなシンポジウムやセミナーに出た。

そうした場でアメリカ人はひとりひとりが豁達に発言し、時にはアメリカ人同士で、

「よく考えてみると、この点ではたしかにアメリカが悪いと思う」

「いや、やはり日本が悪い」

といった論争がなされた。

それに対して日本側は、官民いずれの代表者も積極的に発言せず、防衛的かつ公式的な内容に終始して、論議を沈滞化させるばかりだった。

結局、発言する前に、同業者の前で自分の失敗例を話すわけにはいかないとか、日本の役所からの出席者もいるところで日本の非関税障壁の話をしたら具合が悪いだろうとか、あるいは、自分がこういう発言をして後で会社のお偉方から叱られるのではないかとか、さまざまなことを考えて、当らずさわらず、無味無臭の発言をしてしまうのである。

鈴木自身、同業者の集まりで、政府のある政策を批判し、それが役所に伝わって、役所の担当責任者に激怒された経験がある。

その人間は何と、

「鈴木はお上に楯突く気か！」

と言ったという。

こうした時代錯誤がまだ、日本のお役所には生きている。批判を受けつけない狭量なエリート意識は腐臭を放って消えていない。そして、彼ら自身はそれに気づいていないのである。

「日本の社会にはコンセンサス主義の行き過ぎがあり、一見民主的に見えながら、ボス支配の構造や集団主義により個人の締めつけが強く、いきおい〝個人〟の自由な発言をためらわせ、発言する時は事前に方々へお伺いを立てなければならないような風土が出来上がっているように思う。そういう風土の中では豁達なディベイトは望むべくもない。本来は逆であるべきで、自由な精神を持った知性ある個人のとらわれない発言こそ傾聴に価いするのであり、それらの総和を求める過程で誤差や偏差を修正し、最後に健全なコンセンサスに到達するのが順序だと思う」

これは「屈折した陰湿な精神風土が支配する〝閉ざされた社会〟」を生き、刀折れ矢尽きて早逝した感もある鈴木の〝遺言〟として聞くべきだろう。

鈴木はある日米会議で、日本の代表的財界人（土光敏夫だという話もある）が、アメリカ側と最後まですれちがいを演じた悲喜劇をも目撃している。

アメリカ側の某氏が、最初に、

「自分たちは今、かくかくの問題を抱えて悩んでいる。これを解決するか改善するためには、日本側のかくかくの協力が不可欠であると思う。日本側に助力、協力の用意ありや否や聞かせてもらいたい」

と発言したのに対し、その財界人は、

「お話の向きはよくわかった。たしかに日米が協力して〝善処〟すべき問題だと思う。日本側でもかねてからこの問題を認識しており、なんとか協力せねばならぬと話し合っていた。御協力せねばならぬと思うのだが、何分にも日本という国は甚だ特殊な国であって、極めて特殊な事情と制約があり、なかなかうまくいかないのが実情である」

と答えた。

すると、アメリカ側はさらに問い返す。

「協力してくれるのか、それともしてくれないのかをお聞かせ願いたい。日本は特殊な国だといわれるが、およそ世界に特殊でない国が存在するだろうか。アメリカは特殊なカルチュアを持った国であり、イギリスも特殊な事情を抱えた国であり、フランスもまたすこぶる特殊な国である。日本のどこがどのように特殊なのか、ひとつ説明していただけまいか」

これに対する財界人の答がまた〝日本的〟である。

「日本の特殊性について説明せよとのことだが、これを説明するとなると、五分や十分では不可能で、優に一日はかかる。また仮りに一日かけて説明したとしても、日本はあまりにも特殊すぎて、あなた方にはとうてい御理解いただけないと思う」

これにはアメリカ側も苛立ち、次のように発言した。

「それぞれの国はそれぞれに特殊である。お互いの特殊事情を可能な限り説明し、理解し合うように努力するのがこの種の国際会議の目的のひとつではないのか。あなたは、日本は特殊だと言うだけで、どのように特殊かを語らない。あなたが語らないことを、どうしてわれわれが理解できようか。

あなたは、いくら説明しても所詮理解されないだろうと言われるが、われわれが理解できるかできないかは、あなたが説明してみなければわからないではないか。それともあなたは、われわれがロバのような低能だと思っておられるのか」

至極もっともな問い返しだが、日本側の財界人の答はアメリカ側の「苛立ちと不信」を増幅するだけだった。恐縮の様子を見せながらも彼はこう言ったのである。

「私の発言が誤解されたようで残念でならない。私は協力できないなどとは申してないし、協力せねばならぬと思っている。協力の意志は充分にあるのだが、それがなかなかむずかしいという事情を御賢察いただきたいのだ。

もちろん、あなた方が低能だなどと申したわけではない。逆に先ほどからの論旨の明快さに感服しておる次第で、私が申し上げたかったことは、日本の特殊性は、それがあまりにも特殊であるがゆえに、あなた方には御理解いただけないだろうということである」

これは、日本の〝代表的財界人〟の「遅れ」を残酷なまでに浮かびあがらせる。日本では七十代、八十代の人が財界人としてこうした会議に出るが、彼らに時代を鋭くキャッチせよと言っても無理だろう。ある日米の経済人の会議で、日本側の最年少者（といっても六十代）が向こう側の最年長者と同年だったという話もある。

日本側のどんな風土が〝老害財界人〟を生むかについては、ここでは論及しないが、鈴木の目撃した〝大いなるスレチガイ〟、いや、〝絶望的なまでのスレチガイ〟に接して思うのは、日本人はなかなか部分否定や部分肯定ができないということである。肯定とは全肯定、否定とは全否定と思っているようなところがある。しかし、これではディベイトはできない。ディベイトとは、端的に言えば、討論の末に部分否定や部分肯定をするものだからである。

「貿易摩擦の本質は文化摩擦」と喝破した鈴木の「今、世界の市場で何が起こっているか」と題したレポートがある。これは切れば血の出る「現代世界論」であり、ダイナックな国際経済論でもある。

鈴木は「今、世界の市場で起こっていること」の特徴として三つ挙げる。

(一)、貧富の差が縮小せず、むしろ拡大していること。

(二)、文化摩擦が激化していること。

(三)、ひとつの時代が終り、ひとつの文明が凋落《ちょうらく》して、大いなる社会変化が起っていること。

(一)について鈴木は、それをこう詳述する。

貧しいものはなかなか貧困から抜け出せず、富めるものはどんどん豊かになっているが、では、富める側が搾取しているのかというと、その逆に善意に満ちた援助を唱え、実行している。しかし、効果は上がらず、資金援助（融資）までが、累積債務問題を惹起し、「先進国金融資本による搾取」と非難されている始末である。

一方、貧しい側の努力が足りないのか。努力とは何に向かっての努力なのかが問われなければならないが、裾野産業なき工業化は成功せず、テイクオフし始めれば貿易摩擦に遭う現状で、努力が足りないとは言えない。

次に「文化摩擦の激化」だが、異文化同士が接触する時、音をたててきしむのは古来、歴史の必然であり、昔はそれは即戦争を意味した。しかし、今はそうはいかない。

また、昔は異文化同士が接触する機会と場所は比較的限られていた。今は交通や通信の異常な発達と通商の日常化、各国経済社会の平準化等々によって、異文化の間の接点は無限となり、摩擦も日常化している。

さらに、昔は先進工業国は宗主国であり、後進国は原料と特産品を提供する植民地だった。それらの国に、工業国は高付加価値工業製品を供給していたわけだが、善悪は別として、そのような国際垂直分業の「秩序」が成立していた。しかし現在はすべての国がひとしく「工業国」にならなければおさまりがつかない。

工業化に成功しなかった国は窮乏化し、借金で首がまわらなくなって「あこぎな債権者」の非を鳴らす。

また、国際分業は成立せず、世界中で鉄や肥料をつくり、自国市場は小さいから当然輸出ということになって、各地で貿易摩擦を惹き起こすことになる。

ビジネスを、目前の利害だけで捉えることを鈴木は嫌った。人間の営む物事がすべてそうであるように、それは歴史的スパンの中で位置づけられなければならない。

そう考える鈴木は「今、世界の市場で起こっていること」の特徴の三番目に、ひとつの時代の終り、ひとつの文明の凋落による社会変化を挙げる。

鈴木によれば、近代と現代は西欧文明の時代であり、それは同時に、飽くことなき工業化の時代だった。ところが、工業化万能の風潮が全地球を覆い、それが加速されすぎた結果、矛盾が顕在化し、濫費《らんぴ》への反省をともなって、物質万能主義への反発が生まれる。イスラム革命における精神主義の復権もその一つと見られるが、しかし、「西欧の没落」から「脱工業化社会へ」といっても、アメリカを含む西欧諸国は、その誇りにかけて、「非西欧」に主導権を譲り渡そうとは思っていない。

そして、「この争いは、好むと好まざるとに拘らず、西欧vs.日本の争いとなる」というのが鈴木の認識である。

また、鈴木は、ひとつの時代が終り、次の時代を模索する際に、「資本主義か社会主義か」という伝統的な議論があまり顔を出さないのはおもしろい、と書く。

「昨今の議論と、議論の対象となる時代的問題は、『工業化の行き過ぎの抑制』であり、その中にはソ連を含む社会主義国も入ってしまう」からだという。

こうした前提をおいて、鈴木は「自戒すべきこと」を説く。それは、歴史観をもち、変化にうろたえるな、ということである。

アメリカのプロテスタント神学者、ラインホルト・ニーバーは、「神よ、われらに与えたまえ。変えることのできないものを受け入れる冷静さと、変えるべきものについてそれを変える勇気と、この両者を識別することのできる知恵とを」と祈った。

これに似た戒めを鈴木はアドバイスする。

古来、「変化」のなかった時代はなく、過渡期でなかった時代はないのであり、変化は今日の専売特許ではない。

「現時点での変化に必要以上に気を取られ、これを近視眼的にクローズアップするのは、歴史観の欠如」だとする鈴木は、「知性の欠如」によるうろたえを排する。

そして、「現在、活躍中の人間が生きたのは、極く最近の数十年」とし、「自分が生きた僅か数十年の経験だけに拠って、変化、激動を言うは浅はか」と断ずる。

つまり、まず第一に、歴史観をもって変化に対処せよ、というのである。

そして、文化摩擦も、人間の歴史につきもので、今に始まったことではなく、爛熟した文化は必ず彼らの言う「蕃族」によって滅ぼされたのであり、歴史はそれの繰り返しに過ぎぬという認識から、具体的に、「西欧は昔、サラセンから見れば、十字架をかざす蕃族にすぎなかった」し、「西欧から見れば、日本はモノカルチュアの蕃族」であり、「イスラム圏勢力の復活は、宿敵サラセン人の数百年ぶりの反攻」だと指摘する。

こうした走り書きめいたメモにも、史観に裏づけられた鈴木の知性が光る。エコノミック・アニマルの尖兵視された商社マンの中に鈴木のような教養人がいたことは特筆されていい。残念ながら、それはマイノリティだったことは否定できないが、記録されるに足る事実ではあるだろう。

鈴木のアドバイスは三番目に移る。

「現在は、変化のテンポが速く、変化の幅が大きい故に、『革命的』ではあるが、これを殊更に革命呼ばわりし、騒ぎ立てるは軽薄、小賢《こざか》し」である。

〝重厚長大から軽薄短小へ〟などと喧伝されているけれども、経済と文化の流れを、こうした俗悪テレビコマーシャル的一言半句で語り得たかの如く思うのは浅薄の一語に尽きる。

古来、人間の文化は双方のバランスをとって成り立って来たのであり、そのバランスがいくらか崩れたのは、たかだか最近数十年間の現象に過ぎない。

浅薄、軽薄、俗悪を嫌う鈴木の語調は、ここでさらに強くなる。

「〝ハードからソフトへ〟〝モノ離れ、情報化〟も大方は全く見当はずれな意味で叫ばれている。一枚の紙をとってみても、表の反対側は裏。裏があるから表がある。諸君は、一体『裏のない表』が存在するような不可思議な時代が来るとでも思っているのか」と。

そして、たとえば産業革命が一世紀かけて進行、完成したのに対し、新産業革命（別名、情報革命）は四分の一世紀で成就すると、そのテンポの速さを強調する人がいるが、そんなことは少しも驚くに当らない、と戒める。それは、経済産業社会全体のテンポが百年前に比べて十倍近く加速しているという背景を忘れているというのである。

昔百年かかったことが、いま二十五年で成っても、少しも「大変なこと」ではない。社会と企業と個人は好むと好まざるとに拘らず、そのテンポに対応する能力を身につけるのであり、第二次大戦後の日本と世界の経済の変化の大きさと速さを、われわれを含むすべての産業人が吸収したことを想起してみればいい。

「今日存在しないものが、明日突如として出現する」のは、何も今回だけの現象ではなく、蒸気機関や印刷機も、出現するまでは存在しなかったのである。

とかく専門家は、専門のタコツボにこもって、「大発見」「大発明」と興奮しがちだが、鈴木はそれを強くたしなめる。

「今日の議論や警世には、明らかに、わかっているのは自分だけだという専門馬鹿的狂騒と、史観の欠如が然らしめる『現在の誇張』と、訳も分からずに行け行けという軽薄が多すぎる」からである。

こう「自戒すべきこと」を説いた後で、鈴木は「これまでの商社、これからの商社」論を展開する。

まず、「経済社会においては、その時、そこで働く経済原則に合致し、有用な機能を果たす生き物だけが生存を許され、発展することが出来る」と前提し、戦後、日本の商社はその原則に適合して充分以上の機能を果たしながら生きて来た、とする。

日本経済の条件としては、産業の復興と急速な拡大、世界市場の開拓と世界市場への飽くなき売り浴びせ、が挙げられ、世界経済の条件としては、史上まれに見る平和、植民地の独立、自由貿易、世界規模での工業化、高成長といったことが挙げられる中で、商社は世界市場の開拓とスケール・メリットの追求に努め、日本の国富の倍増に寄与した。

製造業は製造に専念し、海外の仕入れと販売は商社が請負うという日本独得の効率的分業システムが威力を発揮し、世界経済、世界市場が一貫して拡大する過程と合致して、日本は欧米の倍のテンポで通商を拡大することができたのだった。

ただ、これは生易しいことではなく、悪戦苦闘の歴史であり、鈴木に言わせれば「近頃、軽薄の徒輩《やから》が『商社冬の時代』という言葉を流行させている」が、そう言うなら、商社は何度も「冬の時代」をくぐりぬけてきたのである。

企業にとっての問題は、「その時代が住みやすいかどうか」ではなく、「その時代に企業が如何に適合し、卓抜の機能を発揮するか」だ、と鈴木は説く。

そして、オクターブを高くして、論理的に「商社冬の時代」という言葉に反撃する。鈴木によれば、この言葉の中には、通常の企業人なら絶対おかすはずがない矛盾が含まれている、と言う。すなわち、この言葉は「商社はこれからの時代に生きてゆけない」ということを意味し、「時代は激変する」が、「商社は、在来の姿のまま変わらない」ことを前提にしている。

これに対して鈴木は口吻《こうふん》も荒く、「彼らは、商社の経営者を自分と同等乃至《ないし》はそれ以下の馬鹿だと思っているのだろうか」と書く。

時代と共に変わるのが企業であり、どんなに時代が変化しても、それと無縁に、楽々と生き延びつづける企業など、どこにもない。少しでも対応を誤れば、商社だろうが、メーカーだろうが、銀行だろうが、つぶれるのは今に始まったことではない。生き延びられるか、繁栄するか、それとも、つぶれてしまうかは、個々の企業の経営手腕次第なのである。

これまでの商社では成り立っていかないことは明らかであり、これからの商社は次のような変化に対応することが必要となる。

一つには、これまで商社は日本の企業に密着する度合が高かったが、日本の企業の輸出依存度は飽和点に達していること。

二つ目に、世界経済および日本経済の高度経済パターンが終焉し、スケール・メリットの追求だけではいけなくなっていること。

三つ目に、国際垂直分業から国際水平競業へという移行の流れの中で、国際通商摩擦が激しくなっていること。

そして、四つ目が産業構造の変化であり、五つ目が、取引リスク、つまりカントリー・リスクの増大という変化である。

これらの変化に商社はどう対応するか。これまでは、どちらかといえば、日本企業が世界市場へ進出し、それを制覇する尖兵としての機能を負っていたために、「戦闘」に適した人材を養成し、隊形を組んでいた。世界の中の「新興勢力」である日本が先進勢力の欧米を急追する間は、押せ押せの戦闘方式と、軍隊的モノカルチュアも大目に見られたが、しかし、これからはそれでは通用しない。「強い軍団」から「強くて、なおかつカルチュアを持った集団」へ脱皮しなければならないのである。

軍隊は、全員同じ制服を着て、一糸乱れぬ規律で行動するために強い。歌をうたう時は大声で「斉唱」する。

一方、カルチュアを備えた集団は、オーケストラに似て、ひとりひとりが別々の楽器を奏し、全体で美しい「ハーモニィ」を実現する。歌をうたう時は斉唱ではなく、「合唱」である。

前者から後者への転換が強く望まれているのだが、商社はこれまでも、何度も変化の節目に出会い、苦闘しつつ、それを乗り越えてきた。これからも、絶えざる自己改造が続く、ということである。

「カルチュア」と「情操」を大切の上にも大切にすることと説く鈴木は、具体的に次のように問いかける。

強い軍隊は、恐れられるが尊敬はされない。昔、韓国、中国、東南アジアへ進出した日本の軍人は国際人だったたか。

いま、世界中に進出している日本の企業人の少なからぬ部分は、日本人同士の麻雀大会、ゴルフ大会、ピアノバーでのカラオケ、さらには紅白歌合戦のビデオ等に明け暮れているが、これらを「カルチュア」と呼べるか。そして、彼らを国際人と呼べるか。また、彼らは尊敬されるか。

日本が世界貿易の一割以上を占めるに至った現在、無教養の商人がうろうろするようでは困るのだという鈴木は、「商売さえやれば文句はあるまい」式の粗野と狭量と粋がりをもつ人は、国際商人とは言えても国際人とは呼べないのだ、と断じている。

そして、さらに具体的に、鈴木が後輩に「接客態度」を教えたメモが残っているが、これがなかなかにおもしろい。

a　服装を清潔に

○上着・ネクタイ不要の時期と雖《いえど》も、ズボンには常にプレスをかけ、端然たること。
○汚れた靴で人前に出ないこと。
○靴下は、靴と色を合わせ、且つ、たるみのないよう。
○夕方以降、ひとと会う時は、ひげをそり直すこと。

b　相手の〝言葉〟と〝logic〟を使って話をすること

○自分自身の個性ある用語と、論理を持ち、これを駆使することは当然であり、大前提だが、
○相手を有効に説得するためには、往々にして、相手の性格、思考様式、論理、用語をいちはやく察知し、これらを借用して、尚且つ当方の主張なり意見なりを展開することが必要。相手の言葉で説得すれば、相手は説得されたとは思わず、〝自分でそう決めた〟ような気分になる。

c　**話し上手だけでなく、聞き上手に**

○相手に充分しゃべらせ、よく聞くこと。

○ひとの話の腰を折るような相槌は不可。

d　**必ず〝まとめ〟を試みること**

○面談のしっ放しでなく、必要な場合には、必ず、〝要するに、こういうことですね〟と、まとめてみる。それによって誤解は避けられる。

e　**接客マナーは、折り目正しく**

○〝でれでれ〟や〝馴れなれしさ〟が有効な場合を除いては、礼儀正しい、けじめある態度。

○面談時、食事の際、背中を丸めたり、脚を開いたりしない。はりのある姿勢。

○舌つづみを打ったり、歯の間から息を吸ったり、音をたてて物を噛んだり……は厳禁。

○別れ際は、特に折り目正しく。別れの握手をし、手を握ったまま、し残した話をでれでれ続けるような醜態は不可。

○主賓が外国人である場合は、日本人同士と雖も、必ず（又は極力）英語で話すこと。日本語を用いる時は、必ず相手にことわる。

○人差指で他人をpointしない。手のひら全体でpointする。

くどいほどに細かく、断定調である。背広とネクタイの色がフィットしていないと鈴木が思った時には、しつこく「それは替えたほうがいい」と言われた経験を持つ人は多い。

たとえば、木村誠は靴の色と背広やネクタイのそれが合わないとして、鈴木に、「木村君、全体の調和がバラバラで、見るに耐えんですよ」と言われた。

また、背広の胸ポケットにペンを差していて、それをパッと取られたこともある。

「ここはペンを入れるところではありません。ハンカチをちょっとのぞかせるところです」

笑いながらではなく、真面目にこう語る鈴木にとって、服はただ着ればいいというものではなかった。それが何かを意味しなければならないのである。

お尻にパッドを入れてきたこともある。サスペンダーでそれを吊って、木村に、

「どうです。カッコいいでしょう」

と言う。木村には理解の外《ほか》のことだった。

コンプリートなスタイリストの鈴木は、傘の雫が垂れるようなものは室内に置くな、傘立は外に置いて、中に雫が垂れないようにするためにあるんだとか、観葉植物を置けとか、さまざまなことを言った。しかし、仕事については、レターの書き方とか基本的なことは言うが、かなり、お任せスタイルだった。もちろん、できる部下の場合である。

鈴木が嫌ったのは〝粗放労働〟で、よく、「そういうやり方は粗放労働です」と言った。効率が悪いということで、一定の仕事を効率的にこなすためには、まずフレームワークを決め、フォーミュラを設定する。そうすれば、一度に大量のことができるというわけである。

のめり込みスタイルで、あるお客にだけ延々と三年間も通いつめ、結局、他社に取られたとなったら何にもならない。

商売のアプローチとして「複合的なアプローチ」と「フレームワーク」を強調した鈴木の真意は、別のメモの「プレゼンテーションの仕方」にも表れている。

a　プレゼンテーションの作法と手法をわきまえること

○何の用件で来たかを、冒頭の五分で簡潔、的確に述べる。要すれば、事前に用意し、暗記するくらいの努力が必要。

○必要に応じて、事前にトーキング・ペーパーを用意し、相手に手交する。

b　言語と文脈は正確、且つ最小限の格式を備えること

○〝誰が〟〝何時〟〝何処で〟〝何を〟〝どのように〟と五つの要素が充たされていなければならない。

○自分はかくかくのことが出来る。貴方にはかくかくのことをお願いしたい。そうすると、かくかくの仕事が可能となる。その仕事にはかくかくの意義がある。自分にとってのみならず、貴方にとっても有益と信ずる、くらいは網羅したプレゼンテーションが常に出来るように勉強する。

また、「連絡、報告」についても、その指示は細かい。

a　テレックスを作る前に、国際電話をかける前に、自分自身の頭の中で、充分整理する。考えながらのなぐり書き、とつおいつの長電話は厳禁

b　次の如く整理し、論旨を明確に

○自分の意見と、他人の意見を入り交ぜにしない。Aはこう言った。Bはこういう意見、と明確に。
○然る後、自分はこう思う。自分はこうすべきだと思う。その理由はかくかく。
○従って、本部には、かくかくのことを何時までにお願いしたい。
○次善の策はかくかく。

木村が鈴木からもらったテレックスで忘れられないのは、長期に中東に出張していた時の「サウジへ深く潜行せよ」である。ただ、それだけ。

この、簡潔な、あまりに簡潔なテレックスを受け取って、木村も途方に暮れ、

「いったい、これはどういうことですか」

と尋ねたら、当時、課長だった鈴木の答えは、

「そんなことはあなた、自分で考えなさい。だって、あなたは課長代理でしょう。会社のカネを使って中東へ行っておいて、何のことかわからんということはないでしょう」だった。

後年、木村が鈴木に、アレには参りましたよ、とぼやいたら、鈴木は、直接それには答えず、

「木村君、商社マンとして会心のテレックスの往復というのを教えましょうか」と言った。

それは、ある重要な商談で現地にとんでいた鈴木が、上司だった伊藤正に、

「事態複雑一任乞う」

とテレックスを打ったら、

「一任する」

と返って来たというものである。

いささか得意そうにそれを披露しながら、鈴木は言った。

「君、これですべて通じるんだよ。だから、ぼくが君に対して、サウジへ深く潜行せよと言ったって、何ら怪しむに足りないでしょう」

つまり、商社マンのテレックスで、信頼し合った上司と部下のそれはかくあるべきだ、と言うのである。

とはいえ、鈴木も、とてつもなく長いテレックスを打ってきたことがある。当時、木村たちは、長いテレックスを〝ふんどしテレックス〟と呼んでいたが、鈴木も、必要があれば、そういうテレックスを打ってきた。しかし、本来あるべき姿は、打てば響くような、簡潔な往復だ、ということだった。

Don't disturb

こうした鈴木に対しては、部下も臨機応変に対応しなければならない。上司でも部下でも、反応の遅い人間を鈴木は嫌った。

たとえば、中東が大きくクローズアップされてきた時、これまで、アジアやアフリカ相手に商売をしていた人間を集めて、新しく中近東課というのがつくられた。まさに玉石混淆だったが、鈴木は、木村を呼び、四人の名を挙げて、

「このうちの三人を、一ヵ月の間に disqualify させます」

と言った。一人だけ残して、あとは失格させるというのである。そして、ディスクォリファイする人間を

挙げてくれ、と木村に頼んだ。

「じゃ、人数が足りなくなりますが、どうするんですか」

と木村が問い返すと、鈴木は、

「それは人材を見つけてきます。だから、もし、社内でこれはという人がいたら、ぼくに言って下さい。ぼくがとってきますから」

と胸を叩かんばかりに言う。

しかし、ディスクォリファイさせる人間を挙げよと言われても、それぞれ長所も短所もあり、容易なことではない。

木村は、そちらはあまり言わずに、推薦のほうに力を入れた。他の部にいる者を、これはいいと鈴木に言った人間が、その後、鋼材貿易の中核になった例もある。

ディスクォリファイしたい者に対して、鈴木は時に、

「あなた、大学出たんでしたっけ」

などと言った。

これは非常にきつい言葉で、言われた人間は、たいてい、「何を、この野郎!」という感じになるが、木村に言わせれば、鈴木の場合は、くさすにしても品よくピシッとやるので、レベルが一格上の〝天の声〟のように聞こえたという。

「不思議と、それは彼のマジックみたいなところですね」

木村はこう述懐するが、もちろん、怨みをこもらせた人もいるだろう。

ただ、木村のような個性の強い人間を心服させる魅力を鈴木はもっていたのである。

入札直前で時間がなく、朝、飛行機で発つ人間に頼んで持っていってもらおうと、木村がカバリングレターを書いていたことがあった。

深夜二時ごろになって、それを書き上げ、

「鈴木さん、できました」

と鈴木のところに持っていったら、足を窓に乗せて眠っていた鈴木は一読して、

「ダメですね、これは」

と却下する。

「しかし、もう時間がないんですよ」

木村がそう言うと、鈴木は、

「だからと言って、住友は何だと思われるようなレターを出すわけにはいかんでしょう」

と至極もっともな返事をする。

それで再び木村は悪戦苦闘を強いられることになるのだが、たいていは、鈴木が、

「では、これでどうです」

と、いつのまに書いたのかと思われるようなレターを出してきた。

絶対に、適当にやれとかいうことは言わず、やっつけ仕事を嫌ったのである。

木村もだんだん熟達し、これはわれながらと思うのを見せると、鈴木は、

「うん、これはそこそこいけますね。住友のシビルミニマムに達しています」

と言ってくれた。

そして、後年には、自分がすべてを見ると、書き直しを命じたくなって、住商からレターは出なくなってしまうから、もう木村君に任せます、と言うようにもなった。

自分が見なければ腹も立たないわけで、どうしてもという大事なレター以外は、木村の判断で出せるようになったのである。木村も、鈴木に対して、いろいろうるさいなと思うこともあったが、鈴木が直すと、明らかに元のレターより格段によくなるので、文句のつけようがなかった。

鈴木の書いたレターを、三菱商事が、これぞ商社マンの書く模範的なレターだといって商業文のテキストに入れたとか、外務省のテキストにも採用されたとかいう話もある。

そういう話があってもおかしくないくらい優れた英文のレターだった。

鈴木が、将来、伊藤が社長になった時にアメリカの各界に知己を得られるようにやったと思われる「フォーチュン500作戦」というのがある。

これは伊藤が米国住商の社長をしていた時代の話で、鈴木はその下にいた。そして、木村がそれに駆り出される。

鈴木は雑誌『フォーチュン』のランキングに出ているアメリカの五百社に全部コンタクトをとってみようと思いついたのである。その中には、すでに住商と取引のある会社もあるし、まったくコンタクトしていないところもあるだろう。あるいは、こちらの呼びかけに返事もくれないところも出てくるかもしれない。しかし、やってみる価値はある。

そう考えた鈴木は、まず、当時の海外業務部長、市東《しとう》富夫へ、「応援がほしい」といってきた。そこそこのベテランで獰猛な男、たとえば木村君のような男を派遣してほしい、と頼んできたのである。それで木村が、特命でニューヨークへ行くことになる。

一、二ヵ月の約束で、木村がニューヨークへ着くと、米国住商の中に一つの部屋が用意され、そこにファイルと、出したレターの写しがあった。五百社の中で、住商とほとんど接点がない会社や、逆に大いに取引をやっている会社は除いたので、三百数十社。とにかく、これまであまりコンタクトのなかった会社へレターを出して、リスポンスを待っていたところへ木村は着いた。

まもなく、中の七割ぐらいの会社から返事が届く。そこから、手ごたえのありそうな会社を約七十社選び出し、すべて訪ねてみることにした。

鈴木と木村とで片っぱしから訪問し始めたのだが、鈴木は、会うのは向こうの社長か副社長、少なくともボードメンバーの人にして、堂々たる話で住商を印象づけようと言う。だから、相手によっては、伊藤正に出馬してもらおう、と言うのである。

結局、多くは鈴木と木村とで出かけることになり、伊藤に出てもらう機会は少なかった。

もちろん、鈴木も、この作戦は一つのきっかけで、これがすぐに仕事につながるとは考えていなかった。だから、伊藤のイメージづけが主たる目的だったとも思われるのだが、しかし、とはいえ、その中から、何社か仕事が始まったものがある。

鈴木がこうした作戦を思いついた時、自分がそれに没頭してしまって他の仕事ができなくなったら、会社のためには損になるから、誰か助っ人を呼んで、それをやらせる。木村以外にも、鈴木にそうした形で手伝わされた者が何人かいた。

その木村が生涯に一度、鈴木と激越なケンカをしたことがある。いま思えば、大したことではなかった。木村がインドネシアに出張することになって、鈴木が木村に、

「Aホテルに泊まりなさい」

と言った。それに対して木村は、

「Aは不便だからダメです」

と答えた。すると鈴木は、いささかムキになって、

「これはぼくの命令です。Aに泊まりなさい」

と言う。

「そんなことまで鈴木さんに指示されるおぼえはない。ぼくはBに泊まります」

木村も負けずにこう返すと、鈴木は、

「私の命令が聞けないんだったら、出張する必要はありません」

と〝最後通牒〟である。

しかし、やはり出張してもらわなければ困る。しばらくしてから鈴木が、

「木村君、思い直しましたか」

と言う。木村は、

「出張には行きますが、ホテルは変えませんよ」

と突っ張った。

木村が泊まると言ったホテルは便利だけれども、かなり高いホテルだった。だから、格式が高すぎると鈴

木は言ったのだが、木村をそう育てたのも鈴木だった。

たとえば新幹線でも、木村が課長代理のころ、鈴木と一緒にグリーン車に乗っていた。ところが、規程では、課長どころか部長でもダメなのである。しかし、木村は、鈴木が乗っていたから、ずっとグリーン車に乗っていたのだった。

鈴木は、こうしたことでは一歩も引かなかった。出張旅費の規程でこうなっていると言われても、自分は会社のために出張しているのであって、そのときの判断で、規程をオーバーするような高いホテルに泊まった場合、その費用は出すべきだ、と主張していた。

人事の担当者が困って、

「鈴木さん、他に日当も出ているんだから、いいじゃないですか」

と言っても、

「いや、ダメだ。よこせ」

と頑張って、精算ができないままに半年も放っておかれたこともあった。

そんな鈴木が、木村にホテルの変更を命じ、言うことを聞かない木村に、

「どっちが部長だ!」

と机を叩いて怒鳴ったというのもおもしろい。その激しさに周囲は驚いたが、当人同士は案外ケロリとしていたらしい。

鈴木の〝下剋上ぶり〟は、入社以来、変わらなかった。部長時代には、

「あの専務はダメだから、そろそろ辞めてもらいます」

などと言っていたという。木村が、

「本当に辞めさせるんですか」

と訊くと、鈴木は澄ました顔で、

「だって辞めさせなければいかんでしょう」

と言っていたとか。

実際、鈴木がそう言うと、その通りになったという〝伝説〟もある。しかし、そうならなかったこともあって、木村が、

「あの人は困るから辞めさせなさい」

と鈴木に言うと、

「うん、ぼくもそう言ってるんだけど、辞めないんですよ」

と渋い顔をしていた。

木村は鈴木を「極めて日本的な住友という社会にとびこんだ、おそろしくヨーロッパ的な人間」と規定する。ユーモアを解するドン・キホーテのような鈴木にとっては、この日本的な会社の中で仕事をやること自体が苦痛だったろう。

その意味で、木村がパキスタンへ出張する時、鈴木に〝Don't disturb〟の札を持って来てくれと頼まれたというエピソードが興味深い。ホテルで、部屋の前に掲げておくあれである。

鈴木は世界各国のホテルの札を集めていた。中にはなかなか洒落たものもある。

「ぼくにはパキスタンのものがないので、見つくろって五つぐらい集めて来て下さい」

こう頼む鈴木に、木村が、

「しかし、ぼくはホテルは一つしか泊まりませんよ」

と言うと、

「いや、そんなものは他のホテルへ行けば、すぐ手に入ります」

と平然たるものである。

それが出張に際しての〝お願い〟で、

「仕事については」

と木村が尋ねると、

「それは、あなた、自分で考えなさい」

といった具合だった。

それにしても〝Don't disturb〟とは！

ホテルで、朝、ゆっくりと眠りたい時に、「起こさないで下さい」といった意味で使われるが、鈴木はいつも、ディスターブしないでくれ、自分の心をかき乱さないでくれ、と言いたい気持だったのだろう。自分に無用な神経を使わせないでくれ、邪魔をしないでくれ、と鈴木はこの札を掲げて歩きたかったのではないか。

鈴木に「無用の人」扱いされた上司や部下にとってはあまり信じられないことかもしれないが、鈴木は実は静穏を希求していたのだ。

「ドント・ディスターブ」

こう心中に叫び続けながら鈴木は仕事をし、そして五十六年の生涯を閉じた。いま、鈴木をディスターブするものは何もない。しかし、それでも鈴木は、集めた札を手放していないかもしれない。それを掲げて日本の社会で生きた後遺症は簡単には消えそうもないと思われるからである。

管理に刃向かう

伊庭継也《いばつぐや》の『体験的商社論』（東洋堂企画出版社）に、こんな記述がある。

「某大手商社に、連日遅刻することで有名な男がいた。遅れて出社しても、じつに平然として当然のごとく振る舞っていた。ただし自席に着くと同時に、とくに慌てる素振りは見せなかったけれど、テキパキと八面六臂の仕事のさばき方をした。それだけに、彼の名はたちまち社の内外に知れわたった。一部の、休まず、遅れずを信奉する連中から顰蹙《ひんしゅく》を買ったのは事実であるが、そのとき彼は『私は午後から出社してきても、普通の人の二倍以上の内容のある仕事をやっていますよ』と胸を張って答えたのだった。

遅刻による知名度、アクの強さから、彼がなぜ超特急で昇進するのか、業界七不思議の一つと言われたが、ついに役員レースでは同期の先頭に立ってテープを切ったのである。

現在、大学卒業年次で一番若い昭和三十年卒業の新進気鋭の取締役は、大手六社の中で彼一人であり、ほかにはだれもいない」

昭和五十九年刊のこの本の「彼」が、その後、常務に昇進した鈴木を指すことは言うまでもない。

あたかも眼前で見ていたように鈴木を書いているが、それも当然で、伊庭継也とは、伊藤正と鈴木朗夫の間の職位にいた衛藤甲子郎の筆名である。

衛藤たちは、かつての伊藤正の、いわゆる猛烈サラリーマン時代、そのカリスマ性を宗教に擬して、ギリシャ正教ならぬ「伊藤〝正教〟」と呼んでいたという。そして、その「忠実なる伝道師」が鈴木だったというのだが、しかし、鈴木は「伊藤正教」のモーレツ部分の伝道師だったわけではない。

それに関して、木村誠が、鈴木とのつきあいの中で非常に屈辱的な思いを味わったことがある、と話す。

ニューヨークにいた鈴木を訪ねて、木村がアメリカに行った時、木村はたくさんの仕事を抱え、寸暇を惜しんで、食事をしながらも延々と報告したり、打ち合わせをしたりした。

すると鈴木は、木村の一年下で、当時ニューヨークにいた大沢晋夫《くにお》の名前を出し、

「木村君、あなたの話題は仕事しかないんですか。貧しいですね。ぼくと大沢君だったら、話題は世界を駆けめぐりますよ」

と言ったのである。

木村はその時、日本から仕事で来た人間と、ニューヨークに一緒にいる人間とでは条件が違うではないか、と憤慨したが、いささか仏頂面をして、

「じゃ、やめましょう」

と仕事の話を切り上げた。

大沢は鈴木に傾倒していた最右翼の人間とも言える。鈴木にとって、飲みに行った時などの、最も低俗な話題が仕事の話だった。女性の話は結構いい話題で、音楽、絵、本といった文化的な話題こそ、鈴木にとってはオフ・ビジネスの話題であるべきなのだった。

前述の衛藤は、伊藤と鈴木を「まったく違う世界の人」と語る。一方は月に住み、一方は地球に住むといった感じで、全然違う世界の人だった。

たとえば、鈴木は計数に明るくないのに対し、伊藤は何年か前の契約の際の単価まで覚えているといった風で、鈴木は時に、

「あのときは幾らで売ったよなんて伊藤さんに言われて、わしゃかなわんよ」

と、こぼしていたという。

違うから、お互いに補い合い、認め合うようになったのだが、伊藤と鈴木に共通していたのは、フェアプレーの精神だった。鈴木は「正々堂々」という言葉が好きで、手紙にもよく「相変わらず正々堂々とやってます」と書いた。「正々の旗、堂々の陣」である。

伊藤も鈴木も、部下の手柄を自分のものにするようなケチな男ではまるでなかったし、そのフェアプレーの根本精神において、鈴木は「伊藤正教」の伝道師なのだった。

多分、伊藤が社長になってまもなくの頃だと思うが、鈴木が書いた「伊藤正論」がある。それを次に掲げよう。

極く若い頃から、伊藤は切れ者で通っていた。単に切れ者というと、頭が良いだけの秀才を思い浮かべるが、伊藤の場合、生来の頭の良さに加えて、ほとんど宗教的とも言える誠実の哲学と、それを貫きとおす剛直さが彼の個性であり、その個性ゆえに早くから会社の中で目立つ存在であった。

伊藤は根っからの営業マンである。若い頃、厳しい繊維の商売で身を削り、激しい相場で胃をこわした。

胃をこわした代わりに、のちのちまで冴えを見せる商売の勘を培《つちか》った。

伊藤が大きく飛躍し、彼に対する社内外の評価を不動のものにしたのは、鉄鋼貿易の仕事を通してであった。昭和三十五年、当時未だ揺籃期だった総勢十名足らずの鋼材貿易課の課長として乗り込んだ伊藤は、三十七歳の働き盛り、生き馬の眼を抜く商社マンの世界では時に愚直とも見えるのを構わず、信義誠実の商法を唯一の旗印に、部下を引っぱり、世界市場の開拓に心血を注いだ。当時一緒に働いたことのある部下達は「まるで戒律厳しい修道僧のようだった」と回顧する。

伊藤が米国住友商事の社長として鉄鋼をあとにするまでの十年間で、十人の所帯は何と二百四十人の大部隊となり、売上高は二十倍になっていた。鉄の住商といわれるように、住商の収益の大きな柱として育っていた。

仕事一途の中年男にしては、伊藤は女子職員にも人気があった。米国へ赴任する伊藤の送別会を部下達が催したところ、とっくの昔に退社し、母親になった女子職員までが大挙して参加し、話題になった。一番驚いたのは伊藤自身だった。伊藤がモテる理由について、女の子のひとりは明快に解説した。「将に将たる男の魅力ですよ」。伊藤はその時謙虚だった。「皆さんと一緒に鉄鋼に明け暮れた十年間は私の青春時代でした」と感激した。「私達の業績は、私を支えてくれた人達全員の集団のドラマです」とはにかみながら強調した。

伊藤にとって、人生とは困難ではあるがやってみる価値のあるひとつの実験であるに違いない。彼が口癖というよりも念仏に近い真剣さでくり返す「信義誠実」を貫きとおし、なおかつ世界商戦の修羅場で生き残ってゆくということは、口で言うほど易しいことではない。その意味で彼には常に求道者の厳しさと風格が伴う。そのような伊藤が生きる場として、住友商事は最もふさわしい企業だと言える。住友には、創立以来三百五十年間、一字一句変更することなく伝わった社是があり、これは「信用を重んじ、確実を旨とし」で始まり、「いやしくも浮利を追って軽々しく進むことなかれ」と結んでいる。

伊藤はまるで住友商事の社長になるために生まれて来たような男である。米国でも伊藤は、その堅実無比な経営手腕を発揮した。米国在任中の四年間で、米国住商の売上高を四倍半にし、収益力を定着させた。折からの大不況に見舞われて、こげつきや損失が多発する環境の中で、彼が率いる米国住商は無傷だった。

ニューヨーク在住の四年間、この五十男は毎朝トイレの中で英語の単語を十ずつ覚え、翌朝までに五つ忘れるという単純無比な勉強法を押し通した。この年代の日本人男性の例に洩れず、伊藤も決して外国語を得意とする方ではなかったが、二年目のクリスマス・パーティの席上、日米の全社員を前に五分間の英語スピーチを即席でぶって、米人秘書達の拍手をあびた。このような努力と人柄は、当時すでにやかましく言われはじめていた日米カルチュア・ギャップの問題や、日本企業の現地化の問題に生かされたという。

鈴木はこう書いているが、これは後年の評価であり、伊藤と鈴木の二人はまったく異質であるがゆえに、出会いの初期におけるぶつかり合いは、なまなかなものではなかった。

当時、伊藤はこわもてで通っていた。東京に来る前、大阪にいて繊維を担当していた頃に、すでに凄腕《すごうで》の大変な男であるという風評が立っていて、衛藤はある人に、

「今度来る課長代理は猛烈だよ」

と言われたのを覚えている。

那須秀康も、カンボジアに行くので挨拶に行ったら、伊藤は「おれはまだ来たばかりなんだ」と言いながら、那須をギロッと一瞥し、「ま、座れ」と声をかけて、改めて正面から観察するように見た。

この男が海外へ行くのか、大丈夫かいな、という感じである。那須はその時、この人は課長代理なのに社長みたいにして人を見るんだな、と思った。自分が派遣するようなつもりで、いろいろと訊く。他の人のところへも挨拶に行ったが、伊藤以外はそんなことはしなかったので、強く印象に残った。

鈴木が鋼材貿易へ来たのはその後である。伊藤は仕事について非常にきびしく、ある新入社員など、それに耐えられなくなって、ノイローゼ状態になっていた。

伊藤は、自分が神経が太く、精神的な緊張に耐えられる人間なので、当時は、他人にもそのままそれを要求していた。精神的に弱い人もいるのだということが、ほとんど理解できなかったのである。伊藤から見て、怠けているとしか受け取れなかった。

それで、鈴木をはじめとした課員たちが、こんなタコ部屋みたいなところにはいられない、と反発する。「鬼の伊藤」を弾劾するとまではいかないが、不満をくすぶらせたのである。

そのころテヘランに行っていた衛藤は、鈴木からのそうした手紙を受け取り、困ったことになったな、と思っていた。そして、昭和三十七年に日本に帰って来た衛藤は、元通り伊藤の課へ行くように言われたのを断る。

「朝から晩まで猛烈に働かされるから、もうイヤだ」

こう言って衛藤が拒否しているというのが、まもなく伊藤の耳に入った。

それに対して伊藤は、

「衛藤がおれを嫌っとるのはわかってるけど、おれがうまく使うから、連れて来い」

と人事の人間に言う。

伊藤がそう言ったと聞き、衛藤もホロッとなって、

「それじゃ、行きましょうか」

となったのである。

伊藤は、衛藤がテヘランへ行く前とは大分変わっていた。それは逆に、鈴木が衛藤に手紙で言ってきた伊藤とのぶつかりあいがかなりのものだったことを想像させた。

鈴木は、伊藤のような課長の下では人間らしい生活は送れない、と書いていた。仕事に生きるなどという気のない鈴木と、仕事一途の伊藤が合うわけがない。

伊藤にしてみれば、鈴木が連日遅刻することなど論外だった。そのことで、伊藤と鈴木がバチッバチッと火花の散るような争いをしたこともある。

伊藤は最初、たとえば八時半なら八時半に始める時に、席に着いているだけでなく、すでに書類を読んでいるような態勢でないとダメだ、と言った。鈴木にとっては、まるで息がつけない。こんなタコ部屋のようなところは早く出たい、あるいは会社をやめたい、といった気持に鈴木はなっていた。

しかし、伊藤も、鈴木の抜きん出た能力に気づき、遅刻を咎《とが》める声音《こわね》も表情も変わっていく。

「おまえ、もっと早く来なきゃいかんやないか」

こう言ってストレートに怒っていた伊藤の顔が、そのうちに、困ったもんだなという感じで、優しい顔で文句を言うようになっていったのである。

鈴木のほうも、何だかんだと言っても、伊藤は仕事もできるし、能力もある、と頼りにするようになった。お互いが自然に歩み寄って、のちのちまでの緊密な関係がスタートした。

毎度毎度の遅刻については、もちろん、人事や総務から、ずいぶんと文句を言われたが、それらに対して、伊藤は鈴木をかばっていた。すでに伊藤はこわもてで通っていたし、その伊藤に防波堤になられては、人事のほうも、それ以上、鈴木の遅刻を追及はできなかった。もちろん、鈴木は鈴木で「闘って」いたのである。

その一方で、徹底的な追及を阻ませるものとして、伊藤の存在があったと言うべきかもしれない。

昭和三十五年に住商に入り、「休まず、遅れず、働かず」の多くのサラリーマンの中で、ほとんど毎日、悠然と遅刻してくる鈴木に、憧憬以上のものを感じていた現サミット副社長、荒井伸也は、人事部にいたせいもあって、鈴木の遅参届《ちさんとどけ》を見た。そこには、「昨夜、当社の将来を考えたら眠れなくなった」といった大上段の理由から、「今朝は、靴の紐がよく結べなかった」といった思わず吹き出しそうな理由まで、一つ一つ違う理由が記してあった。

鈴木は、前夜遅くまで残業していたから、翌朝の出勤時間をずらすといった彼自身のフレックスタイムをやっていたのだが、当然これは問題となる。

人事担当役員が鈴木を呼んで釈明を求めた。

「何か問題がありますか？」

と問い返す鈴木に、その役員が、

「問題がありますかどころではない。君は就業規則に違反しているのだ」

と怒声を発する。

「本当ですか。ちっとも知りませんでした。就業規則のどの条文に違反しているのでしょうか？」

鈴木は平然としてこう言い、一瞬言葉に詰まった役員を前に、次のように続けた。

「就業規則には、遅参をしたら遅参届を出せと書いてあるので、いつもちゃんと出しています。むしろ私は表彰されるのかと思っておりました」

就業規則のどこにも、遅参がいけないとは書かれていなかったのである。

鈴木は、入社の際に、すでに日本的慣行と一戦を交えている。誓約書を出すのを拒否したのだ。

「自分で面接して、その時は何も条件をつけず採用すると言っておきながら、今になって誓約書を出せというのは、おかしい」

こう主張する新入社員に人事担当者が弱っていると、突然、鈴木は折れて、

「わかりました。出しましょう」

と言い、こう、つけくわえた。

「ただし、条件があります。私も誠意を持って働くことを誓いますから、会社も誠意を持って給料を払うという一札を入れて下さい」

結局、鈴木は誓約書を出さなかったのだが、こうした雇用契約の双務性、あるいは誠意の双務性といった観念は、少なくとも、初期の伊藤にはなかった。伊藤が鈴木を変えるとともに、鈴木も伊藤を変えていったのである。鈴木は伊藤にタテ感覚ではなく、ヨコ感覚を植えつけていった。

伊藤には、昭和三十六、七年頃、入社式を終えて自分の課に配属された新入社員を、一時間半も立たせたまま、延々と「心得」を話して聞かせたというエピソードがある。

鈴木たちの「抵抗」の影響か、翌年からは椅子にすわらせて話すようになったという。

伊藤と違って会社にイノチを献げるなんてもってのほかという鈴木には、上下の関係でものを言うような感覚はほとんどなかった。

若い人たちともヨコ感覚で話すし、アッと思うような話で、彼らを惹きつけた。

たとえば、レイモン・ラディゲの『ドルジェル伯の舞踏会』というのは傑作だと言い、

「ラディゲは二十歳で死んだけれども、老衰です」

と断定して、ラディゲなどよく知らない若い商社マンを驚かせるのである。

鈴木にかわいがってもらったという住商現人事部長の野村高史は、鈴木と一緒に湘南へ遊びに行き、海辺で女性をナンパしようとした思い出を語る。

いま、野村の手元には、鈴木からもらった何通かの手紙がある。一九八〇年七月二十八日付の「親愛なる野村大兄」宛ての手紙には、「帰国を待ち受けていたのは、血走った眼、せわしない身のこなしのヤプウ、くもの巣のようなヤプウ社会。生後五十年を経て尚、これには慣れることが出来ず、困ります」と、相変わらずの日本的ムラ社会批判が書かれているが一九八五年五月五日の「野村鋼材貿易第一部長」宛ての手紙には、次のような記述が見える。

「序《つい》でながら貴方の部下の若い人に僕からの謝罪を伝えておいてください。もともと、本件のような、下手をすると大事になりかねない問題が、小人数の多忙な営業部まかせになっているのではないかという不安が、僕をして貴方の部下の青年に質問せしめた訳ですが、先週の木曜日は、気になることが多発して、すくなからず疲れ、苛立っていたこともあり、また広州へ赴任する加藤保弥君の送別会に出て若干お酒をのんで

いたこともあり、何の責任もない若い人に対して怒気を含んで筋違いの詰問をするような雰囲気になってしまいました。僕としてはあるまじきことであり、彼を相当な不快におとし入れたであろうことは間違いないと思います。貴方の指示に従って深夜まで働いていた青年に対して大変悪いことをしたと思いますので、僕の guilty sense と謝罪を伝えておいて下さい」

「本件」とはメキシコ関連のあるプロジェクトをめぐるトラブルであり、野村によれば、取締役の鈴木に怒られて、入社三年目ぐらいのその「若い人」は驚いたらしい。それをフォローする鈴木の心遣いを示す手紙である。

伊藤はこんな手紙を書くことはなかった。しかし、伊藤の怒りは、激しくとも一過性で、カラッと揚がった天ぷらのように腹にもたれなかった。ところが鈴木の批判とか指摘は、ボルテージは高くないが、刺すような鋭さがあり、めったに爆発することはなくとも、こうしたフォローが必要だったのだろう。

その鈴木と伊藤は、初期、次のようにもぶつかった。

伊藤が課長当時、鈴木は、みんなに残業を強いることになるのは伊藤が悪いのだ、と主張したのである。百歩譲って残業しなければならないとしても、その中身を問題にせず、八時まで残っている人は仕事をしている人で、それまでに帰る人は仕事をしていない人のように言うのはとんでもない、と鈴木は語気強く伊藤に詰め寄った。残業は必要があったらするもので、必要もないのに、上から見られていいように八時以降もいるというのはムダであり有害だ、というのが鈴木の主張だった。とにかく、遅くまで残っている人間を上の者がかわいがる風潮があるのはおかしい。鈴木は真っ向から、日本的会社社会の歪みを衝いた。

伊藤も最初は、何を小癪《こしゃく》なという感じで応対していたが、次第に鈴木の能力を認め、その主張に耳を傾けるようになる。

そして、鈴木たちが、鉄鋼貿易部はいつも夜十時過ぎまで仕事をするのだから、朝は九時半始まりにしようというのを、積極的に支持し、人事とかけあうようになった。翌朝ムリして早く来ても、いい仕事はできないという理由でのフレックスタイム制の採用である。

しかし、人事の反対の壁は厚かった。鉄鋼貿易にそれを認めたら、われもわれもとなって収拾がつかなくなると人事は懸命に抵抗したが、伊藤も加わって、というより伊藤を先頭として、それを押し切る。

そんなことがあって、九時半始まりになっても、鈴木は早くて十時過ぎ。たいていは昼から出社した。

「それはそれ、これはこれ」なのである。

鈴木が穴を開けたおかげで、いま、住商の始業時間は九時十五分、九時半、九時四十五分の三つに分かれている。現在では、それほど目新しいこととは思われないが、鈴木がチャレンジしたのは、いまから三十年余り前である。

「ムッシュウのやることは世の中より大分アヘッドしてる。アヘッドしてるから、見方によっては、あいつはキザなことを言う。カッコつけやがって、ということになるけれども、実際にはその後そのようになるということが非常に多いですね」

野村高史はいま、こう語る。

『家畜人ヤプー』ならぬ「社畜人ヤプー」の会社社会に埋没していては、それを批判することはできない。鈴木は、意識的にそこから身を引き剥がすことによって、その「社畜性」を撃つ視点を確保した。

そして、それは、「社畜」などということを考えもしなかった伊藤をも変えていったのである。余人が言うのなら耳を傾けなかったかもしれない伊藤が、他ならぬ鈴木がそう主張するということで、それまでの自分のやり方に「反省」という名のメスを入れ始める。

上司と部下、あるいはトップと参謀の関係を描いた小説に城山三郎の『役員室午後三時』がある。かつて、東洋一を誇った名門企業「華王紡」の藤堂社長と腹心の矢吹企画室長の葛藤を描いたこの小説は、いわば「主殺し」のドラマである。

ヒトラーにも擬せられるほどの藤堂のワンマンぶりに、華王紡ではクーデターが起こり、藤堂は一度、会長に棚上げされた。しかし、まもなく、藤堂は社長に復帰する。この間、矢吹は〈藤堂以外のトップに仕える気はない〉と言って、クーデター終結後に華王紡を去っていた。ところが、代表取締役社長に返り咲いた藤堂に呼ばれて、華王紡に戻る。

この小説の圧巻は、復帰後の藤堂が、

「役員会は、これで終りにします。今後、一切、開きません。常務会も行いません。仮に諸君たちがどんな名の会合を持たれようと、それは会社の経営には反映させません」

と役員会で〝宣言〟したのに対して、矢吹が「あなたのお認めにならない役員会の決議として」退陣を迫る場面である。

そのとき、矢吹は、

「運命共同体にとっては、個人の意地や面子は、百害あって一利ありません。共同体の名において、退いて頂く他はないのです」

と言って藤堂にトドメを刺す。

社長就任の記者会見で、矢吹は「最近読んで感銘を受けられた本は」と問われて、こう答える。

「勝海舟の伝記です。旧主に仕えて忠誠を尽しながら、より高い次元でそれを乗り越えて行こうとするところなど、教えられました」

城山のこの小説が出たのは、伊藤と鈴木が米国住商にいたころだった。それで、よく冗談を言い合っていた伊藤夫人が鈴木に、

「鈴木さんは矢吹みたいに、最後には主人を蹴飛ばすんでしょう」

と言ったことがある。それに対して鈴木は、ただ笑っていただけだったというが、伊藤夫人の言うように「油断のならない人」という点では共通するとしても、鈴木＝矢吹説は当たらない。

まず鈴木は矢吹のように「運命共同体論者」ではなかった。一度、会社を去ったら、再び戻ることはなかっただろう。それほど、自分の人生の中で会社に重きをおいていなかったからである。

また、何よりも、伊藤が藤堂ではない。もちろん、鈴木＝矢吹説は伊藤夫人のジョークだが、夫人によれば、伊藤と鈴木は「水と油みたいに」違った。鈴木は大変な洒落者で、一週間ぐらいの出張でも、スーツを三着ぐらい持って行く。これに対して伊藤は、服装などにはまったく無頓着な「ただ仕事だけの男」で、何日間の出張でも一着しか持って行かない。

それで、ある時、鈴木が伊藤に、

「伊藤さん、私がおカネを出しますから、頭のてっぺんから足の先まで、一度私に見立てさせて下さい」

と言った。自分に任せて変身せよ、というのである。

伊藤は断ったが、ニューヨーク時代、スペインから買って来た、外が黒で中が真っ赤のマントをひるがえ

していたような鈴木には、あまりに構わなすぎる伊藤が、たまらなかったのだろう。

鈴木は伊藤夫人にも何度か、

「頼むから、つくらせてくれ」

伊藤はいつも、コッペパンみたいな靴を履いていたし、一週間もネクタイを替えないこともあった。ネクタイについては、一度、上司から、ネクタイを替えないということはどこかに泊まったことになるから、と注意されて、気をつけるようになった。

伊藤と鈴木の違いは、就寝時間にも表れている。伊藤は朝型で、大体十時頃には就寝し、五時過ぎには起きる。体操などをして七時前後に朝食。ＮＨＫのテレビドラマを見て、八時半に家を出るという日課である。家にいるときは書類を見ているか、パターの練習をしているだけだという。

「父はゴルフ以外は完全に無趣味人間ですね。片や鈴木さんは趣味が豊富だった」

鈴木にかわいがられた伊藤の次男の幸人《ゆきひと》はこう語る。

音楽を聴いたり、本を読んだりの、広く深い趣味をたのしむためには、仕事を終えてからの時間だけでは足りなかった。鈴木が朝遅く出勤するのは、深夜に自らをカルティベイトしていたことにもよる。そうした時間をもてないと、鈴木はクスリが切れたように苛々するのである。

前記の衛藤によれば、鈴木は十二時ごろに風呂に入り、ガウン姿でパイプをくわえ、ブランデーを飲みながら、それから本を読むのが常だった。

「ちょっとしたパーティでも、人数が多くなると、彼は隅っこに行くんです。そして、そこで静かに飲んでいる。大勢には馴染まないんですね」

伊藤夫人のこの観察は鋭い。鈴木は「雰囲気を味わう人」で、十人前後の集まりの時は、よく飲み、よくしゃべっていたが、五十人ぐらいになると、中心の輪を離れて、煙草を喫うか、ひとりグラスを傾けていたというのである。

伊藤と鈴木は女性の好みも違っていた。どちらかと言えば、伊藤はタヌキ型の女性が好きであり、鈴木はキツネ型の女性が好みだった。それで伊藤は鈴木に、

「君とぼくはコンピートしないね」

と言ったことがあるが、鈴木によってタヌキ型とされた伊藤夫人は、

「鈴木さんは自分をよく見せようとして、話すこととか何とか、あれだけいろんなことに気を遣っていたら、くたびれるだろうなと思いました。一切、変なところを見せようとしなかったですからね」

と回顧する。

無手勝流のような伊藤と、一分の隙も見せない鈴木。ただ、一度、鈴木がとんでもないミスをして、それを知った伊藤が仰天し、

「鈴木君ががか!」

と言ったきり、次の言葉が出なかったことがあるという。

それではここで、伊藤正という男をスケッチしておこう。

大正十一年、兵庫県に生まれ、昭和十八年、東大法学部在学中に学徒動員された伊藤は、敗戦後の二年半、南方の収容所で生活した時に、環境が変われば人間は誰しも犯罪者になり得ることを知らされた。そのためか、大学卒業後は、犯罪者の更生に一生を献げようと決意する。元東大教授で前最高裁判事の兄、伊藤正巳《まさみ》

の影響もあっただろう。

「法務省に入ってそうした仕事するつもりだったんですが、民間の会社の試験も受けましてね。昭和二十三年の食糧難の時で、弁当を食わせてもらうために試験を受けた」

と伊藤は笑う。

試験には受かったけれども、住商の前身のこの日本建設産業に入る気はなかった。しかし、犯罪者の更生といえば、北の果ての網走刑務所で働くことになるかもしれない。母親は、そんな所に行ったら嫁の来手がないと泣くし、伊藤も困ったが、それでも会社のほうは断っておこうと思って、卒業式の数日前に大阪へ行った。

そして、重役と会って面談し、商社マンの仕事は貿易による国家への奉仕だといった話を聞いてその気になり、母親の泣き顔も頭に浮かんで、入社することにしたのである。

この時の重役が現名誉会長、津田久だった。津田からは、「気が変わることはないか」と念を押されたという。

それに対する伊藤の答えが「私は、一つのことを始めたら、変えない性質《たち》だから、心配ありません」だった。

学生時代に伊藤が下宿したところが、トタン屋根で夏はすさまじい暑さだったけれども、下宿を変えなかったという〝実績〟に基づいての答えである。

ちなみに、伊藤は結婚する時にも、夫人にそう言い、

「私は下宿並みなの」

と皮肉られたとか。その夫人は、伊藤を、

「主人は教育者だろうと思います」

と語る。収容所の捕虜生活で辛抱すること、待つことを覚え、わりに辛抱強いというのである。きびしいけれども、生徒の個性を伸ばそうとする教育者。夫人の眼はやはり、伊藤の本質を衝いているかもしれない。

次の後継者論にも、そうした傾向がうかがわれる。

社長というのは、自分が社長になった瞬間から、後継者を考えなければいけないといわれるが、それについて伊藤は、

「よく、そういわれますし、私もそのとおりだと思うんですが、だからといって、社長だけで決めていいものか。そうではなくて、やはり、全体の総意がこの人がいいなあということになって決められていくものではないか。鶏と卵、どちらが先かみたいですが、そうなっていくかどうかについては、社長が一つの方向づけはするかもしれない。

しかし、最終的には社長が決めるといっても、実際は取締役会が決めるわけですね。そこのところを、みんなずいぶん間違っていると思うことがときどきあります。社長が後継社長を決めているように見えても、実際は取締役会の総意が決める。取締役会の総意というのは、広く従業員も含めた総意ということで、それが社長を決めていく。私はそう思うんですね」

と慎重に答える。

伊藤のこの答えは、現在、かなりワンマン的に、あるいは恣意的に会長が社長を決めたりする風潮がみられることに対する基本的な疑問だと思われる。伊藤は、社長が企業を私物化する権力者となってしまうことを警戒し、自らもその〝権力の毒〟に染まってしまうことを恐れているのである。

伊藤は、学生時代はラグビーの選手だった。長身でがっしりした体格の伊藤には、いまも万年青年のおもかげが宿っている。プロ野球は、チーム創設以来の阪急（現オリックス）ブレーブス・ファン。息子たちに「阪急が勝ったら小遣いをやるから」と応援させ、飼っている犬にまでブレーブスと名前をつけていたというのだから、ハンパではない。

住友個性派の系譜

派手さはないがプロらしいプレーをする選手がいる阪急に惹かれるところに伊藤の人となりが表れている。それはまた、「いやしくも浮利に趨《はし》り、軽進すべからず」という住友の伝統にも合っている。伊藤は毎朝、この営業の要旨を復唱する。

先に挙げた広瀬宰平だけでなく、伊庭貞剛《いばていごう》、鈴木馬左也《まさや》、小倉正恒《まさつね》など、住友には、いわゆる「住友精神」を体現するような人物が輩出してきた。過去にはその伝統の清流を濁らす者が住友を代表するかの如き顔をすることもあったし、現在も、とくに金融や不動産の経営者にその傾向がないではないが、あくまでも伊藤はその清流を守ろうとしている。

とりわけ、名総理事といわれた伊庭貞剛に惹かれるという伊藤に、なぜかと尋ねると、こんな答が返って来た。

「やはり、引き際ですね。私はいつも、これだけは真似したいと思って、伊庭さんの『事業の進歩発達に最も害をなすものは青年の過失ではなくて老人の跋扈《ばっこ》であり、老人は少壮者の邪魔をしないようにすることが一番必要だ』という言葉を小さな紙に書いて持っているんです。『老人の跋扈はいかん』ということですね。ぼくも、もう老人手帳をもらっているんで、『跋扈』になっているのではないかと、気にしています。ただ、伊庭さんにしても広瀬さんにしても、パーフェクトな人間ではありませんし、すべてを尊敬することはかえってよくないでしょう」

住友の伝統に関して、ロッキード社の代理店の話が来た時、当時の社長、津田久がそれを断ったという有名な話がある。

昭和三十年代に、三井物産では、ある事情でロッキード社の代理店を続けることができなくなり、住商へその話がまわってきた。

当時は軍用機導入が始まる時で、住商の社内では是非という声がかなりあった。しかし、このような仕事はどうしても政治がらみになる。それで津田は断って、住商はロッキード事件に巻き込まれなかったのである。

その津田の薫陶を受けた愛弟子《まなでし》の伊藤も骨っぽく、佐世保重工の再建に駆り出されて日の出の勢いだった坪内寿夫《としお》の無理な要求を明確に拒否したことがある。

それを言うと、伊藤は、

「いや、ウチとしては、もう要求に応じきれませんと言ったら、向こうが以後の取引を断ってきたんで、ウチのほうが商売を切られたんですよ」

と謙遜した。

私はやはり、ここに住友の伝統を見る。伊藤の敬愛する伊庭貞剛から津田久に至る住友精神である。

伊庭貞剛、鈴木馬左也、小倉正恒、川田順、小畑忠良らのユニークな住友人の系譜の中に鈴木朗夫もあったと思うが、ムッシュウを許容した住友の土壌を、それらの人物の逸話の中に追ってみよう。

まず、伊庭貞剛である。伊庭については、住友の常務理事を務めた〝老いらくの恋〟の歌人、川田順が『住友回想記』の中で、次のように書いている。

「東海道列車が瀬田の鉄橋を通過する際、車中の住友人は大抵の場合、顔を窓ガラスに押し付けて唐橋の下流を眺め、右岸の、小高い山のみどりに目を凝らして「あすこが伊庭さんの亡くなられた別荘だ」と、なつかしく思い出すものらしい。それ程に伊庭貞剛は人望があった」

日本の公害の原点といわれる足尾銅山の鉱毒防止に、文字通り、その職（国会議員）を投げうち、身体を張って闘った田中正造は、足尾銅山経営者の古河市兵衛や政治家等を激しく攻撃しながら、しかし、住友の別子《べっし》銅山については、こう讃美した。

「伊予の別子銅山は鉱業主任住友なるもの、社会の義利《ママ》をしり徳義を守れり、別子は鉱山の模はんなり」

「これほど説いても判らぬのなら、渡良瀬《わたらせ》川から鉱毒水を汲んで来て農商務大臣に飲んでもらおう」とまで言った田中をして、この讃辞を吐かせた当時の住友には、〝住友の西郷隆盛〟といわれた伊庭がいた。

「たとえ事業が潰れてしまっても害毒を起こしてはならない」という伊庭の下、住友では別子銅山の四阪《しさか》島《じま》製錬所を移転した。そのために二年間減産をすることになっても、それを決行したのである。

「経済力が全く貧困で、工場の規模など今日とは比較にもならなかった明治二十〜三十年代に、単に『公害をなくする』目的だけのために、これほどの巨費（現在のカネで三百億円余）を投じた伊庭の英断は、どんなに偉大と讃えても誇張のそしりはないであろう」と木本正次は『伊庭貞剛物語』に書いている。

明治二十六年秋、愛媛県新居浜《にいはま》地方の農民二千人が煙害に抗議して坐り込むなど、大争議もあって騒然たる中へ、翌年二月、まだ四十代だった伊庭がその収拾に赴く。叔父の広瀬宰平（初代住友総理事）のバトンを受けてだった。

あるいは生還を期しがたい出発に当たって、伊庭は心の友の峩山和尚に後事を託した。峩山は大きく頷き、「何か山で読むものが欲しい」という伊庭に、『臨済録』一冊を手渡した。「何も読まんほうがいいのだが」と言いながら渡してくれたのが、この禅の本だった。

伊庭を迎えた山は殺気立っていた。

しかし、伊庭は格別のことをせず、草庵をむすんで、ただただ、山の散歩と、読書と、そして謡曲に明け暮れた。

そもそも争議の収拾に赴くのに、連れて行ったのは謡曲の師匠ひとり。

散歩は、遠く離れた坑まで出かけ、坑夫たちに会うと、

「やあ、ごくろうさん」

と、にこやかに挨拶した。もちろん、返礼はない。

一方、血の気の多い者が草庵に押しかけてきて、からんだり、脅したりしても、うるさがらずに相手をした。

不思議なことに、それを繰り返しているうちに、いつしか、山の空気がなごんできたのである。しかし、伊庭は、決して内面まで「おだやか」だったわけではない。

大阪のある理事に宛てた手紙では、「小生も独り心痛、意中を明し談ずべき友も得ず、寒灯の下に古今治

乱の因果を想起し、人生のはかなき有様を嘆じ、ひとり自ら慎むのほかなきことをあきらめ申候」と、その苦しさを述べている。

そうして五年間で別子銅山を建て直した伊庭自身、判事からの転身組だが、伊庭は総理事になると、当時、未来の外務大臣とまでいわれた河上謹一を「東洋一の高給」で迎え入れるなど、スカウト人事を推し進めた。

さて、鈴木朗夫に優るとも劣らない住友個性派の先輩に小畑忠良がいる。戦中に産業報国会理事長や大政翼賛会事務総長をやり、戦後は革新勢力に推されて大阪府知事選に三度立候補した小畑については後に詳述するが、そのスケールの大きな小畑が「完全に師事し臣事してしまった」人間が、日本製鉄の社長にもなった平生釟三郎《ひらおはちさぶろう》と、伊庭の次の総理事の鈴木馬左也だった。

『平生釟三郎追憶記』の中で、小畑がこう書いている。

「私は只今新亜通商という小会社の社長をして居るが、この小社長に相成る迄、自分で大将になった経験は一度もない。高々女房役で常に幾人かの上司を頂いて仕事をして来た人間だから、甚しく上司ずれがして居る。

『上司の指導宜敷《よろし》きを得ない』という言葉は下僚が上司を指導する場合にいうのだなどと不遜な放言をして居った位で、大抵の上司は然るべく適当に処理して来た。しかし今日迄、どうにもこうにもならない、全く手も足も出ないで文字通り指導せられてしまった上司が二人ある。一人は住友家の元総理事鈴木馬左也さんで、一人は（産業報国会会長だった）平生さんである。悔しいがこの御二人には完全に師事し臣事してしまった。

御二人とも修身の先生が点数をつければどういうことに相成るか知らないが、下僚からこれを仰ぐとき全くの大棟梁で、絶対的に満点である。これ位頼もしい、これ位こわい、それでいてこれ位仕え易い親父は滅多にあるものでない」

この、クセの強い「下僚」と「大棟梁」の関係は、鈴木朗夫と伊藤正のそれに似ていなくもない。

小畑も鈴木馬左也に対して、最初から「師事し臣事してしまった」わけではなかった。住友商事がなぜ戦後にしかスタートできなかったかとも関連するが、かつて小畑は、総理事だった鈴木に「商売」について談じ込んだことがある。

第一次大戦後のインフレ景気の最中、商いをすれば必ず儲かる時代で、三井物産をはじめ、商社はみな当たるべからざる勢いの好景気に躍っていた。

ところが、住友には「商売をしてはならぬ」という鉄則がある。それが小畑たち若い社員には残念で、ある日、ついに鈴木に詰め寄った。

「なぜ商売をしてはいけないのですか」

これに対して鈴木は、

「商売は必要なことで、わるいことではありません。しかし商売をする人と、工業をする人と自ずから人柄が違います。これは長い間の訓練で出来上がります。住友では今まで商売人の訓練をしておりません。鉱山や製造工業の人を養成して来ました。鉱山や工業の方面で、仕事が無くなったというならば別ですが、その方で人も足りねば資金も足りない。仕事は山ほどあって手が足りない時に、何を苦しんで馴れぬ商売に手を出すのですか。儲かるからといって、何でもやる必要はありません。自信のあることでご奉公をすればよいのです」

と答えた。

「理屈を聞けば何でもないことだが、これをあれほど徹底的に実行出来る人は、総理事を措《お》いて他に求めることは不可能であった」

小畑はこう述懐している。

鈴木は「ロシア革命」の起こった翌々年の大正八年、欧米へ出張したが、唯物論が嫌いで、「物」より「精神」を大切にしなければならないとつねづね訓示していた。

そして、ある時、鰻を食べながら、

「近ごろ、革命だの労働争議だのと騒ぐのは、要するに物質万能の思想が根本にあるから、物質の分け前だけに人間が狂奔するのだ。これが西洋流の考え方の欠陥である。物以上に精神があるという東洋思想にかえれば、こんなに物質で争う必要はなくなる」

と小畑に言った。

それに対して「新時代」を感得しつつあった小畑はそのままには肯《がえん》ぜず、

「私どもは、物以上にさらに高い精神的な面で競争せねばならないことをよく理解いたしますが、この説教を物に不自由している労働者階級に向けてすることは控え目にして、物に満ち足りている資本家の面々に対して、盛んにやって頂かねばならないと思います」

と〝反撃〟した。

すると鈴木はにらむようにして小畑を見、

「そうです。住友にもまだ労働者に分たねばならぬ部分が大いにあると思います。……が……」

と言って憮然として天井を仰いだという。

この時、鈴木は六十歳。小畑は二十七歳だった。

若さにまかせて小畑は、鈴木が「……が……」の次に、「……が教養のない彼等は無駄遣いをする危険が無いだろうか。かえって為にならぬのではないか」と言うのではないかと思い、そう続けたら、逆に、「教養のある資本家は無駄遣いをしていませんか」と二の矢をつがえるつもりだったという。

しかし、鈴木は天井を仰いだまま何も言わなかった。

これについて小畑は昭和三十六年発行の『鈴木馬左也』で、

「私は今でもこの『が』の次の御言葉をはっきり伺いたい。私は只今、いわゆる革新運動の御先き棒を振って走り廻って居る。而《しか》も常にこの『……が……』の次の問題で悩んで居る。総理事を地下から呼び起して、この解決をして頂きたいと切に思う」

と書いている。

鈴木は伊庭貞剛に招かれ、明治二十九年に愛媛県書記官から住友入りしたが、その時、三十六歳だった。そして、三十七年、四十四歳で総理事となる。

鈴木は「住友の事業に従事するものは、条理を正し、徳義を重んじ、世の人の信頼を受くるにあり。営利の事業と雖《いえど》も、必ず条理と徳義の経緯においてすべきなり。住友の事業に於て、苟《いやしく》もこの徳義の範囲において経営不可能なりとするものあらば、この事業は廃止するに吝《やぶさか》ならざるべし」と強調した。

その結果か、大正三年一月、「ロッキード事件」のような「シーメンス事件」（海軍の収賄事件）が発覚した時も、住友の事業は海軍と深い関係があったにもかかわらず潔白で、取り調べに当たった検事が「叩いても埃も出ないというのはこのことだ」と評したという。

鈴木も、これを喜んで「住友家の名誉あり光輝ある家風を顧み、その緒に紹《つ》いで、益々発達隆盛を計り、今日の時勢に適当ならしむべきは勿論、尚此の家風流儀の普及を企画して、願わくは天下の事業家を啓発感化し、徳義を以て事業を経営するように希望する」と訓示した。

これに関連して、宮崎交通の社長をした岩切章太郎の追想が興味深い。

岩切が住友総本店にいた頃、東京は新宿弁天町の鈴木の家を訪ねたことがあった。

いろいろの話のあとで、鈴木が、

「岩切君、いま僕は何の修行をしていると思うかね」

と尋ねた。まったく見当がつかないので、

「禅の修行ですか」

と言うと、鈴木は、

「いや、そうじゃない。いま僕が一生懸命に努力し修行しているのは断りかたである。総理事をしていると、いろいろと注文が来る。一つ一つ引き受けていては住友が立ってゆかぬ。しかし、断ると、きっと怒られる。まったく断りかたのむずかしさをしみじみと感ずる。怒らせぬように断ることはまったくむずかしいので、いま一生懸命、断りかたの修行をしているのだ。君たちもそのうち思い当たるようになるぞ」

と話したというのである。

鈴木はまた「謙譲」ということについて次のように語っている。

「人の上に立つ者は、丁度消防の出初式《でぞめしき》に梯子《はしご》の上で芸当をする者のようなものである。表面は甚だ派手で其者だけの力で芸をして居るように見えるが、其実、梯子を持って居る者の力で芸が出来るのである。若《も》し持方が悪かったならば、何も出来ないのみならず、直ちに頂上より真逆様に地上に落ちて、命を終るのである。依りて下で梯子を持つ者は、勿論上で芸が仕易いように確《しっ》かり持たねばならないが、上に居る者は、此事をよく心掛け、下で梯子を持って呉れる者に対しては、常に感謝の心を以て接し、功は凡《すべ》て之を譲るの覚悟がなければ、何の働きも出来ないのである。又若い人達は兎《と》もすると、地位が上になればなる程、自己の手腕抱負が行われて愉快であろうと思うが、之も亦《また》誤りである。総じて上になる程、自分の思う通りにならぬようになるものである。若《も》し一から十迄自分の意見のみを押し通すならば、有為有能の材は皆去って、己も亦去らざるを得ないようになるのである。而して上に居って此の我を捨てるということが、甚だ苦心を要するので、其苦しみたるや、下に居って自分の意見が通らない時よりは苦しいのである」

伊庭、鈴木と来て、次に小倉正恒を語るについては、鈴木との比較から始めよう。鈴木の後に、中田錦吉、湯川寛吉という二人の総理事がいるが、住友財閥のリーダーである総理事は伊庭貞剛―鈴木馬左也―小倉正恒という太い線がたどれるからである。

三十年に及ぶその住友生活を、終始、小倉の直属部下として過ごした川田順は『住友回想記』の中で、鈴木と小倉を次のように比較している。

「鈴木馬左也は小言をいうのが趣味であった。私は鈴木の鞄持で文・満・鮮を旅行したことがあったが、毎夜ホテルで就寝前、必ず何か教訓され、注意された。(中略)

鈴木と反対に、決して小言をいわぬ型の上司もあった。私は小倉正恒の直属部下で終始したが、小言をいわれた覚えは一度もない。これも珍らしいことだ。私のような我儘《わがまま》者だから、目に余ることも度々あったに相違ないが、彼はいつも黙って見ていた」

ちなみに、鈴木が川田に注意したのは、たとえば、江南美人の吸付煙草を平気で喫《の》むようなことはするべきではないとか、晴天にレーンコート着るのは不体裁だよ、とかいったことである。

これに対して小倉は、川田によれば「春風の如き人間」であり、「将に将たる器」の寛容の人だった。

小倉が銀行と倉庫の神戸支店長だった頃、出納係長が偽造の小切手をつかまされ、五万円詐取されたことがある。印鑑の突き合わせを怠ったためだった。当時の五万円だから、少なくとも現在の一千万円以上である。

係長は蒼白になり、首を覚悟して、小倉に報告した。すると小倉は、その小切手をじっと見つめ、係長に、

「印鑑簿を持って来たまえ」

と言った。

それを見ながら、まだ三十そこそこだった小倉は、

「なるほどうまく偽造してある。これじゃ誰でもだまされるよ」

と言ったきり、何も咎《とが》めなかった。

また、ある朝、小倉が出勤すると、机の上に、俗に言う〝赤新聞〟が置いてある。

「商人某、芸妓と同衾《どうきん》中、臨検に遭《あ》って検束」というものだった。

某は住友の忠隈炭《ただくまたん》を一手に引き受けて大阪砲兵工廠へ納入している男であり、新聞を小倉の机の上に置いた社員は、それを〝御注進〟に及んだわけである。

小倉は、大したことでもないのに、手柄顔に御注進に及んだ社員を呼び、こう言った。

「こんなことをするものではない。某は恐縮して後悔しているに決まっている。新聞は屑籠に入れたまえ」

〝赤新聞〟については、のちに詳述する小畑忠良にこんな逸話がある。住友電線の重役時代、大阪のそれが小畑の艶聞をおもしろおかしく書き立てたのである。

心配した本社の庶務係が、小畑に、

「こんな記事が載っていますが」

と持って行ったら、小畑は平然として、

「こんなことでカネがいるから、もっと月給を上げるように総理事に言っておいてくれ」

と言い、庶務係を仰天させたという。

小倉の話に戻れば、後年、川田順が、いわゆる〝老いらくの恋〟で自殺まで考えるような苦しみの中にいた時、小倉はわざわざ川田の自宅を訪ね、

「これは誰にもありがちの私事だ。負けてはいけない」

と励ました。

『小倉正恒』の著者、神山誠はこれについて、「あの古武士の如く謹厳だった小倉が、こう慰めたと知っては、胸が熱くなるではないか。恐らくそのときはさすがの川田も、小倉の慈愛に腹の中で涙を垂れたことだろう。小倉の逝去を誰よりも悼《いた》んだのは、川田夫妻ではなかったか」と書いている。

明治八年、旧加賀藩士の家に生まれ、旧制四高から東京帝大法科に進んだ小倉は、明治三十年に卒業すると内務省に入り、山口県の参事官となった。しかし、役人生活がおもしろくない。怏々《おうおう》として楽しまずといった感じの小倉のところへ、学生時代から知っていた鈴木馬左也から「住友へ来ないか」という手紙が来た。

迷いつつも鈴木を訪ねると、

「いいかね小倉君、住友というと君は単なる企業にすぎんと思うかもしれんが、住友の精神は、ただ儲ければそれでよいという、いわゆる商業主義とはいささか違っておる。住友は、社会国家のため役立つことでありながら、ふつうの事業家が乗り出せないような困難な仕事をするためにこそあるんだ。だからいくら儲かっても、社会国家の役に立たぬことなら一切手をつけぬだけの誇りをもっておる。そこで住友の資本力と組織力を、社会国家のために役立つ事業に捧げたい。しかもそれで社業が栄えたなら、こんな結構なことはない。これが住友なんだよ」

と、広瀬宰平や伊庭貞剛の説いた住友精神を援用して、鈴木は熱心に勧誘した。

これには深く心を動かされながら、なおも、「ソロバン勘定などわからないし、自分は実業界に向かないのではないか」と、ためらいを示すと、鈴木は、

「ソロバンなどわからなくともいいから、とにかく来たまえ」

と言って、小倉を入社させた。

この時、小倉は二つの注文をつけている。

一つは、現場の仕事ではなく、本店にあって参謀的仕事をさせてほしいこと。もう一つは、洋行させてもらいたいということである。

二つともかなえられて、小倉は本店勤務となり、入社九ヵ月目には早くも「商務研究のため欧米諸国に出張を命ず」という辞令をもらった。

喜び勇んで、総理事の伊庭貞剛のところへお礼に行くと、伊庭は、

「住友が君を洋行させるのは、一住友のためにするのではなくて、国家のためによかれと希望するからである。従って君は、君の思う通りに研究して、日本で必要と思うことがあれば、それを身につけて帰られたらよい。辞令面は商務研究ということになっているが、それにこだわる必要はない。帰ってから住友にいようと思えばいるもよし、よそで働く方がよいと思うならば、自由に住友をやめてもよろしい」

と、小倉がびっくりするようなことを言った。これで小倉は伊庭と、そして住友に惚れ込んでしまうのだが、しかし、月給は役人時代の百円から一気に三十五円に下がった。その頃はこれほど「官民格差」があったのである。これにも小倉は不満を持たず、住友生活をつづけて、昭和五年に総理事となった。そして、近衛内閣の大蔵大臣などを歴任する。

小倉を感激させたような伊庭的考え方が滔々《とうとう》たる流れとなって、鈴木朗夫時代の住友商事、つまりは現在の住商に注ぎ込んでいるとは私は思わない。しかし、伝統の伏流として、汲もうと思えば汲める流れとして、それはある。それがひそやかな流れとしてでもあるか、まったくないかでは、格段の違いが生ずるのである。やはり、住友だから、鈴木朗夫は棲息し、もちろん各所で摩擦の火花を散らしながらも活躍しえたとして、住友精神を体現する人物の系譜をたどる理由はそこにある。

さて、一般的には、住友の異色人物として筆頭に挙げられるのは川田順である。私は小畑忠良や鈴木朗夫の異色さの方が川田のそれを上まわると思うが、小倉正恒が自らの後任に考えていた川田は昭和十一年、常務理事を最後に退社する。

「住友の家長に対し、又、総理（事）の小倉に対し、私情に於ては忍び難いものがあったけれども（辞表提出を）敢行した。自惚れかも知れないが、次の総理に私を推輓《すいばん》する気持が小倉の胸中に潜んでいたらしかった。けれども、私は到底その任でなかった。このことは、誰よりも私自身が知っていた。総理を援《たす》けての下働きは過誤なく出来る自信を持てたけれども、悲しい哉、将に将たる器ではなかった。私が総理になることは、私自身の破綻であるのみならず、住友の不幸にちがいないと、判断したのであった」

『住友回想記』にこう書いている川田が「将に将たる器ではなかった」とは私は思わない。その椅子を目前にして自ら退く潔さは、むしろ、「将に将たる器」であることを示しているとも言える。

歌人としても著名な川田は、いわゆる「二足のわらじ」の走りのような人だった。川田に始まって、日野草城《そうじょう》、山口誓子《せいし》、皆吉爽雨《みなよしそうう》など、住友には歌や俳句をつくる人間が多い。それも道理で、川田が小倉の後を襲って住友本社の常務理事となった昭和初年に、新しく当主となった住友吉左衛門は、泉幸吉と名乗って次のような歌を詠む青年歌人だった。

年々に失業者増す世の中に
　金はいよいよ片寄りゆくらし

この吉左衛門が京都帝大の文学部に入って国史を専攻することになった時、住友の幹部の一人が、川田に、

「家長さんはなぜ法学部か経済学部に入らなかったのだろう。住友の家長として文学に志すなどは、家業をおろそかにするものではないか」

と不満をもらした。

それに対して川田は、

「君の考え方はまちがっている。住友の事業は一個人の家業というような小さいものではない。それはすでに国家社会の一経済機関にまで発展している。その経営は有能の人物の合議に一切委任すべきもので、家

長の関与はどうでもいいのだ。むしろ関与しない方が事業のためにはいいだろう。それから、君の説に従えば、住友の嗣子に生まれてくると、適否に関わらず法経の学を修めなければならないことになる。そんな馬鹿げたことはない」

と反駁したという。

しかし、やはり住友でも、この幹部の考えのような人は多く、〝二足のわらじ〟をはく人間への風当たりは強かった。

それで、たとえば住友不動産に勤めるかたわら小説を書いていた田中富雄こと源氏鶏太は、後年、この川田から、

「君が小説を書いていることで文句をいう男がいたら言って来たまえ。いつでも僕が相手になってやる」

と言われて感激している。

それに対して川田は、

「当然のことだから何も感謝することはない。会社のことを精いっぱいやっているなら、住友は社員の自由時間まで奪うことはしない。ゴルフをするのも歌謡曲をうなるのも同じ自由時間だ」

と言ったとか。

鈴木朗夫が川田の『住友回想記』を読んでいたかどうかは知らないが、川田の次のような告白は鈴木の大いに首肯するところだったろう。

「サラリーマンは金ですべてを売った憂き川竹の流れの身とはちがうので、会社に勤めながら、他のことにも精進したとて、少しもさしつかえない。これは私の信念で、みずから実行してきた道である。他のこと

は何もするな、寝ても起きても四六時中会社のことばかり考えていろと注文したら、それこそ人間の身と魂との搾取である。私は、この種の資本家的道徳論にはつねに陰に陽に反抗してきた。それでも運が強かったと見えて、出世させてもらった。
その代わり、右の如き信念を持つ人間は、人一倍会社の勤めに精励しなければならぬ。上司や同僚から文句付けられないように、会社のことを大切にしなければならぬ。私はずいぶん我儘者で、ズボラな一面を持っていたけれども「ここは大切」と思った場合には身命をも顧みずに働いた。そんなことは年に二度か三度しかなかったが、その二度か三度をベストに尽くして働いたならば、他の月日は居眠りしていても文句はあるまい、という程に図太く構えた」

これに続けて川田は、「これは自慢でも何でもない、当然のことなのだ」と言い切っている。川田に対して、「お前は歌人なのか、住友人なのか」などという愚問を発する人が住友の内外にいたから、「ここではっきり賢註する」と川田は付言しているのである。

これを裏づけるように、川田の部下だった山口誓子は、

定家忌や勤《つとめ》やすまず川田順

という句をつくっている。藤原定家の研究家として知られる上司の川田が、その定家忌にも休まず働いているという句である。

そんな川田が、「彼は到底、住友池中の魚ではない」と評したのが、小畑忠良だった。

『住友回想記』で川田は、大正末期に小畑が住友社員の機関雑誌『井華《せいか》』に書いた「頗《すこぶ》る皮肉な」随筆を紹介している。

それは「南朝に尽くして命を捨てた楠木正成のような男を、わずかばかりの月給で資本家が雇用することがもしも出来たなら、さぞ好都合であろうぞ」という主旨だった。「三井物産大阪支店長の年収の方が住友総理のそれよりも多かった」と言われるほど安かった住友の月給を皮肉ったのだろうが、「筆者が秀才小畑であったから、こんな不届きなことを書いても首にされなかった」と川田は書いている。

川田の直系部下で、住友本社の経理部長を最後に、星野直樹に誘われて企画院次長に転じた小畑について、『回想記』を書いている昭和二十六年の時点で、川田は「現今は逼塞《ひっそく》しているようだが、希有《けう》の才物だから、やがて復活するだろう」と評した。

その四年後の三十年に、小畑は社会、共産両党に推され、革新勢力の統一候補として大阪府知事選に立候補する。おそらく川田の予想を越えた「復活」だった。そして、この年、鈴木朗夫が住商に入社するのである。

私は〝異端児〟ムッシュウを理解する上で、津田久らに与えた小畑の影響は意想外に大きいと思う。当時の住友人の受けた〝小畑ショック〟に比べれば、鈴木の「反抗」は許容範囲のものだったとも言える。いずれにせよ、私は小畑と鈴木朗夫の、企図せざる相関関係を重視したいのである。多くの住友人の意識しないところで、それは連動していた。少なくとも、鈴木の上司や同僚に与えた小畑の影響は否定することができないだろう。

さて、川田は「秀才」や「才物」と評したが、そうした言葉が小畑に適当かどうか。そんな評価からどんどんはみだしていく小畑の線の太さについて、少しその軌跡を追ってみよう。

安藤良雄編著の『昭和経済史への証言』中巻「戦争と財閥」の項で、「住友から企画院へ」と題して小畑が語っている。この本は昭和四十一年に出ているが、小畑について編者の安藤は「すでに古稀を越えられたが、「人生意気に感ず」といった若々しさがみなぎった風ぼうである」と書いている。「秀才」や「才物」より、このほうが小畑という人間をよく表していると思う。

それはともかく、明治二十六年、大阪に生まれ、東京帝大法科を経て、大正六年、住友に入社した小畑は、若い頃から、未来の総理事と言われた。そして、昭和十五年、第二次近衛内閣の企画院総裁となった星野直樹に懇請されて、企画院次長となる。星野、小畑、それに岸信介は一高、東大を通じての同期生だった。

企画院次長から産業報国会理事長となったが、産業報国会すなわち産報について、小畑は前記の『証言』で、こう語っている。

「産報運動というのは、職場を営利利殖の場と考えないで、われわれのお国に対する本分を尽くす場と心得てやろうじゃないかということなんです。経営者も労働者も『報国』というものひと筋に尽くし、自分の能力に応じた仕事をし、食べるものは大君のみ心でいただき、生きておれる。自分の能力に応じて働いて必要に応じてやるという、例の共産党のドクトリンみたいなことをいうもんだから、日の丸共産党といわれるんですが、そういうようなつもりで仕事をしようじゃないかという一種の精神運動を主にしてやっとったんです。ところが妙なもんで、労働者は戦争がきびしくなると、すぐそんな気になりますが、経営者というものはならんですな。経営者はやっぱりもうからなきゃやれんという気持ちがどうしても出てくるんです」

小畑の次女で、社会党左派の代議士だった穂積七郎夫人、万亀子によれば、小畑は生産力向上のためであれ何であれ、つねに労働者を中心にものを考えていたということだった。労働者は生産の手段ではなく主体だというのである。

まことに振幅の大きい人生を送った小畑は、昭和五十二年十月十一日に八十四歳で亡くなったが、三十四年四月、二度目の知事選が近くなった時、ある支持者が小畑にこう尋ねたことがある。

「先生、先生はどうして革新から立候補するようになったのですか？　先生のキャリアからすると、保守で出れば絶対に当選すると言う人がたくさんいますけれど……」

たしかに、この時、自民党の実力者、河野一郎がわざわざ大阪までやって来て、小畑に「自民党から出てくれ」と頼んでいる。それに対して小畑は「応援していただくのは結構です」と言い、河野が「入党してくれないか」とたたみかけると、キッパリそれを断っている。

そんな当時の雰囲気の中での支持者の質問だった。以下、『平和一筋の道——小畑忠良の後半生』に従って、そのやりとりを掲げよう。

「キミたちはどうか知らんが、僕はね、戦争中、日本だけは絶対に戦争に負けないと思っていた」

「…………」

「だって僕の兄弟は、みんな軍人だよ（兄の小畑英良が陸軍大将、弟の信良が陸軍中将）。かくかくたる戦果を挙げてきた帝国軍人だ。そういう環境に育ったから絶対に負けるとは思わなかったねえ」

「ほう……」

「それが負けた。信じていたことがくつがえった。その時思った。ああした雰囲気の中でも〝少数派〟で非戦論をとっていた人間が政府筋にもいたということを思い出したのだ」

「それは左翼の人でしょう」

「いや違う、左翼は獄中におって手も足も出なかった。吉田茂なんかがその一人だったと思う。厳密にいえば彼は非戦論ではない、日英米協調の立場から日米開戦に賛成しなかっただけだけれど……それでも彼は頑として節をまげなかった。〝少数派〟でおし通した。冷やメシを食いながら吉田茂は、それでもこの戦争には勝ち目がないことを主張し続けていた数少ない一人だったことを思い出したのだよ」

「あの吉田茂がねえ……」

「多数が必ずしも正しいとはいえないということを肝に銘じて悟ったものだ。いまは民主国家になった。しかしなお、いまの政治をみていると多数にだけ信頼を置くのは危ない気がしてならないね。だから、戦後はこの余生をこの〝少数派〟の代表でおし通そうと、ハラをすえているんだよ」

丸い顔にいつも笑顔をたやさない小畑が、この時は遠くを見やりながら、静かに、しかし、信念を感じさせる声で、こう語ったという。

小畑の葬儀の際に、住友電工前会長の亀井正夫は「小畑さんはまれに見る頭脳を持たれながら、これを外に現わさず、豪放磊落《ごうほうらいらく》、何人をも魅了してやまぬ包容力を持った、たぐいまれな器の方でありました」と弔辞を読んでいる。

また、住友商事現名誉会長の津田久は『小畑忠良を偲ぶ』で、率直に「私は小畑さんと社会党との関係をどう理解したらよいのか、今も尚よくわからないのである。私達は尊敬する先輩として、当然、小畑さんをお助けすべきであり（知事選などで）、そうしなければならないと考えたのだが、住友の立場からは、そうは出来なかったことに苦しんだのである」と告白している。

元日本航空社長の柳田誠二郎の次のような回想も、その間の微妙な空気を伝えていると言えるだろう。

「私が知り合いの某会社の社長に会って（知事選の）後援を頼んだところ、社会党、共産党は駄目ですよと、平常とは打って変わって剣もほろろの挨拶であった。私は小畑君が当選したならば一流の独自の知事行政を遣《や》るだろうと考えて居り、後援党派の如何など余り気にして居なかったが、世間はそう考えては居なかった。小畑君の人物を知らなければ無理もないことであったかも知れない。然《しか》し住友関係の人々は飽く迄も小畑君を支持したと云うことを聞き、私はさもありなんと是等《これら》の人に蔭ながら敬意を表して居った次第である」

二度目の知事選の時には、こんなこともあった。大阪の中央公会堂で小畑が演説をしていると、紋付、羽織、袴を着け、日本刀を腰にした男が、

「おばたッ、小畑忠良に尋ねるぅ。一身を賭してキミに聞きたあーいッ」

と大声で呼ばわりながら、壇上に駆け上がろうとした。幸い、「大阪平和を守る会」の常任理事らがとりおさえ、事なきを得たが、これを伝え聞いた右翼の大物、三上卓が東京からやって来て、

「小畑という人間を知らないにも程がある」

と、大阪の右翼を押え込んだという。

「五・一五事件」の主役の一人の三上から共産党の志賀義雄まで、小畑を支持する人のひろがりは、常識では測れないものがあった。

「日雇い労働者にも住友のような大企業の社長にも同じ態度で接し、差別するというようなことのまったくない人」だった小畑の、〝少数派〟的資質は戦前からあった。住友本社の商工課長だった頃、それまではボーナスを課長が訓示とともに渡していたのに、小畑は自ら課員の席へ出向いて、

「ボーナスを会社の恩恵だと思ったら大間違いだぞ。それは君たちが働きすぎたからもらえるので当然の報酬だ」

などと言いながら配った。他の課では従前通り、課長が厳かに授与しているのに、小畑はこうしたのである。

自分の娘を、労働運動、反戦運動で逮捕された穂積七郎と結婚させようとしたのも変わっている。小畑は長女を映画監督の沢村勉に嫁がせ、次女の万亀子を穂積にと思った。小畑から、こう切り出された中林貞男（生協運動に従事）は困ったが、勇を鼓して穂積にそう伝えた。

すると案の定、穂積は怒り、

「中林さん、俺を馬鹿にするな、あんたはどんな気持でこの穂積とつきあっているのだ。俺が住友の小畑の娘と結婚すると思っているのか」

と取りつく島もない返事である。

小畑に報告すると、

「そんなことは最初からわかっていることだ。持久戦で頼むよ」

と泰然として言う。

中林が途方に暮れている間に、穂積が親友の今成拓三の母親にこう言われた。

「権力者や財閥の娘なら具合が悪くて、乞食の娘ならよいということですか。そんな考えは穂積さんらしくない。女房というのは本人次第ではないですか」

こんな経緯があって結ばれた穂積と万亀子の間に生まれた右一と亮次は共に革新運動に邁進した。その孫たちが祖父の小畑を次のように回想している。

四十四年に右一と亮次が同時に警察に捕まり、穂積七郎は総選挙で落選した。しかし、別に穂積一家はそ

れでめげることもなかったのだが、右一は獄中で、小畑の、

「世間では穂積一家の前途はメチャクチャになったと思っているだろうが、そうではない。まことにこれからの時代にふさわしい生き方で、大したものなのだ」

という伝言を聞く。

この時、右一は「小畑忠良というのは凄い人物だ」と思った。社会主義者でも、身内がこういう境遇になれば、「困ったものだ」と思うのが当然なのに、やはり、小畑の眼は遠くを見ているのである。

これについて、穂積七郎が小畑自身の述懐を引いている。

「私たち小畑兄弟は、人に負けない健康と頭脳の持ち主と人から称えられながら、結果的にみな現体制に奉仕してきた。だから反体制、すなわち新体制の創造には、なんら関わりを持たなかったことを私はかねがね遺憾に思ってきた。しかし娘の万亀子が反体制の君と縁結びしてくれたことで、いささかなりとも安堵の思いをしたものだ。その万亀子が生んだ穂積右一、亮次には共に小畑の血が流れている。これで私の心もうんと安らぐことができた。また、孫たちがめざしている世界同時革命の理屈にも一理あるように思う。日本やアメリカだけが楽になっても国家間に不平等があるかぎり、世界の平和はありえないと思う。ただ、方法論として民衆の支持を失うような〝直接行動〟とやらは賛成できないな。自己総括が必要だよ」

右一によれば、「祖父の偉いところは社会の変化は様々な闘争抜きに有り得ないということを深く理解していたことではないか」という。

小畑自身、それを、「世の中のことは極端なことを言う奴が出てきてちょうどよいところに収まるのだ」と、小畑らしい言い方で言っていた。

また、よく右一に、

「おまえたち戦後生まれのものはうらやましい。私の若い頃は国家が最高の倫理であったので国家利益という角度から全てを考えた。おまえたちは地球全体のことから出発できる。私はこの年になってようやく日本人もアフリカ人も同じ心で愛することが出来るようになった」と言っていたという。

さらに、「平和憲法は世界平和を達成するための貴重な実験だ。この目的のために仮に日本が失敗して国が滅んだとしてもよいではないか」とまで言っていたのである。

女婿となった穂積は、義父の小畑を「入道」と呼んだ。エリートなのに、キザったらしい言葉はまったく使わず、風貌のせいもあって「海坊主みたいな男」だと思ったからである。

「小畑はまったく物事にこだわらない、人を差別しない人間でした。無量無尽で、これでおしまいだということがない。限りをもって行動する奴は最上じゃないという考えでしたね」

穂積はこう回顧する。

だから、小畑の後に、やはり革新統一で大阪府知事選に立候補し、当選した黒田了一が、その後、社会党と共産党のもつれから共産党の一党支持で立候補した時も、小畑は選挙カーに乗って黒田を応援した。かと言って共産党だけを支持していたわけではなく、前述したように、世界同時革命を呼号する新左翼の孫たちとも共鳴していた。とにかく、欲得を離れてひたむきに何かやろうとする人間が好きなのである。

小畑自身は亡くなる一ヵ月前、自分の人生は「いい加減な人生だった」と書いているが、決してそんなことはない。ただ、「外見には波瀾万丈の生涯と見えるかも知れぬ」自分の人生を「いい加減な人生」と観念するところに小畑の真骨頂がある。

「大学では、法律を真面目に勉強した。恩賜の銀時計も貰った。外交官志望を放棄して、住友に入って、未来の総理事と騒がれたかと思うと、翻然《ほんぜん》として住友を去り、役人になり、戦争が始まると産業報国運動や、大政翼賛運動で走り廻った。おかげで、終戦後は「追放」でもっともらしいことは何事も出来なくなってしまった。家内は死んでしまう。子供は何とか片付けてしまう。身軽になったから、平和運動や、日中日ソ国交回復運動やらで走り回り、安保反対では、旧友岸信介の追い落としに一役買ったりした。揚句の果ては、大阪府知事選に三度出馬して三度落選することとなる。そこでうき世を見限り、完全なる隠居生活に入った」と、自分の人生を要約した小畑。

住友銀行の頭取をやった伊部恭之助《いべきょうのすけ》は『小畑忠良を偲ぶ』に、「(小畑さんは)身近に接してみると、噂にたがわず、実に闊達《かったつ》、小事に拘泥せず、度量広く、物の本質をつかんで、ときにはどうかと思うような大胆な発言がずばりずばりと出てくる。私など銀行で育ったものには全く驚異瞠目に値いする人物であって、非常な迫力を感じ、「偉才」というより住友の「異才」と受け取って師事したのであった」と書き、「小畑さんは企業家としても、政治家、行政家としても卓抜な力量を発揮出来る器量抜群の大人物であった。小畑さんも偉かったが、あのような人物を永年にわたって使っていた当時の住友の大幹部もまた器量が大きく勝れた経営者として我々の誇にすべき人々であった」と結んでいる。

住友ノーガタック元会長の佐久間栄義によれば、大阪府知事選で、「小畑は赤だ」という非難の中を、少数の住友人がまったくの手弁当で応援し、二万票の差まで追いあげたこともあった。

幹部だけでなく、こうした住友全体の「器量」が、鈴木朗夫の棲息を可能にした、と私は考える。もちろん、のびのびと棲息できたわけではないが、少なくとも生存しえたのは、小畑をはじめとする個性派によってその枠を広げられた自由の空気があったからだった。

前述したように、小畑が初めて大阪府知事選に立候補した昭和三十年に、鈴木朗夫が住友商事に入った。この年、傘寿《さんじゅ》を迎えた小倉正恒は『沫若《まつじゃく》文庫』建設発起人会代表となっている。沫若は郭沫若で、もちろん、当時、中国と日本の国交はない。この文庫はアジア文化図書館と改称されてまもなく完成したが、そのころ、『左翼団体総覧』とかいうものにこれが掲載された。理事長の小倉以下、理事の名前が挙げられ、創立の由来が書いてある。

常務理事の菊地三郎が小倉にそう報告すると、黙って聞いていた小倉は、

「その他には何も書いてありませんか」

と尋ね、菊地が、

「何もありません」

と言うと、

「それが左翼なら、わしは左翼じゃ！」

と言ってニッコリ笑ったという。

こうした小倉のような人物が住友に数多くいたとは思わない。しかし、点に過ぎないとしても、そうした人間によって培われた住友の伝統の中で、伊藤正と鈴木朗夫は一つのコンビを築き上げたのだった。

いやしくも浮利にはしらず

「歩く住友精神」といわれる津田久は、住友の事業の経営理念として次の六つを挙げる。

第一に、天地自然と国家社会に対して感恩報謝の気持ちを実現するように努めること。

第二に、信用を重んじ、確実を旨とすべきこと。

第三に、時世の変遷、理財の特質に絶えず留意し、積極的にこれに対応する処置をとって事業の永続的発展を図ること。

第四に、目先に浮かんだ泡のような利益に飛びついて道を踏み外すような軽率なことをしないこと。

第五に、技術を尊重し、その改善、開発に努めること。

そして第六に、人材を尊重し、その育成に努めること。

これを煎じつめれば、『宗門無盡燈論《しゅうもんむじんとうろん》』という禅の本の中にある「君子財を愛す、之を取るに道あり」ということになるかもしれない。伊庭貞剛がこの言葉を愛し、よく引用した。

それでは、鈴木朗夫は「住友精神」をどう受けとめていたのか。

住友の事業精神は三百五十年程前に、家祖の住友政友が書いた『文殊院旨意書《しいがき》』に始まるといわれる。文殊院とは政友の院号だが、この旨意書には次のように書かれている。
一、何にても常の相場より安き物持ち来り候共根本を知らぬものに候はゞ少しも買ひ申すまじく候　左様の物は盗物と心得べく候
一、何《いか》なる者にも一夜の宿も貸し申すまじ又編み笠にても預るまじく候
一、人の口合ひ（保証）せられまじく候
一、掛け商ひせられるまじく候

一、人何《いか》やうの事申し候共気短かく言葉荒く申すまじく候　何様《いかさま》重ねて具《つぶさ》に申すべく候

これが「商事《あきないごと》は言ふに及ばず候共万事情に入れらるべく候」、すなわち、何事も粗略にせず、心を込めて丁寧慎重に扱うべきという処世観の下に書かれた注意書五ヵ条だが、第一は、通常の値段より安い品物を売りに来ても、なぜ安いのか理由がはっきりしない場合は、うかうかと買ってはならない、そんな物は盗物と心得よということであり、第二は、浪人や無頼の徒が横行していた当時を背景としてのものである。

第三と第四は、そのような社会不安の中で、みだりに保証したり掛け売りしたりしてはならないということ。そして第五に、自分の考えだけが正しいと思い込んで、みだりに人と言い争ってはならない、世の中は広くいろいろの考え方があるのだから、当方の意見がすぐに通るとは限らぬし、繰り返し丁寧に話して了解を得るようにせよ、と教えている。

これが長い年月の中で、明治二十四年に改正制定された「営業の要旨二ヵ条」に凝縮される。

第一条　我営業ハ信用ヲ重ンシ確実ヲ旨トシ以テ一家ノ鞏固《きょうこ》隆盛ヲ期ス

第二条　我営業ハ時勢ノ変遷理財ノ得失ヲ計リ弛張《しちょう》興廃スルコトアルヘシト雖《いえど》モ苟《いやしく》モ浮利ニ趨《はし》リ軽進スヘカラス

この Business Principles の英訳に関して、一九七六年六月三十日付で鈴木朗夫が書いたリポートがある。

これの「旧訳」と「新訳」を次ページに掲げておこう。

旧訳の注記に「昭和三年制定住友社則」となっているのは、さらに現在の形に整えられたということだろう。昭和四十年一月、当時の社長、津田久は英訳を併記してこの「営業の要旨」を全海外店舗に掲げさせた。

さて、鈴木はまず、旧訳の改訳に際し、「全体の格調について」こう書く。

〈旧訳〉

1. Above all things, steadiness and reliability are of the greatest importance for the prosperity and firmness of the organization.
2. Any action with a view to making speculative profit is strictly forbidden, although business is to be expanded or curtailed as necessary, taking into consideration the changes of the times and the business point of view.

Note: These have been the guiding principles of Sumitomo since its foundation in 1630. The above version was formulated in 1928.

〈新訳〉

BUSINESS　PRINCIPLES

1. Sumitomo shall achieve strength and prosperity by placing prime importance on integrity and sound management in the conduct of its business.
2. Sumitomo shall manage its activities with foresight and flexibility in order to cope effectively with the changing times. Under no circumstances, however, shall it pursue easy gains or act imprudently.

（1977年6月訳）

「原文が古典的な日本語の名文であるだけに、これの完全な英訳は至難のことと思う。が次のふたつの条件は最小限充たすべきと思う」として、a、bふたつの条件を挙げるのである。

a、これはカタログのキャッチ・フレーズや広告の表題のような商業的なものではなく、住友という古い企業体の物心両面を律する基本憲章のようなものであるから、ただ意味が通じれば足りるということでなく、やはり、住友にふさわしい「格調の高さ」が、文章、表現の全体に付与されていなければならない。

b、この営業の要旨に価値があるのは、それが正しい内容を持っているから、というだけでなく、このような内容の経営理念が、資本主義以前、それも三百五十年前に語られ、かつ受けつがれて来たというところにあるのだと思う。

従って、英訳にも、それらしい時代的なスタイルがあった方が自然である。訳文にわざわざ時代的な色合いをつけるなど、芝居がかって気障《きざ》という印象はまぬがれないが、また度を越すとこっけいになってしまうが、その意味でも、平明でくだけたアメリカ英語よりも、格調のある、伝統的な英語の方が良いように思う（アメリカ人についていうならば、彼らは、日常生活では、面倒な伝統や格式が入りこむことを嫌い、簡易平明を重んずるが、反面、他人又は他国が持つ伝統と格式に対しては、非常なあこがれと尊敬を持っている）。

鈴木らしいスタイルの強調である。そして「第一条」から、逐語的な検討に入る。

「“sound management”（新訳）“steadiness”（旧訳）いずれも幾分主観的で、力が弱いように思う」として鈴木はその理由を三つ挙げる。すなわち——

○どんな粗悪経営者でも、business principleとして口にする限り、〝当社の経営はsound, steadyではない〟とは言わない。恐らく皆それぞれに自分はsoundだと思っているだろう。問題は「soundとは何か」「どのようにsoundか」、つまりsoundの中味である。

○いずれも日本語の「堅実な経営」に相当すると思うが、「堅実経営に徹せよ」だけなら、多くの企業の社是のトップに掲げられている。また、ニュアンスとしては企業が損しないよう、怪我しないように、という自己保存の面が印象づけられ、〝信を世に問う〟〝万人に奉仕する〟式の経営理念を充分に伝えることは出来ない。

○〝信用を重んじ、確実を旨とする〟という言葉の第一義は、「堅実経営」という経営のスタイルよりも、むしろ、もう一次元高いところの「信義誠実のbehaviorでもって世に問い、顧客及び社会の信をかち得る」という基本理念にあると理解する。

とすれば、place importance on……sound managementではなく、例えば、*be* sincere and credible, give the greatest importance on *being* sincere and credibleの如く、主体的に〝住友の全員が（社内の経営方針としてではなく、社外の顧客及び社会に対して）*being*である〟という式の表現が検討されてよいのではないか。

たぶん、鈴木の提言は検討の過程でかなり容れられたのだろう。新訳は鈴木の指摘とは少しく違っている。そして、「そう考えると、『信用』『確実』の訳語も多少変って来るのではないか」として、次のように細かくアドバイスする。

○〝信用を重んじ〟とは「ひとに信用されることがすべての基本」という大原則であり、それを、「信用

されること」という結果でとらえて表現するならば、
reliability（旧訳）いささか一般的
credibility ビジネスライク、約束は果たす、言行一致という厳しい意味あり
trust worthiness
(get) confidence
「信を得るためには、どのような態度で万事に処したらよいか」という面でとらえて表現するならば、
be sincere, honest, faithful
single-hearted, truthful, sound, solid, authentic
等がある。
（私は、英語の専門家ではないので、適語の選択は出来ないが、英訳以前に必要なことは、原文の言わんとするところを正確に理解し、解釈を統一することだと思う）
要するに〝信用を重んじ、確実を旨とし〟は、同じことを二度強調しているので、「信を得るということを最重要と考え」（結果）「そのために、確実を旨とせよ」（手段）、即ち、「言葉のみ巧みで誠意のない口舌の徒となるな、世に対して誠意をもって臨み、確実に自らの責を果たせ、然して世の信を得ることをのみ心掛けよ」という文章に訳すのが原文に近いと思う。くどいようだが、「堅実に経営すれば会社は発展する」という、会社どまりの、社内向けの訓示ではない。
最後の、この念の押し方に鈴木の願いがこめられているのであり、それは、住友精神の申し子のような津

田久と、その愛弟子の伊藤正の存在があって、声高く主張することが可能なものだった。

前述したように、住友の第三代総理事、鈴木馬左也は、物を創り生む仕事を尊重し、「他人の生んだものを売買してその鞘《さや》を稼ぐ」ことに反対した。そして、商事貿易に手を出すことを許さなかったのだが、それを承《う》けて小倉正恒は「道義に悖《もと》る場合は利を捨て道を正しくせよ」と言うのを常とした。小倉によれば、歴代の住友のリーダーは、利と理の、「この一見矛盾せる如き難問の解決に挺身努力を続けた」という。

もちろん、利と理は、「一見矛盾」どころか、「根本矛盾」だという言い方もあるだろう。

しかし、たとえ、根本矛盾だとしても、これに橋を架けようとした住友の指導者たちの努力は讃えられていい。こうした伝統の結晶であるプリンシプルの英訳改正に、鈴木は情熱を傾ける。

第一条の結び「以て其の鞏固隆盛を期すべし」については、こうである。

○鞏固だから隆盛する理屈であり、ふたつは同義語と解す。従って prosperity and firmness（旧訳）は、若干直訳的にすぎる。英訳は prosperity 一語で可。強調する場合には、むしろ、prosperity *over centuries* の如く、繁栄の持続を言う方が適切だと思う。

○原文には、「会社が隆盛する為に社是を定める」というニュアンスよりも、「虚心に信を得ることのみ心掛けよ、然らば事業の隆盛は自ら来る」という無私の心があると思う（これは原文全体について言えることである）。此の部分（傍線の部分）を、in order to, for, for the sake of 等でつなぐよりも、and……then……, which will……の如く、「結果として事業の隆盛は自明」式に結ぶ方が、堂々として良いと思うし、また原文の趣旨にかなうと思う。

昭和三十年に入社して二十年余。鈴木は日本的会社社会にさまざまに抵抗してきたが、その抵抗の拠りどころとなったであろうこのプリンシプルの英訳改正に異常なまでのパッションを傾注した。鈴木がともかくも三十年余、ひとつの会社に勤められたことと、この住友精神の存在の関連は大きい。

鈴木はこれを、単なる「きれいごと」ではないんだと強調しているが、たとえ、「きれいごと」だとしても、それを言える雰囲気が少しでもあるかどうかの違いは見逃せない問題なのである。

「第二条」についても、鈴木の吟味はつづく。

○〝企業である以上（哲学だけで生きてゆく訳にはゆかない）、あらゆるbusiness opportunities, needsに適応し、理財に注力せよ、しかし、絶対にやってはならないことがあるぞよ〟と読むと、力点はどうも〝浮利にはしる〟の方にあると思う。

旧訳では禁止が先にきて、そのあとalthough……とつながっている。しかし、althoughであるためか、後段が著しく弱く、企業として本来やるべき商機の捕捉、発掘、利益の追求のくだりが余りに遠慮がちである。

新訳では〝浮利を排す〟があとになって居り、且つ、それの表現が弱い（よくdeliberateしたあとならやってもよい、という風にも読める）。

○〝浮利〟

〝浮利〟と〝軽進〟についてはどうか。ここに至っても、逐語的に吟味する鈴木のパッションは衰えず、昂まるばかりである。

旧訳ではspeculative profitとのみあるが、原文は当然、「不正、不当な利益」「軽薄な動機による利益追求」をも含んでいると理解する（また、そうしないと第一条の信用、確実のくだりとつながらない）。

〝quick profit〟は最適な言葉かどうか。語感としては分かるが、アメリカ人の中にも〝quickだからと言って直ちにいけないというのはどうか〟という意見がある。〝射倖的〟の適語はやはりspeculativeではなかろうか。

これを「不正、不当」(undue, unjust, unfair, unreasonable, injurious, etc.) の適語で補えばよいのではなかろうか。

○〝軽進〟

新訳ではwithout due deliberationとあるが、これは「軽進」を「慎重な配慮、検討を欠く行為」として訳したものと解する（読みようによっては、充分にdeliberateした末なら、浮利を追ってもよい、と取られかねない）。

原文の用語法は、「浮利にはしるな」を強調するために「軽進するな」と並べたもので、一種の対句、「浮利を追う」行為そのものが「軽進する」ことであると解するのが妥当と思う。従って、両者を別々に訳して並べるのは若干直訳的にすぎるだけでなく、原文の趣旨をそこなう。

平明な日本文に直すならば、「浮わついた動機で、安直な、不当な利益を追求するような、そういう軽薄なことをしてはなりません」となると思う。

鈴木がリポートの最後に「英訳に当たっての適語の選択は、以上に述べた原文の解釈、我々の側での思想の統一がなされた上で、当地でも、識者に当たるなどして作業してみたいと思います」と書いていることでわかるように、鈴木がここで「新訳」と言っているのは、厳密に言えば「新訳案」であり、当時アメリカにいた鈴木の意見なども参考にして、現在の「新訳」ができあがった。だから、たとえば、without due deliberation は「新訳案」にはあったのだろうが、「新訳」にはない。

鈴木は「第二条全文の形」について、まとめ的に、こう書いている。

○〝時勢の変遷〟……の前段に、それなりの積極的なニュアンスがあるのだから、これを単に「時代に適合」式の心得程度に訳すのは疑問、また、旧訳の如く although……で従文とするのも適当でないと思う。この前段の部分もまた第一条及び第二条後段と同じ理念でもって語られなければならないと思う。

○前段と後段は、お互いに否定し合う関係ではない。「もうけるべきだ。しかし浮利は追うな」という式の表現は適切ではない。むしろ、前段、後段ともに、ひとつの理念によって貫かれていると理解するのが正当であり、どちらが主文でも従文でもなく、例えば次の如く、同列に構文するのが良いのではなかろうか。

「住友の事業は、時代の変化と共に変遷し、興廃することがあろう。しかし、それは常に、確固たる価値観と、社会の needs に応える使命感によって貫かれていなければならない。そして、如何なる場合においても、浮わついた動機で、安直、不当な利益を追うが如き軽薄な行動は、厳につつしまなければならない」

伊藤正の言う如く、やはり鈴木朗夫は、ただのカネ儲けではない住友の事業精神に共鳴して三十年余を住友商事で過ごしたのだろう。

鈴木と親しかった新日鉄現取締役の落合正人は伊藤に、

「彼は伊藤さんがいたから住商にいたんでしょう」

と言ったというが、伊藤は、鈴木の根本に住友精神への強い共感があったのだ、と語る。たしかに、英訳改正へのこの情熱の傾け方は尋常ではない。そこには、鈴木の「普遍」への希求がある。理念やルールの尊重は、鈴木の一貫したウェイ・オブ・ライフだった。

そこには、あるいは、鉄鋼会社から商社が受ける屈辱的な扱いも影を落としていたかもしれない。たとえば、官営からスタートした八幡製鉄では、指定問屋の商社員が常駐するところを「商人控所」と言った。その流れを汲む新日鉄だけでなく、他の鉄鋼メーカーも商社に対しては〝自分たちが食わせてやっている〟といった意識で接する。そして商社員は殿様に仕える家来のように御機嫌をとりながら担当者に対応する。鈴木はそうした卑屈な姿勢がイヤでイヤでたまらなかった。だから、商社のビジネスはそんなものではないのだということを、この住友精神を通じて主張したかったのだろう。

前述したように、小畑忠良は若き日に、当時の総理事の鈴木馬左也に、「なぜ商売をしては悪いのか」と直談判《じかだんぱん》した。

その小畑は、住友本社経理部出身者の会である青葉会に毎年出席していたが、津田久がある年のそれに欠席したら、幹事を通じて、鈴木馬左也は「人も余り、カネも余ることになれば商売だってやってよいのだ」と答えられたのだと伝えてくれ、と言ってきたという。

津田はその話を紹介しながら、『小畑忠良を偲ぶ』の一文を、こう結んでいる。

「住友商事は、住友のタブーを破って産み落とされた異端児であるという内外の批判に対する私達の苦衷を察しられて、特に伝言して下さった小畑さんの温かい御配慮を、私は心から有難く、感謝している次第である」

その〝異端児〟である住商で、最も高く住友精神が掲げられているのもおもしろい。守られにくいところであるからこそ、津田とその後継者たちは、その理念を忘れまいと思ったのだろう。

「外国人は任せて下さい」

ムッシュウ鈴木は伊藤正に、よく、

「外国人は私に任せて下さい」

と言い、一拍おいて、

「日本人はやっぱり伊藤さんのほうがいいか」

と言葉を継いだ。

鈴木を、インドネシア人だと思ったとか、フィリッピーノだと思ったとかいう人は多い。フィリピンの駐日大使、レイモンド・レブ・ロサリオなど、まったく鈴木に頼り切っていた。

鈴木は日本と日本人嫌いを公言し、「日本はくだらん、くだらん」と言うのを常としたのである。

鈴木が最初に配属された海外部時代、唇を真っ赤に塗った、いささか怪しげな女性がやって来て、フランス語で鈴木といろいろ話している。入社まもない那須秀康が驚いて、

「何をやっているんですか」

と聞くと、鈴木はニヤリと笑って、

「フランス語の勉強をしているんだよ」

と言う。そして、自分のことはムッシュウと呼べ、と付け加えた。

「日米関係がこのようにむずかしくなっている時に惜しい男を亡くしましたよ。鈴木はフェアにものごとを見られる男だったから。フェアネスというのは、日本人にはなかなか理解できないでしょう」

こう語るのは、白倉伸也である。

鈴木は、とくに外国人との応対では鮮やかなまでの手腕を発揮した。

フィリピンのアキノ大統領がやって来て、大手商社のトップと会談した時、伊藤と一緒にそこに出た鈴木は、

「うちのトップは非常に優秀だが、副大統領にスカウトしたりしないで下さいよ」

と言って、アキノを笑わせた。

外国人に通ずるジョークをパッと放って印象づける。これは外国人でも、そんなにできることではない。

レーガン大統領時代の商務次官にオルマーという人間がいた。鈴木は一度、このオルマーに会ったのだが、のちに伊藤はオルマーから、

「もう一度、ミスター鈴木に会いたい」

とリクエストされたという。

鈴木は、とりわけ外国人を、一度会っただけで魅了する術を身につけていた。それは単なるテクニックではないが、これには、あまり人をほめない伊藤も、ほとほと感心していた。これに関連して私は、鈴木がしばしば、新日鉄の落合正人とサウナに行っていたという話を思い出す。

いわゆるノミュニケーションを鈴木は好まなかった。同僚と酒を飲んで上司の悪口を言う非生産的な日本のサラリーマンの憂さばらしをとくに嫌った。落合も同じタイプで、呼吸の合った二人は、よく、一緒にサ

ウナに行っていたというのである。

出たり入ったり、ほぼ一時間半、鈴木はサウナに入っていた。長く入るほうの落合も驚くほどだったというが、そこで鈴木は、このぬめぬめした日本的サラリーマン社会のアカを必死になって落としていたのではないだろうか。

自らの身体を痛めつけるようにしても、がまんして長く入って汗を出し、スッキリした形で、また、「社畜人ヤプー」の闊歩するニッポンの会社社会に立ち向かっていったのではないか。

社外におけるその僚友だった落合の述懐は私にそんな感懐を抱かせる。

鈴木が米国住商にいた頃、白倉も米国日立金属の社長をしていた。それで二人でよく議論したのだが、日本のサラリーマンは常に東京の本社の方だけを見て仕事をする。日本のムラ社会をそのまま持ち込み、現地の事情を斟酌《しんしゃく》しないので、さまざまに摩擦を惹き起こす。

アメリカでは、ジョブ・ディスクリプションというのがはっきりしていて、この仕事はどのくらいの給料ということが決まっている。ところが日本人の場合は、仕事による給料ではなく、地位や肩書による給料なので、下級の仕事をする者でも、本社での位が上だと給料が高いという不平等が起こる。

本社で部長だった人がアメリカの子会社へ行くと、部長の給料にプラスいくらかと、仕事とは別に本社の給与ベースがそのままアメリカの給与ベースになるので、仕事本位のアメリカ人との間で問題になるのである。

米国住商もアメリカの女性に訴えられたことがあった。日本人だけが役職が上がり、現地の人間は上がらない。とりわけ女性はいつまでもセクレタリーやクラークで使われる。それを不満として彼女たちが訴えたのだが、そんなこともあって鈴木は、何とか改善したいと思っていた。

それで白倉は、自分がやったことを鈴木に話す。まず、第三者のコンサルタントを呼び、全社員にインタビューさせて、実際にやっている仕事のグレードを決めさせた。この仕事なら、給料はいくらぐらいからいくらぐらいまでの間として、日本人もアメリカ人もそこに当てはめたのである。日本人もアメリカ人も仕事面では差別しないことにした。

それに日本人の場合は海外勤務手当をつける。アメリカ人は自分の家を持っているのだから、日本人とは違う。だから逆に、日本へ派遣されたアメリカ人にも、そのオーバーシーズ・アローワンスをつける。要するに、日本人もアメリカ人も対等に扱おうとしたのだが、これは日本の本社はもちろん、日立グループの他社からも反対された。それを押し切って、白倉は実施に踏み切る。

白倉からこの話を聞いた鈴木は強く心を動かされ、米国住商でもそれを絶対にやらなければならない、と主張した。しかし、伊藤正がもうすでに本社に帰っていた時で、これは実現しなかった。白倉はトップだったから強引に実施できたが、トップでない鈴木には、残念ながらそれを推し進めることはできなかったのである。

一九八二年五月十日付の「住商の将来を考える」鈴木のメモがある。その中の「人事の制度」の項の「海外勤務に対するincentiveの欠如」と「女子職員の活用」に、この時の苦《にが》さが反映しているように見える。

前者には、次の四点がメモされている。
○赴任地に応じたincentiveの設定が不足。
○動機づけを強化し（支出増）、その代り、駐在期間を長くし、駐在員を活性化してもとをとるという積極的な考え方希少。逆に、不満度が強い分だけ駐在期間を短くする式。

○海外勤務の度に個人の持ち出しになる。海外出張の度に足が出る不思議。度し難い吝嗇《りんしょく》主義（吝嗇と質実剛健は同義語に非ず）。

○公然と言われる社員性悪説。

「女子職員の活用」については、「一方でその活用、登用を言いながら、他方で結婚退職を強要する矛盾」とある。

それにしても「住商としてのframework」を模索する委員会のメモに、常務にもなっていない鈴木が、堂々と「会社の度し難い吝嗇主義」と書いているのである。

ある人は鈴木を、「彼は役員になるまでは最も役員らしき男だったが、役員になったら普通の役員になった」と皮肉ったという。しかし、鈴木の鋭鋒が役員になって衰えたとも思えない。むしろ、若い時のそれがあまりに目立ったということだろう。

前掲の「メモ」の「職員教育」の項には、こんなことも書いてある。

○お座なり、〝国を守る気概〟式の精神論で、守るべき国、守るに値する国の実態についての啓蒙に欠ける。

○corporate identity欠如、即ちframework的なものがないまま、個々のfieldで〝頑張れ〟を連呼する式の用兵術が依然として主流。〝frameworkではめしは喰えないよ〟式の誤った職人気質。即ち、知性の荒廃、ひいては倫理の後退。

○当社職員は、全員上述のような「従来の経営formula」に合致すべく仕事をして来た。発想も行動も、いきおい従来のformulaにひきずられる。改造後のformulaに従って職員を駆り立てようと思ったら、相当大がかりな、しつこい、ただし科学的な社内教育の徹底が必要。〝危機意識をもって頑張れ〟は巻頭語ではあり得ても、結語ではない。frameworkを知的な方法で徹底させること不可欠。

伊藤夫人は、最近のデパートへ行って、椅子を斜めに置いたりしているのを見ると、「ああ、ニューヨーク時代に鈴木さんがやったのと似ている」と思うという。

鈴木はオフィスのレイアウトにも凝り、動きやすいようにと椅子を斜めに置いた。伊藤の部屋も鈴木の好みで改装し、ゴッドファーザーの椅子みたいなのを置いたり、ブラインドを黒にしたりした。

前掲のメモにも「オフィス設備は旧式、不能率」で、「国際企業の品位から遠い」として三点を指摘している。

○旧態依然のデスク、椅子の配列。作業内容に応じたwork-roomなし、知的コンセントレーションが可能な仕事部屋もなし、喧騒の大部屋でお互いがdisturbする。
○会議電話は旧式で聞きとり難く、部屋には吸音性も皆無。
○presentation用機材の採用に無関心。

presentationは、縦長、横長、雑多な紙の集積で、〝三枚目の上から四行目を見て下さい〟式。

米国住商では、伊藤が任せたこともあって、鈴木は思い通りにオフィスをレイアウトすることができた。しかし、本社では、せいぜい自分の部屋を好み通りに改装するぐらいしかできなかったので、こうしたメモとなったと思われる。

恋文

鈴木朗夫と哲子夫人（旧姓藤原）はひとまわり以上も年齢が違う。鈴木が哲子嬢に一九六八年十一月五日付で次のような手紙を書いた時、鈴木は四十歳を目前にしていた。


先日はどうも。

場所の選択を間違ったようで、何となくうらぶれた食堂で、なまぬるいステーキをたべさせる破目になり、悪いことをしました。

＊

おまけに僕から突然の申し込みをされて、きっと驚かれたことと思います。

驚かせっぱなしで、ただ待っているということは出来ないし、又こういうことを仕事場には持ちこみたくないので、哲学の小論文を書くために机に向かう少年のように、手紙を書きはじめました。

＊

ことさら、みやびな言葉づかい、たまにふざけた調子、おおげさな語やこけおどしの誇張、偽悪的な下品さなどで会話をいろどろうと試みるのは、美しいものを前に気おくれした男の小心のなせるわざです。

貴女に対して厚かましい申し出をした以上、僕はつとめてそういう気おくれを取り除き、平明にしゃべることが出来ると思います。

＊

幼い頃から今に至るまで夢想家でした。童話の中の小英雄がそれぞれ地図にのっていない小さな島を領有していたように、僕も自分だけの地図、その地図だけにある島、その島に君臨する姫を持っていました。僕の心の大人になりそこなった部分がこれを死守しました。本当のはなし、僕の力とエネルギーの源泉はこの夢の島でした。

僕は痛い程、思います。哲ちゃんを僕の奥方に出来たら、僕ははじめてトリスタンのように仕える姫を現実のものとして持つことが出来、今まで夢の島を頑強に死守して来たことが無駄ではなかった、ということになる、と……。

勝手と言えば、こんな勝手なはなしはありません。しかし、それを許して貰いたいのです。

＊

自分の指が、自分の心の核心に触れた時には、饒舌はもはやうとましいものです。

僕は疑いもなく、「僕にふさわしいもの」でなく、それ以上のものをもとめているのです。

価値あるものは、時として夢のようなもの、大それたもののように見えます。夢みたいなことを、とらわれるのをおそれて安易なものをまさぐっていたら、今度はきっと俗物としての自責に悩まされるでしょう。

だから僕は駄々をこねるのです。

しかし、この駄々は普通の駄々ではないのですから、つまり、下らないものを欲しがって駄々をこねているのではなく、僕にとって、なくてはならないもの、絶対に必要なものを前にして駄々をこねているのですから、これは許して下さい。

＊

はじめての経験というものは新鮮です。ひとりの美しい女性を渇望するということは、とてもすがすがしいことです。そのことを識った以上、僕はひとつのことしか考えません。

僕は自分の沢山の欠点を識っています。そして僕が貴女に対してすくなからぬハンディキャップを負うているということも。

又、貴女ほど若くて美しく魅力ある御婦人には十二分の選択権が与えられて然るべきです。

この場合、僕に言えることはひとつだけです。貴女が自分自身を信ずるのと同時に、古典的なおとこのまごころというものを信じて欲しい、ということです。

*

夢のおつき合いをさせるためにだけ、貴女をのぞんでいるのではありません。全生活に参加して貰いたいのです。僕の力を信じて貫いたいのです。そして協力して貰いたいのです。

どんな都、又は砂漠でも引っぱって行きたいのです。貴女の全生活に責任を持ちたいのです。この僕が。

*

きっと来てくれることを確信しています。

僕はこんなことを貴女に言ったために貴女に精神的な負担を感じさせる結果になることをおそれます。どうか、このことのために無用な負担をお感じにならないようにおねがいします。ひとりのおとこが、ただ我儘に、そして一生懸命にプロポーズしているだけですから。

*

手紙はいけません。やはり。

土曜日の昼食を御馳走したいと思いますので、是非あけて下さい。午後一時に霞町のアントニオでお待ちします。

面倒なはなしはいたしません。

ただ、哲とめしがくいたいのですよ。

朗

ここには、驚くほどに素直な「ひとりのおとこ」がいる。「古典的なおとこのまごころというものを信じて欲しい」と書いているが、もちろん、それは四十に近いおとこでなければ吐けないセリフかもしれない。「姫」と書き、「貴女」と言い、「哲」と呼び捨てにするその変化に、その年齢にふさわしい男の策略、もしくは作戦をみることもできる。

しかし、あくまで底に流れるのは、われわれがこれまで見てきた鈴木像の修正を迫られるような素直さである。

これを受け取って、藤原哲子はとまどった。ナルシシストに特有の、自分に酔ったような言葉遣いは二十代の、いわば小娘の理解を超えるものがある。だが、鈴木は「どこにもいない男」であり、「めったにめぐり逢えない男」であることを哲子は感じた。

それから二ヵ月後の一九六九年一月二十八日の日付で、哲子はまたパリからの手紙を受け取る。

酷寒の欧州を予想して、わざわざトランクをふたつも、しかもけんかしてまで持って来たのに、当地はこれまた異例の暖冬で、オーバーも要らない位です。こうなるとお荷物は面倒至極で、がっくりしています。

＊

四年振りに来たパリの街は、ずい分変ってしまいました。世界中の街が段々とお互いに同じようになって行くのは、歴史の流れに従ってやむを得ないことではありますが、やはり一寸残念です。

それでも、パリはあくまでパリです。僕の識る限り、人間が今まで作った都市の中で最も美しく、けんらんとした、「都」という呼称に値する街、それがパリです。

それは何かしらひとを誘い込み、酔わせ、時に意気たからかに、時に傷つき、感じやすい人生の濤《なみ》の中に巻き込む、或る種の魔性をひめた街です。

サンジェルマン・デ・プレのあたりを散策すると、たしか五年前もこうだった、そして十年前、五十年前も同じ連中が同じように渦をまいてたむろしていた、と思わずにはいられないような、何時に変らぬ紅顔の若者達が世界中から集まり、求め合い、気取り合い、青春特有の気負った驕慢なポーズをつくり、そして何よりもみずみずしい若さの中に首までつかって、ありあまる時間を濫費しています。

＊

此処でも僕は貴女と一緒でないことを残念に思った。

貴女に似たひととすれちがうと、立ちどまって振り返った。

あるひとと一緒であればよかったのに、と思うこと、そしてその人と一緒でないことを残念に思う、ということ。それは僕にとってとても新鮮な、素敵なことです。

第一、何と簡単なことでしょう。偏屈な論理や、もってまわった思想は沢山だ。僕は貴女の髪と唇のことを考えながら、休日の街を歩いた。

＊

土曜日の夜、何か良いだしものはないかと捜した結果、レオ・フェレという小父さんのシャンソン・リサイタルを見に行きました。

中世の僧侶のような風ぼうを持った、質実剛健の歌手で、日本に紹介される、陽気なシャンソンや、センチメンタルなシャンソンとは全く異った、要するに「高尚な」シャンソンをうたうひとです。

とりわけ、ランボオとかボオドレエルとかいう古典的な詩人のうた（詩）を、バックの音楽に合わせて朗々と朗誦するのがよく、大いに楽しみました。

ふと客席を見ると、彼がランボオの詩を朗誦しおわったあと、酔ったように紅潮して、ほおに涙を流している少女がいました。

彼女は本当に泣いているのです。いささかオーバーだとはおもいましたが、その時、ふとヘミングウェイのある小説の書き出しを想い出しました。

〝君が若《も》し幸いにも、そのみずみずしい青春時代の一時期をパリで暮す幸運を持つならば……〟

彼女はうら若い外国人として、異国のすべての文物にけざとく感応し、驚き、酔っているのでしょう。そして、未だそこまでは気がついていないのでしょうが、少女の時代のそうした新鮮な驚きや陶酔の断片が彼女の一生を、如何に豊かなものにしてくれることでしょう。異国の旅は、そういううら若い時代に経験してこそ価値があるものだと思います。

青春には奇蹟がおこるものです。

老人ならば見すごしてしまうであろう、ごく些細な遭遇が、生と死を決定したり、たった一滴のリニヨンの河水が、心の内側のひだに垂れることによって彼の全生涯に亘る心の土壌がひたひたと濡れ、ひろがり、豊饒な樹林が育つ結果にもなるのです。

その夜、深更の街を歩きながら、本来の浪漫派少年に立ち戻り、青春はよきかな、と大きく息を吸い、そして、吐いたものです。

*

明日、僕は貴女と会う約束になっています。可愛らしい服を来た貴女と、明日何処の街で出喰わすか、楽しみです。

おやすみなさい。

最後に、例によって「朗」と書かれているが、この二ヵ月余で、二人の間も大分進行したらしい。「けんかしてまで」に、それが表れている。

ところで、多かった鈴木ファンの女性たちはどうなったか？　社内でも、そうした女性たちが鋼材貿易部に入って来て、ちょろちょろする。

すると伊藤は、

「鈴木君、鈴木君」

とムッシュウを呼ぶのが常だった。

呼ばれて鈴木が席を離れれば、彼女たちもそのままそこにいるわけにはいかない。

そういう時、彼女らは、

「伊藤さんが意地悪した」

などと言って帰って行った。

伊藤は鈴木に、

「お前は何も言わないけど、帰って行ってホッとしてんのやろ」

と言ったという。

「彼がまだ独身だったころには、ほんとに人気よくて、よう来とりました」

と伊藤は述懐する。

「初めから、そういう気を持たさなきゃいいのに、気を持たせて、罪つくりじゃないか」

「いや、私は特別何してるわけじゃない。向こうのほうがそう思うんです」

「いや、そんなことない。思わせぶりなこと言うからよ」

これが、〝女性ファン〟をめぐる伊藤と鈴木のやりとりである。

それはともかく、鈴木はまことにまめに手紙を書いている。前掲のパリからの手紙の八日前、一月二十日にも、哲子を含む「親愛なる姫君達へ」スペインはマドリッドから、akio suzuki 用箋に六枚もの手紙を書いている。宛名は住商の「海外業務課　藤原哲子殿」となっているが、「ドン・アントニオ・モレノ・クチャーネ男爵が心からなる思慕の念をこめてまいらせるいとも優雅なるあいさつ」を受ける女性は他に少なくとも一人はいたらしい。プロポーズ補足の手紙やパリからの手紙は横浜の藤原宅へ、そして、こちらは会社へと、「クチャーネ男爵」（クチャーネはつまり、食っちゃあ寝）はボールを投げ分ける。この中で「祖国」

と言っているように、スペインは鈴木の最も気に入っていた国であり、〝男爵〟の気取りも最高潮に達して、「姫君達」と遊んでいる。

その血筋を遠く大エスパニヤ帝国の無頼の貴族、及び、南太平洋の幻のムー大陸に君臨せる由緒正しき王族に求める、高貴にして優美、粋中の粋、今世紀に現存する最後の貴族たるクチャーネ男爵は、本来ならば、羽根飾りのついたラマ毛の帽子を斜めに戴き、肩先に真紅の裏地をつけたる黒マントを流し、さっそうと現れるべきところではあったが、一寸した手違いにより、一部変更を余儀なくされ、なるべく目立たないように、という配慮から、一般大衆と見まがうような極くありふれたいでたちで、ひっそりとお供もなくお越しになった。さすが、貴族の中の貴族、奥ゆかしい限りであると、自ら感じ入っておられる御様子が、これまたなんともろうたけく、人々に一層の好感を与える結果となった。

＊

久し振りに父祖の土を踏まれた男爵は、早速アラビア人マッサージ師を招《よ》んで全身を「生命の水」にて清めんものとお望みであったが、きょうびそのようなものは仲々見つかるものでなく、そこは苦労人の心ゆたかな男爵のこととて、大してお腹立ちの御様子もなく、止むを得ぬ、自分でやろうと、いとも気軽におっしゃって、アラビア出来のものと較べていささか劣るが、昨今では上等とされているケルン水にて自らの四肢をお清めになり――。

げに男爵の四肢は上品な中にも逞《たくま》しく、ほれぼれとするような男の色気がただようて居ったわ――。

当世風の背広に細身のステッキという心憎いいでたちで夜の街へお出かけになった。

そぞろ歩きの群衆、とりわけ当国の女達はひとしく男爵の、この上もなくろうたけきお姿に眼を奪われ、振り返り、口々に申したものである。〃オーレ、グァッポ〃と。彼等、彼女等が男爵の悠々たる歩幅に合わせるかのように振りむくさまは、あたかも稔った稲田を微風が吹き抜けるさまに似たりも似たる光景であったよな。

書き写していると気恥ずかしくなってくるような陶然ぶりだが、鈴木はこのようにして〃遊んで〃いたのだろう。「クチャーネ男爵」の手紙を続ける。

普段、雪ケ谷の館に居られる時には、余り酒類をたしなまれない男爵であるが、祖国と申すか故郷と申すか、お里へ帰られたという心安さのせいか、ブドウ酒にオレンジとリンゴをあしらって冷やした当国独得のサングリヤと申すお酒で唇をしめされ、程よくお酔いになったあと、御機嫌よろしくフラメンコ酒場へと足をお運びになった。

舞台の上では、ホセと称する色あくまでも黒きこと男爵に比肩すべきジプシーの若者が、ベラと称するこれまた褐色の美女を相手に見事なる足さばきで激情の恋の踊りを踊っていた。

男爵は小さなブランディグラスを両の手で抱えこまれ、かくて夜を徹して舞いぬかんとする一対の踊り手をじっと見つめておられたが、その横顔にふと憂愁のかげがよぎるのを見逃す訳には参らなかった。

察するに男爵は恋をしておられるのではなかろうか。舞台の上での激情的な恋の舞に陶然となりながらも、ふとあらぬかたに想いをはせたかの如き風情ではあった。

高らかに、ひめやかに、床ふみならす一対の踊り手と男爵の愛人に幸あれと、並みいる紳士淑女達みな申したものである。

＊

世が世なれば、男爵ほどの方は、以上に述べたように、網の目をぬけて泳ぐ大魚の如く、かぐわしき夜をたゆとう微風の如く、天地の間にあって憂いなく、神のみめぐみのすべてを享受して生きるべき筈のところ、昨今は必ずしもそうは順調に参らぬ御様子で、暁方の四時、未だ乱舞もたけなわの舞台をあとに、やおら御帰館になり――

何時もは夜明けまで御覧になったあと、親しく座長のごあいさつをお受けになる男爵にしては稀有のこととて、皆のものは、男爵はご不快か、下痢か、頭痛かと噂したものである。

ああ、世に男爵ほどおいたわしいお方があろうか。御不快でおやすみになるのかと思いきや、ああ、男爵ともあろうお方が、こともあろうに御帰館後「お仕事」をおはじめになったのである。幼少の頃より御自身がもっとも卑しんでおられた「お仕事」である。

何でも、世の下賤なものどもが集まってつくるはがねたらいうものをお売りになるのだそうで、白々と明ける朝に寝もやらで、書きものに精を出される男爵のお姿が窓越しに眺めやられた。

これを見て胸をいためないものがあろうか。これをおいたわしいとよばずして、一体何と申そうか。まことこの世に法と正義はないものか、末世とちゃうかと、ひとしきり嘆かれる次第である。

こうした芝居がかった言い方、というよりドラマの主人公になりきった言い方が一切通じない相手もいる。

「姫君」にとっては甘美なその言動が、そのひとたちにとっては気障《きざ》以外の何ものでもなく、唾棄すべきものとしか映らなかった。

たとえば、住商の診療所の所長の紹介で牛込の病院に入院した時、とっくりのセーターに、かなり汚れた白衣をひっかけた医者が鈴木を診察し、やくざっぽい口調で、

「これはもう切らなきゃダメだ。バサッと切るんだな」

と断言した。そして、

「君、なんだ、髪染めてんのか。髪なんか染めるから、こういうことになるんだよ」

と追撃する。

これは鈴木にとって二重の屈辱だった。

バーベルを上げたりしてボディビルに励み、〝プールサイドの鈴木〟を誇示するオレの体にメスを入れようなんてとんでもない、また、こんな無頼の輩に染髪《せんぱつ》のことなんか言われるいわれはないのだ、と鈴木は血相を変えて怒っていた。

そこへちょうど見舞いに行った野村高史をつかまえ、

「こんなところに入院してはいられない。明日から病院をかえてくれ」

と無理を言うことになる。

鈴木が本気で怒っていて、どうしようもないので、結局、病院をかえることになったが、いまにして思えば、それが死期を早めたかもしれないのである。

哲子に宛てた手紙には、年月日不詳のこんなひたむきなものもある。

もっと愛したい。それが理にかなったことであろうと、なかろうと。

こんなに渇望することが、かつてあっただろうか。僕はまるで飢え渇いた獣のように彼女をもとめている。僕が彼女にふさわしかろうと、なかろうと。

愛してくれ、とは言わない。それは虫が良すぎるから。しかし、愛することを許して貰いたい。

会わないでいる時間が長すぎる。

＊

ナポレオンが君臨しはじめた時、旧来の貴族達は怖れおののきながら、こう言ったはずだ。こんな男は嬰児のうちに殺してしまうべきだった、と。

しかし遅すぎた。

彼女への渇望を、僕も、それが嬰児であった頃に圧殺すべきだったろうか。しかし、遅すぎる。それはもはや君臨している。

丁度、こういう状態においてであった。

ルイ十六世が〝余が王であった時〟と言ったのは。


こんなにも「渇望」して思いを果たした哲子夫人に、結婚に際して鈴木は、子供をつくらないという「条件」をのませている。「自分の影を見たくない」と言って、それを〝契約〟させたのだが、伊藤夫人などは、しょっちゅう、哲子に、

「つくっちゃいなさいよ」

と、けしかけていた。

〝愛児〟ケニイへ

ところで、鈴木は「一九八二年四月十八日　父朗夫」と結ばれた長文の散文詩を「最愛の児 Kenny Suzuki 1976～1982」に献げている。

吾が児よ、

姿美しく、何時ももの静かで、行いただしく、神の思召のままに生きた、オクラホマ生まれの自然児、もう、苦しくはないか。お前の健やかな上にも健やかな魂を、天にかえしたか。

＊

それは、余りにもむごい死だった。とりわけお前は素直でのびやかな心を持ち、たとえようもなくおっとりと振舞い、すべての人から愛されていたので、そのお前を、あのような災厄《さいやく》と、そして死が襲うなどとは、考えもしなかった。

＊

お前の生は、短すぎた。お前は、俺達と一緒に、幸せに、この上もなく幸せに暮らしていた。オクラホマ生まれの体格は頑丈で、その上お前の母は、四六時中、お前の健康に細心の注意を払っていた。

俺達は、何時までも、お前と一緒に暮せると思っていたし、お前もそのつもりだった。

お前は、生まれてからこのかた、罰せられるような罪は、なにひとつとして犯したことはない。俺と違って、お前は、神と自然の掟のままに、すべての人を愛し、ひとと争うことはなく、ひとを傷つけたこともなく、ひたすらに人を信じ、何時も俺達と一緒の、友愛の生を生きた。

そんなお前が、何故あのようなむごい苦しみを味わい、無惨にも死ななければならなかったのか。お前は、或いは、俺が犯した罪のために死んだのではないかとさえ、思う。

＊

お前は、久し振りに訪れた山の、春めいた空気の中で、とても嬉しそうにはしゃいでいた。俺が、シャベルを持って土仕事をする傍らで、お前は、きらきらする陽だまりの中を泳いでいた。俺達は、余りにも気分が良いので、冗談を言い、ふざけ合った。

災厄は、その直後に、お前に襲いかかった。

毒薬だ。

恐ろしい痙攣《けいれん》。激烈な痛苦。

お前は、突然の苦しみに、呆然自失した。そのはずだ。一体誰がお前に毒薬について教えたりするものか。俺達が愛する大自然の中に毒が撒かれているなどと、どうして考え及ぶものか。

暮れなずむ富士山の麓で、お前は死んだ．正確に言えば、殺された。富士の姿までが、俺には呪わしかった。

＊

俺は二本の白樺の立木の間をえらんで、地面を掘った。深く、そして、更に深く、掘った。ひとすくいごとに、お前の名を呼んだ。深く掘れば掘るほど、お前の鎮魂の座が、せめてひっそりと心地よく、お前の、二度と醒めることのない眠りが安らぐのではないかと思い、俺は、掘った。

あたりは暗くなった。穴の中は、もっと暗かった。お前の母が、上から照らした。呆然と立ちつくし、泣きじゃくりながら、まばたきもせずに、照らした。

お前の母は、俺が彼女を愛するのと同じ位深く、お前を愛した。最愛の息子がこれから葬られる穴の底をのぞいて、恐ろしいと言った。

愛するものと、愛される者が、一瞬の死によって分かたれることは、何と恐ろしく、かなしく、むごいことか。母が、お前の墓穴の底を照らさねばならぬとは。

＊

未だ幼児であったお前が、俺達のところへ来た夜、お前は、ひどい風邪をひいていた。マンハッタンの三月は、未だ底冷えがした。苦しそうにあえぐお前を、俺は夜通し抱いてあたため、胸をさすった。お前は、心細げに眼を上げ、俺の腕にしがみついた。その夜、俺達は、お互に、親子の契りを結んだのだった。

そして今日、お前の母は、恐ろしい痙攣をくり返すお前の身体を懸命に抱きしめ、胸をさすった。それ以外にどうしたらよいのか分からなかったのだ。

母は、何度も、何度も叫んだ。

死んだらあかんケニイ、頑張らなあかんケニイ、ケニイ、ケニイ、ケニイと。

お前の母の、悲鳴にも似た祈りは、ついに聞きとどけられなかった。お前は、母の腕の中で、死んだ。母の腕の中で、お前は、ただ驚き、自分の身に何が起こったのか、一体何故こんな苦しみを味わなければならないのか、まるで分からない、驚愕と、恐怖の表情が凍てついたまま、息を引き取った。俺達は、必死になって助けを求めるお前の絶叫を聞きながら、何もすることが出来なかった。

何の罪もない、お前のような好い奴が、無惨にも、悶死した。一体、何故だ。お前は、ひょっとして、俺の代りに罰せられたのか。

俺が悪かった、息子よ。俺は言うべきだった、毒に気をつけろ、ケニイと。

＊

息子よ、俺は、掘った。深く、更に、深く。

そして、お前の母が、上から照らした。母は、ほとんど聞きとれない程の声で、おそるおそる聞いた。そんなに深く、埋めるの。

＊

お前の母の手作りの、毛糸で編んだひざかけで軀《むくろ》をくるみ、枕元にお前の持ちもの全部を置き、一汲の水と共に、ロウソクをともし、線香をたき、俺達は、深夜まで祈った。

ワグナーの葬送の曲を何度もくり返した。それは、空しい儀式だった。

母は、お前の体毛を丹念にくしけずり、つめたくなったお前の身体を、二度三度、心弱げにゆすりながら、別れを告げた。最悪の運命にとらえられた最良の児よ、闇の中へ下りる息子よ。

＊

お前は、寒い夜には、俺達のベッドに上り、俺達の脚や太股に当る部分に身体をくっつけて眠る癖があった。今朝も、気が付いたらお前は、俺の下腹にあごを乗せて、いびきをかいていた。お前は、独りの時には、何故か、俺達の体臭がこもったパジャマの上に寝そべる癖があった。身体の下で、パジャマをくしゃくしゃにしてしまうので困ると、母はよくこぼしていた。

吾が児よ、闇の中に入る息子よ。お前の専用の茶色のバスタオルでくるもう。頭の下には、やはり茶色の対のバスタオルを当てがおう。だから、寒くはない。

俺達の体臭がついた衣類も一緒に入れよう。だから淋しくはない。

お前の持ち物は、全部一緒に埋めるから、先週買ったばかりで、未だ封も切ってない食料もひと包み、入れるから、ひもじくはない。

飛行機会社特製の、大きなバスケットを柩《ひつぎ》にした。お前が、ニューヨークから東京までの大飛行をやってのけた時に使った、あれだ。

柩を下ろした。暗い穴の底に。

俺達は、号泣した。

あたりは真暗で、土を落とす音だけが、哀しく続いた。

*

春だ、ケニイ。山小屋のまわりの木々の芽は、ふくらみ切った。あと一週間で若葉が萌え出るだろう。お前が生きていたら、鼻を天に向けて上げ、鼻孔をひくひく動かして歓ぶはずの春だ。

せめて、お前の墓の上に、美しい木を植えよう。その木は、葉かげを作り、お前の眠りを直射日光から守るだろう。その木は、葉を鳴らし、お前の母の、自信なげな、しかし情のこもった歌のように、お前の夢をなごませるだろう。必ずそうする。

俺達二人の間で議論があった。

木を植えようと言う俺と、木の根がお前の身体に絡みついたら可哀そうだから、草花にすべきだと言うお前の母と。だが最後に彼女は言った。どちらでも良いことだ、それが木であろうと、花であろうと。最愛の児が俺達の傍から永久に失われたということに、変りはない。

＊

突然、理由も分からずに悶死した息子よ。俺は、血が出る程に胸をかきむしりながら、想い出す。俺達が、お前との楽しい生活をはじめたマンハッタン、遠足に出かけたニュージャージーの桜の名所、長駆のドライブでスキーに行ったマジック・マウンテン……日本へ来てからも、お前は何時も俺達と一緒だった。何処へでも一緒について行った。ケニイは、ワールド・トラベラーだねと、お前の母はひやかしていた。

＊

ひとが、或る場所を懐かしむ時、その懐かしさは、往々にして、その土地に対する感慨であるよりも、其処へ一緒に行った人、其処で一緒に暮らした人に対する愛着によるものだ。

俺は、ニューヨークという街を好まないが、此の間の旅行で、マンハッタンを歩いた時、妙に胸がうずくような懐かしさを覚えたので、意外に思って、よくよく考えてみたら、それは、その街を一緒に歩いた、お前の母に対する感慨であったことに気がついたものだ。

お前と一緒に行った場所は、だから、全部覚えていて、すべてが懐かしく思い出される。お前が何かしらの所作で、面白くしたのだ。

マンハッタンの国連ビルの周辺、Tudor Ciry の一角を走り廻ることから、お前の生涯は始まった。身体を鍛えろケニイ、俺のように逞しくなれと、俺達は、未だ幼いお前を引っぱって駆けた。

強い風に向かって走ると、お前の身体中の毛がうしろへ流れ、そのさまが、お前の懸命な表情と対照的にコミックだったので、行き交う人達が思わずにっこり笑って見送ったものだ。

不器用なお前は、時々歩道にとび上りそこねて、ひっくり返り、きょとんとして首をかしげていた。

＊

土曜日の午下り、マジソン街を散歩した時の俺は、真赤なシャツに黒のブレザーできめ、それがお前の黒い身体、赤の首輪と対になって、大いに人目を惹いたものだ。

洋服屋のワラックの店頭にしつらえてある、良き時代のマンハッタンの名残である dog bar で、一人前の顔をしてうまそうに水を呑むお前の姿が可愛いと言って、老婦人が思わず抱きしめたのは、その時のことだった。

お前がなかなか路上で小便をすることを覚えないので、俺達は散歩に連れ出す度に、あの手この手を使い、ピス、ピスとけしかけたものだ。お前の母は、ペットショップの宣伝のままに、色々な薬や、しまいには、電柱のおもちゃまで買って来て試したりした。

＊

マンハッタンに大雪が降った日の、お前の喜びようは大変なものだった。昂奮して飛び廻り、短い脚がずぼずぼと雪の中にはまり込むので、走るよりも、跳躍しなければならず、とび魚ケニイの異名をとった。跳んでいる中に、腹やキンタマに大きな雪玉が出来て、とうとう動けなくなってしまった。家へ帰ってから、浴槽で雪玉を溶かすのがひと仕事だった。

マジック・マウンテンの零下三十度の寒さの中でも、お前は、雪景色に昂奮して走り廻った。ホテルの別《べっ》嬪《ぴん》のおねえちゃんが親切で、ミルクの大盤振舞をしてくれた。お前の糞をする姿が可愛いと、妙なところをほめてくれた。

事実お前の姿は、どの部分をとっても、コミックでキュートだった。脚の短さが程よく、俺達は、我々が連れて歩くには最適だと言い合った。背中の丸い線、赤ん坊のような尻、ぴんと天に向けた尻尾、ピンク色のキンタマ。そして、顔だけは、遠目には妙に大人びていて、子供のくせにおじさんみたいだねとよく言われた。

＊

お前は、一時ハマーショルド広場で飛んでいる鳩に興味を持ち、一心に見つめていた。家へ帰って昼食をしている最中に、鳩になった夢を見て、妙なかっこうで前脚をばたつかせながら、寝言を言っていたので、俺達は、爆笑したことがある。

＊

お前は、幼い頃からもの静かで争いを好まず、路で、どんな犬とすれ違っても、たとえほえつかれても、ついぞほえかえすことはなかった。家へ誰が来ても、愛想よく迎えた。まるで国連大使みたいだねと言われた。

＊

満一歳の誕生日は、盛大だった。日米の来賓を迎え、ロウソクをともし、特大のケーキを前にポーズをとったお前の写真は、俺達のアルバムの重要な部分を占有している。人の好いベティ嬢、面倒見の良いミチコ嬢、美男子のお前と並んでも対等に張り合える美貌のヘレン。同じく美人のリリアンヌ、リリアンヌの娘のカリーン……お前には、女性の友達が多かった。美人にもてるところは、俺に似ていた。

稲蔭夫妻は、お前を養子にしたいと申し入れて来たが、勿論断った。伊藤家の令嬢は、何時も、お菓子を持ってお前とデートを重ねていたそうではないか。

紳士の日高さんは、お前のことを、日本流に健次君と呼んで可愛がってくれた。きりっと立った姿が立派だからと言って、氏は何度もカメラを向けたが、ついにシャッターチャンスをつかめず、諦めた。

脳外科の世界的権威である伊藤博士が、マンハッタンのアパートを訪ねて来た時にも、真先に迎えてあいさつしたのは、お前だった。あの時は、酒を呑んで、志ん生の落語のレコードに興じたのだが、お前は、古典落語には余り興味がなかったようだ。

雪ケ谷の八百屋の別嬪さんは、お前のことを、〝鈴木家の扶養家族〟という長ったらしい名前で呼んだ。

乾物屋の湯川青年とお前は同性愛ではないかと言われる程、仲が良かった。

生活環境と、交遊範囲がそうさせたのか、お前は、自分が、人間であり、しかも、鈴木という姓を持った青年であると信じ、そう振舞っていた節がある。

＊

朝と夜二回の散歩は、お前の最大の楽しみだった。時間が来ると、びしょびしょに濡れた鼻の先で突っつき、催促した。よしいくか、と言うと、ぴょんぴょん跳ね廻って喜び、旗のように尻尾を立て、勝手知った路を、あちこちに小便をひっかけながら、すたすた歩いた。時に、お前は、自分が俺を連れて散歩しているのだと思いこみ、うしろを振り返っては、俺が間違いなくついて来るかどうかを、心配気に確かめたりした。

山小屋の周辺の自然は、とりわけお前を喜ばせた。何といっても、土と草と、木の根っこがある。お前は飽きることなく、歩き、遊んだ。俺が土仕事にかまけていると、邪魔になるほど俺の脚を鼻で突つき廻し、一緒に散歩に行こうと誘った。

近頃では、俺達の話す言葉を理解するらしく、お前の母が、居間で、Kennyはもうベッドルームかなとつぶやいたら、僕は未だ居間にいるよ、と言って椅子の下から顔を出した。

人間の言葉を解するといえば、ひとつ大笑いした場面があった。俺は、山道を散歩しながらよくお前に話しかけた。散歩の途中、思わぬところに、防災用のダムがあるのを見つけ、〝おいケニイ、見ろよ、こんなところにダムがあるぜ〟と言ったら、お前は、勿論偶然だが、〝ふん〟と、まるで人間のような声を出した。その時、たまたま通りかかった人が、それを見て、びっくり仰天した。その驚くさまがまた面白く、俺達は、腹をかかえて笑ったものだ。俺がいささか悪乗りして、お前に〝これは、文明の果ての大笑いだなあ〟と言ったら、今度は、さすがにお前もふんとは答えなかった。多分俺の言ったことがすこしむずかしすぎたのだろう。しかし、あの時は、本当に可笑しかったなあ。

＊

秋田犬のチビとの出会いも、可笑しかったなあ。山の工事現場の親方の飼い犬で、丁度お前の子供の時のような天衣無縫のチビが、お前に遊んで貰おうと、しつこく追いかけるので、お前は困り果てていた。すげなく拒絶することは、お前の国連大使的な友好精神が許さないので、しまいには、俺達に向かって、何とかしてくれと助けを求めた。

同じ工事現場のシェパードのミイは、姿の美しい少女で、お前はたちどころに恋におち、大変な熱の上げようだった。俺も、少年時代の経験を思い出し、すくなからずお前に同情的だった。むこうも憎からず思っていたらしく、いわば相思相愛だったのだが、いかんせん、背丈が違いすぎて、物理的にマッチせず、双方弱り果てたことがあった。想いを遂げられなくて、気の毒だった。

山歩きの先輩としては、ベア老のことを忘れてはならないぞ。八ケ岳山麓、富士山麓では、ベア老とその息子のカズ、そしてベアの両親には、ずい分世話になった。そのベアも、もう居ないらしい。

＊

お前は、社交的である反面、ひどく、鈴木家への帰属意識が強かった。俺の友人、江口夫妻を招いた時、お前は、江口令夫人の愛と賞讃を、一身に受けた。夫妻が辞去する時、俺はお前を連れて見送りに出たが、夫妻に手渡すべきものを部屋に置き忘れたことを思い出し、取りに帰る間、お前をほんの数分間、夫人に預けた。忘れものを取って玄関へ出たら、お前は、江口夫人をひっぱったまま、玄関で大小便をしていた。聞けば、お前は、俺が去ったので、置き去りにされたのではないかと勘違いし、狂ったように夫人を引張って玄関へ戻り、絶望的に小便をたれ流したそうではないか。

そんな、小心なところのあるお前だから、山小屋へ行っても、はじめの中は、自分独りで山歩きに出掛けようとすることは、余りなかった。たまさか、一町上手のポーラ山荘の芝生へ、一寸遊びに出掛ける程度だった。そしてその時でも、必ず、一寸ポーラまで行って来るよと、鼻先で断って出掛ける程の小心さだった。俺達も、独りで遠出させては危いと、慎重で、単独の外出を許さなかった。

しかし、慣れというものは、おそろしい。山に慣れ、土と草を愛する本性が充たされるにつれて、お前は、段々と、独り歩きを楽しむようになった。俺達も、自然児だ、独り大地の上を歩き廻れ、土をほじくり、草を喰えと、すすめた。東京にはない大自然を、思う存分楽しむがよいと、お前の独り歩きを許すようになった。

＊

息子よ、その結果がこれだった。悔んでも余りある結果が、これだったのだ。

俺が大自然だと信じ、そこにお前を解き放ち、自由に遊べと言った、その大地に、小賢しい人間どもが、毒薬を撒いていたのだ。

なんで、自然児のお前に、策略が見抜けよう。俺達は、お前を、小賢しい策略に対して身構えるように育てはしなかった。

お前が驚愕したのは、無理もない。俺にも、信じられないのだ。息子よ、大自然の中で遊べと放った、その大地の上に、健やかなお前の生をたちどころに絶つような、毒薬が撒かれていようとは。俺には、今もって信じられないのだ。

許してくれ、ケニイ。闇の中に下り、もはや息しない息子よ。あれは、大自然でもなければ、大地でもなかったのだ。俺は知らなかった。

お前の、むごい死を契機に、それは契機にしては、余りにも重すぎるが、俺は知ったのだ。俺達には、遊ぶべき大地は、もはやないのだと。

最良の中の最良の男、吾が児ケニイ。これで、お別れだ。

＊

もう言うまでもなく、「吾が児ケニイ」は愛犬であり、「母親」とは哲子夫人である。愛犬にでさえ、これほどの愛情を注いだ鈴木は、おそらく、「吾が児」をもったなら、溺愛しただろう。あるいは、鈴木はそのことを最も恐れたのかもしれない。

現代〝社畜〟批判

鈴木朗夫は伊藤正を、最初の出会いから一貫して「伊藤さん」と呼んだ。「部長」とか、「社長」とか、その役職で呼んだことはないのである。「課長」とか、「専務」とか呼ぶのはおかしい、みんな「さん」でいいじゃないか、というのが鈴木の持論だった。もちろん、自分をも役職では呼ばせず、さんづけか、ムッシュウと呼ばせた。

肩書にこだわる人間からは反発を買ったかもしれないが、これを役割感覚で割り切る鈴木の意識は徹底していて、伊藤が社長になってから、取締役業務本部長として、伊藤に、

「私がゴーサインを出すまで、あのプロジェクトをストップしておいて下さい」

と言ったことがある。

これにはさすがに伊藤もムッとなって、

「社長はぼくだよ」

と声を高くした。

しかし、鈴木は平然としている。取締役としては社長もヒラも対等だという当然のことを、鈴木のように何の気負いもなく具現化したのは、日本の企業社会において、ほとんど稀だろう。

そんな鈴木に、上席役員までが伊藤の意向を聞いてくれるよう頼んだ。事前に、ちょっと伊藤の意見を聞いておきたい時、たとえば専務が鈴木に、

「君ならざっくばらんに聞けるだろうから、社長の話を聞いておいてくれ」

と頼むのである。

「何で私のところに、ちょっと社長の考え方を聞いてくれ、と言ってくるのか」

と鈴木はよく怒っていたというが、それに対して伊藤は、

「私はあんまりいい社長じゃないから」

と、なだめていた。

それでなくとも鈴木は、具体的に伊藤にいろいろ注文を出していた。

「今日の会議で、あの話が出た時、苦虫を嚙みつぶしたような顔をしていたでしょう。あれはいけません。ああいうことをやられると、みんな、ものが言えなくなります」

不愉快な案件だからといって、社長が引きつった顔をしていては、みんな何も意見が言えなくなる。それではダメなんだということを鈴木はしばしば伊藤に言っていた。

その鈴木がいなくなって、伊藤はいま、こう述懐する。

「このごろは、やや寂しさを感じとるんです。やっぱり、あいつの考えをちょっと聞きたいなあ、と思うことがたびたびあるんですよ」

とはいえ、鈴木も、あまり頻繁に社長室に顔を出しては悪いと思い、とくに取締役になってからは気を遣って、何か伊藤に言いたい時には、メモを届けさせるようになった。

伊藤のほうも、鈴木だけを特別視すると受け取られることを嫌ったが、入院中の鈴木を常務に引き上げたのは伊藤であり、そこに伊藤の格別の思いがこもっていたことは否定できない。もちろん、それまでの鈴木の業績が充分それに値するものだった。

昭和三十年入社の鈴木から五年遅れて住商に入った人間に、現サミット副社長の荒井伸也がいる。荒井は住商に入ってまもなく、個性を発揮できない大企業にイヤ気がさし、苦しみ悩んだ末に、自ら望んで、子会社のサミット（当時の名称はサミットストア）に出向した。そして、いつ潰れてもおかしくないような状態にあった中堅スーパーの同社を、先頭に立って建て直したのだが、荒井にとって鈴木は大きな支えであり、鈴木の存在に勇気づけられて、荒井は「社畜でないサラリーマン人生」を送ってきたという。

荒井は安土敏《あづちさとし》というペンネームで小説も書いている。『小説スーパーマーケット』や『企業家サラーマン』だが、後者の終章は「逆命利君」。

主人公の中里未知雄は、日西物産社長の海老沢史朗から、《逆命利君謂之忠》という言葉を示され、

「命令に逆らっても、会社の利益になることをするのは、会社に対する偽りのない真心だというような意味でしょうか？」

と尋ねて、

「まあ、そんなところだろう。戦前のわが社の社長で名経営者として名高かった重藤芳邦が好んで揮毫《きごう》した言葉だ。本気の仕事とはそういうものだ」

という答えを得る。

とりわけ日本のサラリーマンは、会社第一で自閉症ならぬ〝社閉症〟に陥り、会社に飼われた家畜ならぬ〝社畜〟となって、会社と社会、あるいは自分と社会との関係を見失ってしまう。

『企業家サラリーマン』でも、冒頭、会社教もしくは企業教の狂信者となったこうしたサラリーマンが昇格できなくて自殺するが、鈴木が打破しようとし、荒井もそれに抵抗してきた〝社閉症〟のカベは、想像以上に厚い。たとえば、源氏鶏太が描いたサラリーマン社会に比べて、現在のそれは格段に管理社会の色を濃くしており、鈴木は自らを社内外に極めて鮮やかにアピールしながら、その管理に全身で刃向かった。

荒井によれば、鈴木は「自分の立っている位置や、自分の発言の持つ意味とかの社会的な関係を全部頭に入れながら、そのぎりぎりの限界までの思い切ったことをやり続けてきた役者」なのである。

鈴木は彼自身の基準をしっかりと持ち、自らをうまく演出しながら、社内的にそれを通してしまう力を持っていた。彼は決してならず者ではなく、いわば体制内変革派であり、荒井も同じなのだが、その荒井に「住友商事の役員の端につながる者」から、匿名の不愉快な手紙が届いたことがある。いまから八年ほど前のこと――。

それには、おまえがあのサミットをよく経営していることには敬意を表するが、最近は本を書いたり雑誌に論文を発表したり、まるでマルチタレントのようなことをやっている、もしもそういうことがやりたいのなら会社をやめろ、そうでなければ経営に専念するべきだ、と書いてあった。

これを読んで、いやな感じになった荒井は、どうしようかと思い、まずそのコピーを何部かつくって、社長や人事担当役員、そして鈴木に見せた。

その中には「当社の役員はあなたの行動に眉をひそめております」という一節もあったが、鈴木は一読後、

「うん、現行の役員が眉をひそめないような行動は何も意味がないんだ」

と言って笑殺した。

荒井はその一言がとてもうれしかったという。このブラックレターは、おそらく筆蹟で誰が書いたかわかったと思うが、そのままになっている。

この一事をもってしても、鈴木が闘わなければならなかったものがどんなに頑《かたく》なで強固だったかがわかるだろう。ある種、開かれた伝統をもつ住商にしてそうだった。

もちろん、鈴木の精神を受け継いだ荒井にとって、その闘いは終わっていない。

「僕は、ムッシュウがこうあるべきだと言ってたことを、結果としてムッシュウ以上に実践したようなところがあるんです。お互いにそんなことは話さなかったけれども、ムッシュウはすごくよく理解してくれたと思いますね」

こう語る荒井の小説を、鈴木はニヤリと笑って受け容れてくれた。

そして、その年の、住友商事で一番大事な主管者会議で、荒井が話す番になった時、司令をしていた鈴木は、

「この会社には名前がふたつある人がいます。これからその方に発言していただきますが、名前が二つあ

りますので、三分のところを倍の六分話してもらいます」

と紹介し、発言を促した。

荒井に対するブラックレターの主もいると思われる席での、まことに心憎い鈴木の演出というべきだろう。

荒井にとっては、鈴木が各役員に、予告なしで指名してしゃべらせたことでも、この会議が忘れられない。

役員もみんなサラリーマン化し、ひどい例では、社内報の座談会に原稿を用意してくる者もいる。だから、社長もいる席で、原稿なしで発言させられて、役員たちは恐慌を来したのである。

荒井によれば、その会議は、それまでの、シナリオ通りの形式的な会議を鈴木らしいやり方で打ち壊したすばらしい会議だった。

もちろん、以後の会議がしっかりやられていないわけではないが、鈴木がいた時は、会議自体が一つの盛り上がったショーになっていた。

ショー、つまり見せるということを低く評価するのは日本的考え方である。

鈴木は荒井に、人間は基本的に外見で判断する、と言ったという。

「荒井君、人間は心がわかるとか言っているけど、そうじゃないんだ。みんな外見で判断するんだよ。そうだろう？ だって、あんたが誰であるかをわかったのは、外見でそう思ったんじゃないか」

確かに長くつきあえば、お互いの心がわかることもあるかもしれないが、人間が人間と触れ合うのは外見で、態度や声や顔色、あるいは着ているもので判断するのだから、それは相手に最も強いインパクトを与えるものであるべきだというのが鈴木の考えだった。

人間は他の人間に対する時、最も正確に理解されるよう努めるべきだと鈴木は主張し、「ボロは着てても心は錦」などというのはナンセンスで、心が錦なら表面も錦だとわかるようにしたらどうだと言って、それを実践した。飾ったりすることをみんな恥ずかしいことのように言うが、それこそ恥ずかしい。やはりみんな外見で判断しているのだから、人間は表面も立派にすべきだという鈴木の意見は、「至誠天に通ず」式の、甘えに満ちた日本的思考法の盲点を鋭く衝いている。

口に出して言わないで、理解しないのは理解しないほうが悪いという言い方は、日本の会社社会の上司と部下の関係において、しばしば使われる。部下が上司の意向を忖度《そんたく》し、先まわりして行動することによって上司の覚えがめでたくなるという湿った社会。そこでは忠誠はピリオドなき無限のものとなる。それは双方の自由な意志によって契約する近代社会ではなく、一方的な命令と、盲従もしくは隷従が支配する封建社会に近いのである。

鋭敏な鈴木の神経はそれに耐えられなかった。そんな鈴木と荒井は、沼正三の『家畜人ヤプー』がよかった、という点で強く共感した。

サミットの店を二人で一緒にまわって、喫茶店に入り、荒井が、

「最近読んだ『家畜人ヤプー』がとてもおもしろかった」

と言ったら、鈴木が手を取らんばかりにして、

「いやあ、あの本はすばらしい」

と共鳴し、それからは時間も忘れるほど『ヤプー』論に熱中した。

「あれを読んで、いやらしいとか、変態だとかいう奴は、およそ文化の香りもない奴だ」

と鈴木は力説する。

角川文庫版の紹介によれば、『家畜人ヤプー』は「二千年後の宇宙大帝国イースを舞台に、白人女性の快楽の必需品となる日本人の後裔〝ヤプー〟を描いて、マゾヒズムの極致を展開する大幻想小説」である。

鈴木と荒井が興奮したのは、とにかく会社に自分を合わせて思うことも言わず、それでいて、流れに逆らって何かをやろうとする人間の足を引っ張る「社畜人ヤプー」をイヤというほど周囲に見ていたからだろう。

「あれは、おもしろくてたまらなかった」

と言う荒井に、その理由を尋ねると――、

「ヤプーというのはジャパンだから、家畜人ヤプーというのはジャパンなんですよ。あれは変態性愛小説と読むこともできるけれども、そうではなくて、徹底的な日本文化論で、日本というものが極端に矮小化《わいしょう》されている。矮小化どころか、家畜人になってしまうわけですね。白人たちに虐げられて、完全に人間奴隷になってしまう。日本人が崇《あが》めている天照大神も、実はアンナ・テラスという白人で、それが天孫降臨する。話として全部つながるんです」

日本人が家畜人となり、一番ひどいのは白人の人間便器となって、口をあけて白人の小水を受ける。それに快楽を感じるという日本人に対する徹底したマゾヒズムなのだが、私は白人を「会社」に置き換えれば、日本のサラリーマンの会社に対する自虐的なまでのマゾヒズムにそのままなぞらえられると思う。どんな無理難題を要求されても、それに耐え、反逆の志など露ほども抱かぬ「家畜人」ならぬ「社畜人ヤプー」たち。彼らは自虐の快感に酔っているのだろうか。

荒井は直接それには触れず、『ヤプー』論をこう結んだ。

「明治以来というか、おそらくはもっと以前から、日本人の中に脈々と受けつがれてきているある種のマゾヒスティックなコンプレックスですね。それをテコに日本人は逆にがんばってきたところもあるわけですが、その日本人の西洋コンプレックスを、かくもあからさまに書いた本はなかった。しかも実におもしろい物語として、天孫降臨まで結びつけてしまった構想力の雄大さには驚嘆しました」

鈴木との、三年ほどだったがかなり密度の濃いつきあいの中で、物足りないことがあるとすれば、一度も対立したことがないことだという荒井は、無念の思いをこめて、「仕事のやり方については、ちょっと疑問があった」と語る。鈴木は書類を読み過ぎた、というのである。

荒井はほとんど書類を読まずに、パッと現場に行く。そして、そこで話を聞く。そういうやり方をすれば、鈴木ももっと長生きできたのではないか。

鈴木はほんとうに丹念に書類を読んでいたという。会社で読めなければ、家に持ち帰って、目を真っ赤にして読んでいた。

それで荒井に会った時、

「わが社のシステムは問題だ」

と怒ったことがある。

「どういうことですか」

と荒井が聞くと、

「書類が次から次へとまわってきて、きたものは読まなければいかんし、読んでいたら、私は仕事をやる時間がないんだ」

と鈴木が言うので、荒井は、

「それなら読まなきゃいいじゃないですか」

と言い切った。

すると鈴木は、「いや、そういうわけにはいかんのだ」と言って、懸命にそれを読んでいる。

荒井は、それは多分、鈴木の大変な長所だろう、と言う。鈴木は、その言動においては非常に割り切ったことを言ったけれども、自分自身の仕事をするときの姿勢は、本当に秀才的に真面目に、端から端まで読んでいくようなところがあった。伊藤正にも津田久にも、それは共通するのだが、鈴木はそうしながら、社畜人ヤプーに挑戦するというもう一つの仕事を遂行しなければならなかった。その終りなき闘いが、どんなに鈴木を疲弊させたか。

鈴木は「六月の雨の降る夜に芸者屋の下足番をやりたい」などとも言っていた。いかなる運命で春をひさぐことになったのか知らないけれども、枕芸者がいる。雨が降って客が来ないので、暇をもてあまして、その女が、下足番の鈴木に部屋に上がるように言う。そこで余禄にあずかって、ああ楽しかったというような人生を送りたい。そんなことも鈴木は言っていたのである。

鈴木のエリート意識は、少なくとも、通俗的な価値基準で測られるものではなかった。鈴木の反逆のすべてに伊藤正は賛同したわけではないが、伊藤でなければ、鈴木をバックアップすることはできなかったし、そこに華麗なる「逆命利君」のドラマは生まれなかっただろう。あらまほしき上司と、あらまほしき部下の物語は鈴木の急死によって中断を余儀なくされた。

若き日の日記

「何たる不愉快。毎日、陽が照っている間は「それ」以外のことは絶対におこり得ない、という「それ」が、僕の不快きわまるennui《アンニュイ》の源だ。ゴミゴミしたオフィス、机の前にすわって、複数人の中で、そこいらの女の子に調子を合わせ乍らすごす8時間の馬鹿々々しさはどうだ。僕はますます日本語に聞き飽きる。思いきり、英語かフランス語でどなりまくりたい衝動にかられる。

会社は安閑として精彩なし。其処《そこ》では、僕は「安全」という標識の下に統合された集団の一分子にすぎない。何もすることはない。何のtension《テンション》もない。つまり、生活はないのだ。「これこれのことをすればよい」という仕事はあっても、「これこれのことをしなければならない」という仕事はない。

これが僕の存在価値か。僕は何になろうとしているのだ。しなければならないことが何であるかを知らないで、尚大きすぎる義務を持つサラリーマン。又ひとり、サラリーマンが結婚した。幸福だからではなく、侘びしいからだ。お金があるからではなく、お金がないからだ。

昼間は奪われた。すくなくとも取り返すまで……。当然のこととして、夜の時間は一層貴重なものになる。舞台は溶暗……、暗い書割《かきわり》では時として足を踏みちがえる。すると、ますます焦る」

これは、「逆命利君」の精神を実践し、上司に直言するサラリーマン生活をまっとうして、五十六歳で亡くなった住友商事常務・鈴木朗夫《あきお》が入社して一ヵ月後の、一九五五年五月九日（二十四歳）の日記である。

これまで書いてきたように、鈴木はフェアプレーを説きつづけた男だった。銀行や証券、あるいは商社にも、業績を上げるためには法を犯すことも良しとする〝不祥事〟が続発するいま、自らの信念と哲学をもって利益至上を排した鈴木に学ぶものは大きい。今度見つかった鈴木の若き日の日記は、いわゆる大学ノートで六冊。哲子夫人の好意でそれを披露するが、最後の一九六一年のノートには、パリ在住の弟、鈴木猛朗《たけお》宛ての手紙だけが記してある。

星商事という商社の社長をしているその弟は、兄について、東京は青山にあるオフィスの近くで、こう話してくれた。

「とくに死の何年か前は、一人の人間がやる仕事ではない量の仕事をしていましたね。彼はポーズの多い男で、自分のつくったポーズから逃れられなくなる。仕事のスタイルをかえないと、どうにもならなくなるんじゃないかと言ったんですが、何でも自分でやらないと気がすまない。他人にやらせると、仕事の質が落ちるというわけです。自分がやったのとは、切れ味が違うというんですね。仕事については、まったく職人肌でしたから、自分の命とそれをすりかえてしまった感じですね」

仕事はおろそかにしないという一方で、鈴木は決して、いわゆる仕事人間ではなかった。自分の人生のコアを仕事にはおいていなかったからである。

ズケズケと直言されながら、あるいは、毎日遅刻されながら、仕事のできる鈴木をかばい通したのは、住商現会長の伊藤正だが、伊藤に鈴木朗夫はいても、鈴木に鈴木はいなかった。

そう言うと、弟の猛朗は、しばらく考えた後で、

「いても受けつけなかったと思う」

とポツリと口にした。

前章までをまとめた『逆命利君』のオビには「管理に全身で刃向かい、陰湿な日本的企業社会を一刀両

断にして逝った男・鈴木朗夫住友商事元常務の誇り高き生と壮絶な死」という惹句《じゃっく》がついていたが、しかし、弟が評するごとく、「あまりにも未完成」なその人生は、その壮絶さゆえに、家畜ならぬ社畜に甘んじざるをえない多くのサラリーマンの胸をうった。

「あんなのムチャですよ。あれでは命がいくつあっても足りない」

鈴木朗夫は、仕事人間を排しながら結局、家に持って帰ってまで書類を読んでいた。そして、自分でそれに反発するがゆえに、週末の山中湖の別荘でも精一杯、身体を動かしてオフビジネスを楽しもうとしていた。五つ違いの弟に「ムチャ」と指摘されるゆえんである。しかし、その「自負心のかたまり」ともいうべき強烈な個性で、鈴木朗夫は非合理的で閉鎖的な日本の企業社会の扉を開けようとしたのだった。

「俺は生意気な青年だ。何一つとして率直に事を容れない。身体中が虚栄で飾り立てられた役に立たぬロボットだ。理性のないデクの坊だ。反抗と衒学《げんがく》しか知らぬ、創意を忘れた非文化人だ。この俺の何処《どこ》に取り柄が有ろう。駄目な男、生意気な男。心と表現が実にしばしば相反する円満でない男、要するに何一つとして為《す》る事の出来ない男だ」

一八歳の時にこう告白する鈴木は、また、一方で、こんな母親讃歌を奏でる少年、もしくは青年でもあった。

　僕のお母さん　日本一のお母さん。
　大きな眼　高い鼻
　苦しい時も　楽しい時も

大きな声でよく話す。
朝から晩迄《まで》せっせと働く。
自分の事は何一つしないで。

美しい智恵の小石を僕らにくれた。
意志に油を注いでくれた。
強く正しく、私の息子よ、と。

僕らの為に、眼から涙も流してくれる。
その度に僕の血と代えたく思う。

泣かないで、僕のお母さん、と。

僕らの為に大きな声で笑ってくれる。
僕は始めて心から嬉しくなる。

僕のお母さん、僕はいい事をしたんですね、と。

僕が部屋でふさいでいる時は
心配そうにそっと覗く。

苦しい時も楽しい時も
自分の事は何一つしないで
朝から晩迄せっせと働く。
四人息子はすくすく育つ。
四人息子はみんないい子だ。

今にみろ、俺がお母さんを養うのだ、と。

強いお母さん
やさしいお母さん
綺麗なお母さん
賢いお母さん
僕らの生きた偶像

僕のお母さん、日本一のお母さん。

二十四・九・二十二

最後の数字は「昭和二十四年九月二十二日」ということだろう。「生意気な男だ」と自己規定する鈴木朗夫の内面には、同じ男が同時期に書いたとは思えないほどの手放しの母親礼讃をする素直さが宿っていた。

息子に先立たれたこの母親は、私に、

「朗夫が本になって還って来たような気持ちです」

という手紙をくれた。さすがに、鈴木朗夫の母親でなければ吐けない言葉だろう。

一九五五年三月二十八日付で東京大学経済学部経済学科を鈴木は卒業したが、翌日の日記にはこう書いている。

「成績表をもらった。びっくりする程いい成績がついていた。べたべたと優が並んでいるので、僕は、しまった、大学院へ行って教授コースに入ればよかった、と思った位だ」

卒業式に出た母親と共に、鈴木は一度、名古屋に帰る。その見送りに来てくれた人たちのことなどを書いた後、鈴木は「センチな時には、生意気に、自分の分析をしたり、論理を追ったりしてはならない」と書きつつも、終わりを告げる学生生活を次のように回顧する。この思いが、以後、鈴木を住友商事の中で、「異邦人」として振舞わせたのだろう。

「僕は今、自分自身に対して、多少感傷的になることを許す。いや、許すより前に、僕はすでに感傷的になっている。

僕の学生生活は永かった。永い学生生活が終ったのだ。とうとう、それが終ったのだ。僕の今の感慨は、丁度、八高の文科のクラスから去ろうとしていた時の——丁度、六年前のそれに似ている。あの時の僕は、太鼓を叩き、髪を振り乱して寮歌を歌い乍ら「滅びゆく美しいものへの愛着」と、「殺ばつとした無価値（すくなくともその時の僕にはそう見えた）が雑然と待ちうける未来に対する侮蔑」を、その中に込めて、眼をうるませる貴族趣味の保守主義者、もしくは耽美主義者だった。ニーチェのいう、いわゆる現代的知識人だった。今の僕は、歌はうたわない。涙は流さない。非生産的な感傷をいじり廻しはしないが、大学の友人達、東京の女性達とにこにこ握手をし乍ら、胸がつまるのを何とも仕様がない。此の感傷は単純であると同時に複雑だ。

第一に、それは、いわゆる別離というものに際して誰もが感じる極く自然なサンチマンだ。馴れ親しんだ人と別れる時の感傷、それはひとつの季節が終ろうとする時に街中でふと抱く詩心と同質のものだ。第二に、自分の努力がひとつの実を結んで或る種のエポックを画した時に感ずる満足感と、それに伴う虚脱感。第三に、僕の感慨は東大で学んだこと、経済学部の学生として勉強し、そこから得たひとつのプリンシプルに由来する。社会科学的方法によってものを観ることを体得した僕が、大学から商事会社へと、その活動の舞台を変える際に、否応なしに抱く社会への嫌悪、それ故の自分自身のぐらつき、ぐらつき乍ら敢て示す進歩主義者としての大きな抵抗等々」

その後、鈴木は「マルクス経済学の洗礼」を受けたことに触れ、愛について「阿部次郎的倫理観からスタンダール的倫理観へ発展」したことを書く。

そして、大いなる不安を抱きつつも、こう宣言するのである。

「この漠然とした感慨のひびきは、或る意味で、夕暮の鐘に似ている。過去に対するなつかしみ、それを取りもどすことが出来ないという絶対的な事実を前にして、自らの無能を感じる人間のセンチ。それでいて、この漠然とした感慨のひびきは、他面、華麗なラッパのひびきでもある。鈴木朗氏が美々しく現れることを知らせるファンファーレのそれだ。

鈴木朗氏が、その若さと、孤独と、情熱と、善意と、美しさと、荒々しさと、素朴さと、力強さとをもって、又、その太々《ふてぶて》しさと、冷やかさと、敵意とをもって、つまり、あらゆる美徳もしくは悪徳をもって、更に言いかえれば、鈴木朗氏が、正に彼自身として、彼の二十四年間の歴史とその成果とを背にして、新しい活動の舞台へ登場する知らせが鳴っている。或る人達にとっては、それは歓迎を、他の人達にとっては、それは恐怖を意味するだろうか」

自らを「鈴木朗氏」と客観化した鈴木が予想した通り、鈴木にとって会社生活はまったくなじめないことの連続だった。

入社して二ヵ月近い五月二十八日の日記にはこうある。

「僕の生活はかき廻される。僕の自尊心は傷つけられる。僕の名誉は危くなる。天下のこと、日々に非なり……だ。今の様な生活を永く続けてゆくことは、僕には、とても出来そうにない。

僕は、すぐ怒る。怒ると、相手が誰であろうと、見さかいがつかなくなる。今日も、二人ばかり、会社で叩きのめしてやりたく思う奴がいた。

昨日のインド人の不愉快さ、僕が会社の命令を受けて「お伴」をしているのでなかったら、頭からどやしつけて股間を蹴とばしていただろう。

僕は、今にして思うのだ。僕は明らかに道を誤った、と。此処《ここ》はどだい僕のいるべき場所じゃない」

個というものを、まったくといっていいほど尊重しない日本の企業社会に生きることは、鈴木にとって苦痛以外のなにものでもなかった。「かき廻される生活」もしくは「かき廻される自分」のない人は、それほど抵抗なく順応していける。しかし、鈴木は確固とした自分をもっていた。いまでいうライフスタイルをもっていたがゆえに、日記に次のような呪詛を書きつらねねばならなかった。

「馬鹿げている。この生活は零より悪い。人間というものがこうも愚劣だとは想像もしなかった。僕のまわりでガツガツ飯を喰い、無作法に振舞い、知性のひとかけらもないところをひけらかす若い男達、その間にいて黙ってすわっていることの苛立たしさ。日本人はこんなに皆んな馬鹿だったのか。尤《もっと》も、僕は日本人じゃないから知ったことではあるまいが……」

おそらく、酒席での〝痴態の共同〟や〝媚態の共同〟に、鈴木は吐き気をもよおすほどの嫌悪感を感じていたのだろう。ために「僕は日本人じゃないから」などと書きつけなければならなかった。

日曜日は「終日午睡」で過ごしつつ、オフビジネスの時間に画家や新劇の女優と会い、「芸術家の真摯な、厳しい、充実した生活を、僕は目標としていたし、今でも目標としている」と書く。

日記にこう記すことで、鈴木は会社での無意味な繁忙に耐えていたのだろう。

入社して、そろそろ一年になろうとしている一九五六年三月のある日曜日の日記にも嫌悪感は出てくる。

「明日から、又しても仕事だ。がやがやと無目的に集合して、後生大事にノンセンスを守りつづける人々の間での退屈、とりわけ、あのベタベタした身ごなしの、我慢ならないA子の隣に坐らなければならないと思うと、ぞっとする」

弟の猛朗は、兄の朗夫について「彼はポーズの多い男で、自分のつくったポーズから逃れられなくなる」と喝破したが、鈴木朗夫自身が次のように書いている。しかし、そのポーズは、鈴木にとってはもちろん、鈴木の生き方にバイブレートした読者にとっても必要なものだった。それなくしては、陰湿な日本の企業社会を変えていくことはできないからである。

「僕の昂然としたポーズは、人々の注意をひき、攻撃的で偽悪的な言動は珍しがられるのだが――それも『諸君』と総称する、僕が軽蔑する人達の間では満足すべき結果をもたらすのだが――どうやら、近頃、そのポーズがふくれ上りすぎた様だ。少年時代の様な、内も外も変らない自然の姿勢を失ってしまったのだ。女性に対する僕の態度に一番はっきり現れる」

入社一年経っても、こうした内面の日記をつけていることが驚異だろう。しかし、これは鈴木にとって、己れを見失わないための自己再生、あるいは自己再建作業でもあった。

「三月三十一日（土）曇

春の雨がもう一週間近くも降りつづいて、洋服を二着台なしにしてしまった。空が低く下りて、街が一段と薄汚く平板に見える。ビルの壁にくまどられた雨のしみが、丁度オペラの舞台の書割の様に子供っぽい。この街は見飽きた街だ。もう見る前から飽き飽きしてしまう様な愚劣な繰り返しを、無神経にも続けている。僕は、何時《いつ》のまにか失くしてしまった主題を探して、毎日、其処を歩き乍ら、考えるともなく考えるのだ。つまり、何を考えたらいいのかを……。

恐ろしいメカニズムだ。朝早く人々は、朝の気を味わう暇もなく、怒鳴りつけられた囚人の様に起き上る。自分が何の為に白いシャツを着、ネクタイを締めるのかを知っている人が幾人いるだろうか。電車は独りで走る。ただそれに人々が乗っているだけだ。スピード配車を誇るラッシュアワーの国電は、人々から金をとるだけ、ベルトコンベアーよりも悪質だ。人々は若《も》し毎朝、郊外から都心まで蛇の様に無様に動くベルトで、炭坑の石炭よろしく運ばれるのなら、それなりに屈辱感を味わうだろうが、電車に乗る時には、ちゃんとお金を支払うのだ。お金を支払ったということが人々に「自分が電車の利用者である」ことを納得させ、ささやかなプライドを保たせるよすがとなるのだ。

電車は独りで走る。都心の歩道は能力過少の油井管の様に、縦横に、資本主義の拠点を結ぶ。誰も鞭をもって追ったりしてはいない。それなのにあの人達はどうして牧童に追われる羊を連想させるのだろう。何もかもが自動的に、実にうまく動いている。詐欺は、それがあばかれない間は、どんな真実よりもうまく見えるものだ」

鈴木のイライラや不機嫌は日増しにつのった。「会社の仕事は本当に愚劣で、誰に対しても、おはようとも言う気がおこらない」ほどになった。そして、一九五六年夏の日記にこう書く。

「サラリーマン生活はもう分かった。あとはこれを止す時機を運ぶだけだ。男といわず女といわず、これは全く異質の世界だ。何を言っても、どんな顔をしても、まるで言葉の通じない外国人を相手にしている様なものだ。僕のレベルが高いのだ、などということではない。つまり異質なのだ。これは偏頭痛のもとだ。僕は日毎に沈うつになる。大変な青春の浪費だ。意味のないことの為に自分の時間の殆どすべてを費す苦痛が僕を疲れさせる。

キャンバスの前に12時間坐っていても、僕はすこしも疲れないではないか。多忙の中の限りないアンニュイと、怠惰の中の此の上ない緊張。

30歳前のみずみずしい青年時代を、あるかないかさえ分からない未来の為に犠牲に供するというモラルは、不幸にして誰からも教えられなかった」

同質と協調を旨とする日本の企業社会に、異質と独立独歩をめざす鈴木朗夫の生き方は合わなかった。鈴木はそのきしみの中で早逝したようなものだが、「異邦人」として、その後もやめることなく、およそ三十年間過ごした鈴木のサラリーマン生活が、反射鏡のように日本の企業社会のゆがみを照らしだしている。これはその鈴木の若き日の苦衷を伝える貴重な日記である。

あとがき

鈴木朗夫が亡くなる五日前、見舞いに訪れた伊藤正に、鈴木は、

「業務本部長はやはり私しかおりません」

と言ったという。

そのころ、さすがに意識が混濁しかかることもあったが、鈴木はもちろん死ぬとは思っていなかった。ガンではないかという疑いももっていなかったのである。

探究癖の強い鈴木は、同じように手術をした住商の社員にアンケートをして自分の場合と比較をし、最後まで自分はガンではないと信じていた。

とはいえ、生命の火が消えようとする死の床で、業務本部長の続投宣言をした鈴木を、まったくの会社人間になってしまったと見てはならないだろう。

その話をある人にしたら、その人は明快に、

「そりゃ、伊藤さんには鈴木さんは仕事の話しかしませんよ。他の話は通じませんから」

と断定した。

鈴木にとって伊藤は、個人的には最も嫌いなタイプだった。仕事一途の生活スタイルは、鈴木が全存在をかけて排した日本的ビジネスマンの典型と言っていい。

「あれでよく生きていられるよ」

と常々、伊藤を評していた鈴木と、鈴木が頭のてっぺんから爪先まで装いを自分に見立てさせてくれと言ったのに、

「そんなことをしたら町を歩けなくなるから、絶対させせん」

と頑固に拒絶した伊藤。

鈴木は伊藤を「仕事の上では最高の上司」と思い、伊藤は鈴木を「自分に直言する有能な部下」と思っていた。

社外には、鈴木なかりせば伊藤は社長になりえなかったのではないか、と見る人もいる。もちろん、伊藤がいなければ、鈴木はとうに住商をやめなければならなかっただろう。

「まえがき」に引いた『説苑《ぜいえん》』の言葉は、「逆命利君」云々の後、次のように続く。

「君過《あやま》ち有るも諫諍《かんそう》せず、将《まさ》に国を危くして社稷《しゃしょく》を殞《おと》さんとす。能《よ》く言を君に尽くす有って、用《もち》いるときは則《すなわ》ち之に留《とど》まり、用いざるときは則ち之を去る、之を諫《かん》と謂《い》う。用いるときは則ち生くべく、用いざるときは則ち死す、之を諍《そう》と謂う」

鈴木は、「用いざるときは則ち之を去る」の「諫」だった。それに対して、自衛隊に乱入して割腹自殺した三島由紀夫は、「用いざるときは則ち死す」の「諍」だったと言えよう。

気取り、洒落者、ボディビル等、三島と鈴木には多くの共通点があり、鈴木は三島に尋常ならぬ関心を寄せていたが、「諫」と「諍」の違いがあった。また、鈴木は三島とは違って、日本の文化にプライドをもちつつも、とりわけ偏狭な企業社会、ひいては日本社会を開く必要性を繰り返し主張したのである。

ジャン・コクトーや〝化粧〟に辟易《へきえき》しながら、私がムッシュウ鈴木のことを書こうと思った理由はそこにある。「国際化」が喧伝《けんでん》されるが、それは「内を開く」ことであり、すなわち「社畜人ヤプー」の生活から脱却することだということを、鈴木はその存在でアピールした。学生時代にすでに確立させていた自分の生活流儀を少しも崩すことなく、鈴木は屈従と非合理が支配する日本の企業社会に果敢にチャレンジしたのである。

だから、「逆命利君」は、伊藤に対する「逆命利君」であるとともに、日本社会に対する「逆命利君」であるとも言える。

鈴木は哲子夫人に、三島の『仮面の告白』を読め、と言ったという。彼女は生前にはあえて読まず、つい最近読んだとか。この「哲子姫」へのラブレターをはじめ、鈴木のプライベートな部分にもかなり踏み込んだが、鈴木は「私」をトーチカとして、公私の別のない日本社会に出撃して行った。鈴木に批判されつつ、それをサポートしたのが伊藤である。

「鈴木は何となくワシを好きだったのだと思う。そして最初は社長に、次には、いい社長にしてやろうと思ったのではないか」

伊藤は照れつつもこう述懐する。

さて、私はいま、この「あとがき」を書きながら、なお信じがたい気持である。取材は二月から始めたが、五月の半ば過ぎから書き始めて、他に連載原稿もあったのに、とにもかくにも半年足らずでまとめられようとは思ってもみなかった。これは偏《ひとえ》に、講談社学芸第二出版部長の田代忠之氏の「真一文字の押し」のおかげである。

最後に、住友商事広報室長の那須秀康さんはじめ、取材に応じていただいた方々にも、ここで厚くお礼申し上げたい。

一九八九年十月二十七日

佐高 信

追記　最終章の「若き日の日記」は、単行本を出した後に見つかった鈴木朗夫の日記を基に、『現代』の一九九一年十一月号に書いたものである（一九九三年一月）。

［解題］

あらまほしき上司と部下の物語

会社や経営者を厳しく批判し、それに黙従するビジネスマンを、中堅スーパー、サミットの社長、荒井伸也（作家としての筆名は安土敏）の造語を借りて〝社畜〟とまで呼ぶ私の評論に反発するビジネスマンが多いのに、この『逆命利君』という評伝は、彼らから圧倒的讃辞で迎えられた。

たとえば、一九九〇年六月十八日付の『日本経済新聞』に同紙編集委員（当時）の永野健二が次のように書いている。

〈佐高信の『逆命利君』が、ビジネスマンの間でひそかなベストセラーとなっている。

昭和六十二年十月に、五十六歳の若さで病に倒れた鈴木朗夫住友商事業務本部長（当時）の壮絶な人生を描いたものだ。

ジャン・コクトーを愛し、彼が死んだ時には一週間黒ネクタイで出社した男。「おれは仕事を売っているので時間を売っているのではない」と言って連日、遅刻を続け、住友商事のフレックスタイム導入を早めたとさえ言われる男。

じめついた日本の企業風土を嫌い、人を人とも思わぬ言動で、自ら「長く会社に居続けるつもりはない」と鈴木は公言していた。

サラリーマンのワクをはみ出した鈴木を会社に踏みとどまらせ、死の直前まで、「(住友商事の参謀である)業務本部長はおれしかいない」と言わせたのは、伊藤正社長との出会いだった。

「伊藤さん、あなたは教養が足りない」とまで言われながら、足掛け五年近い激しい対立期間を経て、鈴木を使いこなしていく。そして、鈴木も生涯自分の行動パターンを変えないままに、武骨な伊藤の経営手腕に心酔する。

「この本を書き始める前は、鈴木さんが好きになれず、ちゅうちょした。ところが書き進めるうちに彼の心情が理解できるようになった。同時に伊藤社長の器量の大きさが分かってきた」と佐高は言う。

「もう少し長生きしてくれていたら、どこの企業にもいない、本当の意味での住友商事の参謀に育ったろうに」

鈴木とヨーロッパ駐在時代を一緒に過ごした那須秀康広報室長は、早過ぎた死を惜しむ。〉

このように取り上げられたこともあって、『逆命利君』は思いがけず版を重ね、私のところにも、読者から「これからは逆命利君の精神でいきます」といった手紙が届いたりした。

しかし、直言する鈴木を受けとめる伊藤がいてこその「逆命利君」なのである。

あらまほしき上司の伊藤がいてはじめて、あらまほしき部下の鈴木は存在が許されたのだった。

『現代』の一九九〇年四月号で伊藤と対談した城山三郎は、こう語りかけている。

「『逆命利君』をたいへん興味深く読みました。非常に能力があり、上の人にもずけずけとものをいう生き方を貫いた鈴木朗夫さんという主人公はもちろん魅力的だと思いましたが、私は同時に、その鈴木さんの上にいらっしゃった伊藤さんの懐の深さを感じたわけです」

それに対して伊藤は、

「いやあ、お恥ずかしい限りでして……」

と照れる。すると城山は、

「伊藤さんと鈴木さんはいろんな点で対照的だったようですね。鈴木さんはたとえば、内側が赤で外が黒のマントをひるがえすようなおしゃれで、伊藤さんは逆に一週間もネクタイを変えないようなタイプだったとか」

と問いを重ねるのだが、以下は略としよう。

ところで、『逆命利君』は編集者が書かせた本である。講談社の文庫版の惹句には「管理に全身で刃向かい、陰湿な日本的企業社会を一刀両断にして逝った男」とあるが、鈴木の抜群の企画力、交渉力、語学力には感嘆しながら、スタイルを含めた気障さは好きになれなかった。ジャン・コクトーや三島由紀夫に惹かれるというのも気に入らない。多分、鈴木が生きていて取材していたら私は書かなかっただろう。

しかし、『現代』の編集長を務め、当時、講談社学芸第二出版部の部長だった田代忠之が鈴木に興味を示し、是非書けと言う。

かなりの年齢までサッカーに打ち込み、〝講談社の高倉健〟と言われたナイスガイの田代に迫られて、私は書くことにした。私以上に田代が鈴木に傾倒したのである。

部長になると、ふつうは現場の作業はしないのに、田代は毎週、私の事務所に原稿を取りに来る。田代も直言の人だったから、鈴木に自分を重ねたのだろう。忙しい部長が来るのだから、私もそれに応えようと思うのだが、そのころは連載もいくつか抱えていたので、多くは渡せない。それを見越してか、田代は渡す前に、

「佐高さん、今日はちょっと大きい鞄を持って来たから」

とプレッシャーをかける。

恐縮しながら、十枚だけ差し出すと、

「これじゃあ鞄がスカスカだ」

と言われたりした。だから、『逆命利君』は田代が書かせた本である。

その田代は二〇〇九年三月二日に亡くなった。最後は常務になっていたが、自らがガンだとわかると同時に、サッと講談社をやめ、家人にも密葬ですませるようにと言っていたために、私がその死を知ったのも四日ほど後のことである。

私より三歳上の田代は、何よりも潔い男だった。

私にとって鈴木と田代が二重写しになる『逆命利君』は、しかし、洪水のような出版ラッシュの中で、いつか、絶版のようになっていた。

ところが、田代が亡くなった二〇〇九年の秋、八重洲ブックセンターと有隣堂の書店員によって〝発掘〟され、再び脚光を浴びることとなった。私には田代がそうしたとしか思えない。

そして、何と二〇一〇年の年頭には八重洲ブックセンターで文庫部門一位になったのである。それで私は、発掘者に宛てて次のような礼状を書いた。

「『逆命利君』の復刊を推進して下さって本当にありがとうございます。部長の職にありながら、毎週、原稿を取りに見えた田代忠之さんが、奇しくも亡くなりました。〝講談社の高倉健〟といわれたほどカッコイイ男でしたが、田代さんが亡くなった年に『逆命利君』がよみがえることに何か因縁を感じます。

力をこめた本が必ずしも売れない時に、何よりの励みとなりました」

交流のあった役者の緒形拳が『逆命利君』を読んでくれ、テレビでこの本の一節を朗読させてもらっていいかと連絡が来たのも忘れられない。「もちろん」と答えたが、それは鈴木の遺書ともなった文章の一節だった。鈴木は山田洋次や谷川俊太郎と同い年で、生きていれば今年九十一歳である。

［初出について］
本稿は一九八九年一二月、講談社より『逆命利君』という書名で刊行され、一九九三年二月、同社より文庫版が刊行され、二〇〇四年一二月、岩波書店より岩波現代文庫として刊行された。本書は岩波現代文庫版を底本とし、タイトルを「逆命利君を実践した男　鈴木朗夫」に改めた。

［著者紹介］佐高 信（さたか・まこと）

一九四五年、山形県酒田市生まれ。慶應義塾大学法学部卒業。高校教師、経済誌編集長を経て、評論家となる。

主な著書に、『佐高信の徹底抗戦』『竹中平蔵への退場勧告』『佐藤優というタブー』『当世好き嫌い人物事典』（以上、旬報社）、『時代を撃つノンフィクション100』『企業と経済を読み解く小説50』（以上、岩波新書）『なぜ日本のジャーナリズムは崩壊したのか（望月衣塑子との共著）』（講談社＋α新書）、『池田大作と宮本顕治』『官僚と国家（古賀茂明との共著）』（以上、平凡社新書）、『偽装、捏造、安倍晋三』（作品社）、『総理大臣菅義偉の大罪』（河出書房新社）、『国権と民権（早野透との共著）』『いま、なぜ魯迅か』（以上、集英社新書）、『反―憲法改正論』（角川新書）など多数。

佐高信評伝選1 鮮やかな人生

二〇二二年一月一〇日 初版第一刷発行

著者………佐高 信
装丁………佐藤篤司
発行者 … 木内洋育
発行所 … 株式会社 旬報社
〒一六二―〇〇四一 東京都新宿区早稲田鶴巻町五四四
TEL 03-5579-8973 FAX 03-5579-8975
ホームページ http://www.junposha.com/
印刷・製本 中央精版印刷 株式会社

ISBN978-4-8451-1779-6